ENZYKLOPÄDIE
DEUTSCHER
GESCHICHTE
BAND 52

ENZYKLOPÄDIE
DEUTSCHER
GESCHICHTE
BAND 52

HERAUSGEGEBEN VON
LOTHAR GALL

POLITIK IM DEUTSCHEN KAISERREICH 1871–1918

VON

HANS-PETER ULLMANN

2., durchgesehene Auflage

R. OLDENBOURG VERLAG
MÜNCHEN 2005

Bibliografische Information der Deutschen Bibliothek

Die Deutsche Bibliothek verzeichnet diese Publikation in der Deutschen Nationalbibliografie; detaillierte bibliografische Daten sind im Internet über <http://dnb.ddb.de> abrufbar.

Rosenheimer Straße 145, D-81671 München
Internet: http://www.oldenbourg.de

Umschlaggestaltung: Dieter Vollendorf
Umschlagabbildung: Kaiser Wilhelm II. besichtigt, begleitet von Gustav Krupp von Bohlen und Halbach, die Arbeiterkolonie der Firma Krupp in Essen, 1912. Ullstein Bilderdienst, Berlin

Gedruckt auf säurefreiem, alterungsbeständigem Papier (chlorfrei gebleicht)
Gesamtherstellung: R. Oldenbourg Graphische Betriebe Druckerei GmbH, München

ISBN 3-486-57707-7 (brosch.)

Vorwort

Die „Enzyklopädie deutscher Geschichte“ soll für die Benutzer – Fachhistoriker, Studenten, Geschichtslehrer, Vertreter benachbarter Disziplinen und interessierte Laien – ein Arbeitsinstrument sein, mit dessen Hilfe sie sich rasch und zuverlässig über den gegenwärtigen Stand unserer Kenntnisse und der Forschung in den verschiedenen Bereichen der deutschen Geschichte informieren können.

Geschichte wird dabei in einem umfassenden Sinne verstanden: Der Geschichte in der Gesellschaft, der Wirtschaft, des Staates in seinen inneren und äußeren Verhältnissen wird ebenso ein großes Gewicht beigemessen wie der Geschichte der Religion und der Kirche, der Kultur, der Lebenswelten und der Mentalitäten.

Dieses umfassende Verständnis von Geschichte muß immer wieder Prozesse und Tendenzen einbeziehen, die säkularer Natur sind, nationale und einzelstaatliche Grenzen übergreifen. Ihm entspricht eine eher pragmatische Bestimmung des Begriffs „deutsche Geschichte“. Sie orientiert sich sehr bewußt an der jeweiligen zeitgenössischen Auffassung und Definition des Begriffs und sucht ihn von daher zugleich von programmatischen Rückprojektionen zu entlasten, die seine Verwendung in den letzten anderthalb Jahrhunderten immer wieder begleiteten. Was damit an Unschärfen und Problemen, vor allem hinsichtlich des diachronen Vergleichs, verbunden ist, steht in keinem Verhältnis zu den Schwierigkeiten, die sich bei dem Versuch einer zeitübergreifenden Festlegung ergäben, die stets nur mehr oder weniger willkürlicher Art sein könnte. Das heißt freilich nicht, daß der Begriff „deutsche Geschichte“ unreflektiert gebraucht werden kann. Eine der Aufgaben der einzelnen Bände ist es vielmehr, den Bereich der Darstellung auch geographisch jeweils genau zu bestimmen.

Das Gesamtwerk wird am Ende rund hundert Bände umfassen. Sie folgen alle einem gleichen Gliederungsschema und sind mit Blick auf die Konzeption der Reihe und die Bedürfnisse des Benutzers in ihrem Umfang jeweils streng begrenzt. Das zwingt vor allem im darstellenden Teil, der den heutigen Stand unserer Kenntnisse auf knappstem Raum zusammenfaßt – ihm schließen sich die Darlegung und Erörterung der Forschungssituation und eine entsprechend gegliederte Auswahlbibliographie an –, zu starker Konzentration und zur Beschränkung auf die zentralen Vorgänge und Entwicklungen. Besonderes Gewicht ist daneben, unter Betonung des systematischen Zusammenhangs, auf die Abstimmung der einzelnen Bände untereinander, in sachlicher Hinsicht, aber auch im Hinblick auf die übergreifenden Fragestellungen, gelegt worden. Aus dem Gesamtwerk lassen sich so auch immer einzelne, den jeweiligen Benutzer besonders interessierende Serien zusammenstellen. Ungeachtet dessen aber bildet jeder Band eine in sich abgeschlossene Einheit – unter der persönlichen Verantwortung des Autors und in völliger Eigenständigkeit gegenüber den benachbarten und verwandten Bänden, auch was den Zeitpunkt des Erscheinens angeht.

Lothar Gall

Inhalt

Vorwort des Verfassers IX

I. Enzyklopädischer Überblick 1

1. Der autoritäre Nationalstaat 1
2. Innere Reichsgründung und staatliche Macht im „System Bismarck" 10
3. Die Anfänge des Interventions- und Sozialstaats 18
4. Fundamentalpolitisierung und Wandel der Politik 25
5. Anspruch und Grenzen der Innenpolitik in wilhelminischer Zeit 33
6. Das Kaiserreich im Weltkrieg 42

II. Grundprobleme und Tendenzen der Forschung 53

1. Kaiserreich-Deutung und Sonderwegs-These 53
2. Bismarck und der Staat des Kaiserreichs 62
3. Politische Mobilisierung im wilhelminischen Obrigkeitsstaat 80
4. Der Legitimitätsverfall im Krieg 99

III. Quellen und Literatur 109

A. Quellen 109

B. Literatur 111

1. Allgemeine Darstellungen, Aufsatzsammlungen, Kaiserreich-Deutungen 111
2. Nationalismus und „innere" Nationsbildung, Nationalstaat, Bundesstaaten und Regionen 115

3. Verfassung, Kaiser und „Reichsleitung“, Regierungspraxis 117

4. Verwaltung, Justiz, Militär 119

5. Parteien, Verbände, soziale Milieus 122

6. Wahlen und Parlamente 127

7. Interventions- und Sozialstaat 129

8. Innenpolitische Probleme und Entscheidungen 131

9. Der Erste Weltkrieg 133

Register 139

1. Personenregister 139

2. Sachregister 143

Themen und Autoren 147

Vorwort des Verfassers

Von „Politik im Deutschen Kaiserreich 1871–1918“, also von der inneren Entwicklung des kaiserlichen Deutschland zwischen Reichsgründung und Novemberrevolution, handelt dieses Buch. Im Mittelpunkt stehen das politische System und der politische Prozeß. Wirtschaft, Gesellschaft und Kultur kommen allenfalls am Rand vor, da sie in anderen Bänden der „Enzyklopädie Deutscher Geschichte“ behandelt werden. Das Buch bietet auch nicht die einzig mögliche Geschichte des kaiserlichen Deutschland an, denn Struktur und Entwicklung des Kaiserreichs, zumal seine Wandlungs- und Reformfähigkeit lassen sich unterschiedlich deuten. Hier geht es um das Spannungsverhältnis von autoritärem Nationalstaat und politischer Mobilisierung, die den Obrigkeitsstaat zwar nicht beseitigte, aber ein Stück weit aushöhlte. Die „Fundamentalpolitisierung“ änderte nicht nur das Gewicht der politischen Akteure und stellte die Politik vor neuartige Probleme; sie gab ihr auch andere Inhalte vor und verschob die Grenze des Politischen. So griff der Staat zunehmend in die sozialen und wirtschaftlichen Konflikte der entstehenden Industriegesellschaft ein, und zugleich wuchsen deren vielfältige, oft konkurrierende Ansprüche an staatlich-politische Steuerung. Wie nie zuvor sah sich der Staat gefordert, im raschen Wandel Handlungsfähigkeit zu beweisen. Über diese Sicht der „Politik im Deutschen Kaiserreich“ haben H. Berding, H. Berghoff, A. Doering-Manteuffel, H. Edelmann, E. Fehrenbach und D. Langewiesche mit mir diskutiert, mich kritisiert und dadurch belehrt. Einmal mehr danke ich ihnen dafür.

Tübingen, im März 1998 H.-P. Ullmann

I. Enzyklopädischer Überblick

1. Der autoritäre Nationalstaat

Doppelgesicht der Nationalstaatsgründung

An der Jahreswende 1870 auf 1871 wurde das Deutsche Reich gegründet. Entstanden ist es in einem langwährenden Prozeß, bei dem „innere Nationsbildung“ und „Revolution von oben“ ineinandergriffen. Das Ergebnis war ein „autoritärer Nationalstaat“ (W. J. MOMMSEN). Er blieb einerseits hinter dem Anlauf zurück, den die Revolution 1848/49 unternommen hatte, war kein freiheitlich-parlamentarischer Nationalstaat, der am Ende einer erfolgreichen Revolution gestanden hätte. Andererseits verdankte das Kaiserreich seine Entstehung aber auch nicht allein einer „Revolution von oben“, sondern beschritt den Weg zu einem nationalen, konstitutionellen Staat, verwirklichte wesentliche Ziele der nationalen und liberalen Bewegung.

Probleme nationaler Integration

Das Deutsche Reich war ein Nationalstaat, und die Integration war sein drängendstes Problem, stand doch die Bevölkerung nicht einmütig hinter ihm: Während die einen den neuen Staat positiv sahen, lehnten andere ihn ab; und viele hatten seine Existenz noch kaum zur Kenntnis genommen. Für die Anhänger der Nationalbewegung war ein lange erstrebtes Ziel erreicht, zwar nur in kleindeutschem Rahmen, im Bündnis mit Preußen und deshalb um den Preis erheblicher Abstriche an liberalen Prinzipien. Dennoch fiel die Zustimmung zum Nationalstaat, mißt man sie fürs erste an den Ergebnissen der Reichstagswahlen vom März 1871, in den südwest- und norddeutschen Hochburgen der Nationalliberalen breit aus. Zu den entschiedenen Befürwortern zählten auch die Freikonservativen, während Teile der Linksliberalen ihm gegenüber Vorbehalte hegten. Das galt nicht minder für viele Katholiken, denen der preußisch-protestantische Charakter des Reichs Sorgen bereitete, sowie für die meisten Konservativen in Preußen, denen die Einigung als Sieg der bürgerlich-liberalen Nationalbewegung erschien.

Zwei größere Gruppen der Bevölkerung lehnten den kleindeutschen Nationalstaat ab. Da gab es erstens politische Minderheiten deutscher Nationalität: Großdeutsche, zu denen Teile der süddeutschen Liberalen, die zwar national, aber nicht preußisch eingestellt waren, sowie süddeutsche Konservative zählten, die noch am Alten Reich und am habsburgischen Kaisertum hingen; Partikularisten wie die Welfen in Hannover oder die bayerischen Patrioten, die einen dynastischen, einzelstaatlichen Patriotismus pflegten; sozialdemokratische Arbeiter, die nichts gegen einen deutschen Nationalstaat hatten, wohl aber, teils in demokratischer, teils in großdeutscher Tradition, etwas gegen dessen kleindeutsch-preußische Variante. Dann gab es zweitens nichtdeutsche ethnische Minderheiten. Sie wollten dem Kaiserreich nicht angehören, weil es ein deutscher Nationalstaat war, und beriefen sich dabei auf eben die Idee, die ihm zugrundelag: das Nationalitätsprinzip. Zu diesen nationalen Minderheiten gehörten jene, die polnisch sprachen und von denen sich immer mehr zur polnischen Nation rechneten. Die meisten lebten in den preußischen Ostprovinzen. Hinzu kamen Elsässer und Lothringer im Westen und Dänen im Norden. Diese Minderheiten waren weder sozial oder politisch homogen, noch nahmen sie eine einheitliche Haltung zum neu gegründeten Nationalstaat ein. Auch steuerte die preußisch-deutsche Nationalitätenpolitik zwischen Integration und Assimilation, zwischen Nachsicht und Repression keinen gleichbleibenden Kurs. Denn die an ihr beteiligten politischen Akteure und Institutionen zogen nicht an einem Strang, der Einfluß gesellschaftlicher Kräfte wuchs, und die Rahmenbedingungen wandelten sich. Das galt in unterschiedlicher Weise für die Nationalitätenprobleme im Westen, Norden und Osten des Reichs.

Fortschritte und Grenzen innerer Nationsbildung

Der Nationalstaat hatte nicht nur Anhänger und Gegner. Es gab auch, jedenfalls zur Zeit der Reichsgründung, große Teile der Bevölkerung, für die er noch nicht zu existieren schien, weil sie nach wie vor in ihren begrenzten Welten, nämlich ihren regionalen und lokalen Erfahrungsräumen lebten. Zwar hatte die innere Nationsbildung auf wirtschaftlicher, soziokultureller und politischer Ebene bis zur Reichsgründung Fortschritte gemacht, sie war aber je nach sozialer Schicht, Region oder Konfession unterschiedlich weit vorangekommen. Im Kaiserreich setzte sich die Entwicklung fort. Doch brachen immer wieder die konfessionelle Spaltung, das fortdauernde Eigengewicht der Regionen sowie die soziokulturelle Segmentierung der Gesellschaft auf. Obwohl allmählich eine nationale Gesellschaft entstand, blieb sie von Rissen durchzogen. Vielerorts traten diese hervor, nicht zuletzt im Streit um die Symbole des Nationalstaats. Für innere Nationsbildung und nationale Integration gewannen darum Staat und Politik zentrale Bedeutung.

Herrschaftssystem und Reichsverfassung

Die Grundstruktur des Herrschaftssystems gab die Reichsverfassung vor. Als Bundesstaat verband das Kaiserreich unitarische mit föderalen Elementen. Die Gliedstaaten wirkten an der Politik des Reichs mit und bewahrten eine Teilautonomie: Verfassung und Wahlrecht, Justiz und Verwaltung, Finanzen, Bildung und Kultur blieben ihre Angelegenheit. Dagegen war das Reich allein oder gemeinsam mit den Bundesstaaten für viele zukunftsweisende, expandierende Politikfelder zuständig: für auswärtige Beziehungen und Militär, Wirtschaft und Recht, Soziales und Verkehr, Handel und Kommunikation. Wie die Aufgaben verteilten sich die Ausgaben, die das Reich aus Einnahmen von öffentlichen Unternehmen, Zöllen und Verbrauchsteuern bestritt. Reichten diese nicht aus, mußten die Einzelstaaten einspringen. Sie finanzierten sowohl die Matrikularbeiträge zum Reichshaushalt als auch ihre eigenen Ausgaben durch Erwerbseinkünfte und vor allem durch direkte Steuern.

Hegemonialer Föderalismus

Ein hegemonialer Föderalismus prägte das Kaiserreich. Neben vielen Klein- und einigen Mittelstaaten stand Preußen, dessen Übergewicht die Verfassung sicherte und zugleich verschleierte. Denn Preußen stützte sich nur auf wenige Hegemonialrechte wie etwa die Personalunion zwischen dem preußischen König und dem Amt des deutschen Kaisers. Weit mehr profitierte es als größter Bundesstaat vom föderalen Aufbau des Reichs. Vor allem aber entfaltete sich seine Hegemonie in der Verfassungswirklichkeit. Obwohl Preußen im Bundesrat über keine Mehrheit verfügte, fanden sich stets genügend Staaten, die mit ihm stimmten. Der Reichskanzler amtierte in aller Regel zugleich als preußischer Ministerpräsident, und die Berliner Ministerien besaßen ein großes Gewicht, zunächst anstelle, dann neben der Reichsbürokratie. Auch wurde das Heer nach preußischen Grundsätzen organisiert und kommandiert. Bei alledem war das Kaiserreich aber weder ein vergrößertes Preußen, noch ging dieses über kurz oder lang in jenem auf. Reich und größter Gliedstaat blieben vielmehr, kompliziert und zunehmend spannungsvoll, miteinander verklammert.

Reichsorgane: Kaiser

Vier Organe hatte das Reich: Kaiser und Kanzler, Reichstag und Bundesrat. Der Kaiser an der Spitze, gedacht nur als Inhaber der Bundespräsidialgewalt, entwickelte sich, je mehr das Reich zusammenwuchs, zu einem Reichsmonarchen, der den Staat symbolisierte und die Nation integrierte. Er vertrat das Reich völkerrechtlich und entschied über Krieg und Frieden; er hatte ferner das Recht, Bundesrat wie Reichstag einzuberufen und zu eröffnen, zu vertagen und zu schließen; schließlich konnte er gemeinsam mit dem Bundesrat das Parlament auflösen. Im Unterschied zum konstitutionellen Monarchen klassischen Typs war der Kaiser weder „Träger der gesamten Staatsgewalt“, noch wirkte er direkt an der Gesetzgebung mit. Den Reichskanzler zu ernennen und zu entlassen, zählte deshalb zu seinen wichtigsten Rechten. Auch gab es Bereiche, in denen er, vorbereitet durch Zivil-, Militär-

oder Marinekabinett, allein entschied: bei Personalfragen, vor allem aber in Angelegenheiten des Heeres und der Marine, soweit sie unter die Kommandogewalt fielen. Gestützt auf solche überkommenen, weder genau abgegrenzten noch durch die Gegenzeichnung des Kanzlers eingehegten Vorrechte konnte der Kaiser jenseits der Konstitution Macht entfalten.

Reichskanzler

Dem Reichskanzler gestand die Verfassung, da sie keine kollegiale Regierung vorsah, einen großen Handlungsspielraum zu. Er führte sein Amt gestützt auf das Vertrauen des Kaisers, nicht des Parlaments, und legte gemeinsam mit ihm die Linien der Reichspolitik fest. So band das konstitutionelle System Kanzler und Monarch aneinander, in wechselseitiger Abhängigkeit zwar, aber im Konfliktfall mit einem Übergewicht des Kaisers. Daß der Kanzler dem Bundesrat vorsaß und diesen über Preußen weitgehend in der Hand hatte, stärkte seine Stellung gegenüber dem Reichstag. Dort mußte er die Reichspolitik verantworten, Mehrheiten für Gesetzesvorlagen und das Budget suchen. So stand der Kanzler im Zentrum der Macht. Er sorgte dafür, daß politische Entscheidungen zustande kamen: im Dreieck von Kaiser, Bundesrat und Reichstag sowie im Spannungsfeld von Reich und Preußen.

Reichstag

Der monarchisch-bürokratischen Exekutive um Kaiser und Kanzler stand der Reichstag gegenüber. Er war Forum wie Symbol der Nation und eine vergleichsweise moderne Institution. Denn seine 397 Abgeordneten wurden in allgemeiner und gleicher, direkter und geheimer Mehrheitswahl in Einmannwahlkreisen durch alle männlichen Deutschen über 25 Jahre auf drei, seit 1888 auf fünf Jahre bestimmt. Dieses demokratische Wahlrecht hob sich nicht nur von dem der Einzelstaaten ab, zumal vom Dreiklassenwahlrecht in Preußen, sondern auch von anderen Bestimmungen der Verfassung. Das Parlament hatte wichtige Kompetenzen. Zunächst wirkte es an der Gesetzgebung mit. Reichsgesetze kamen nur zustande, wenn der Reichstag zustimmte. Auch mußte er jährlich den Haushalt bewilligen. Endlich verfügte das Parlament über Kontrollrechte und konnte durch Debatten Öffentlichkeit herstellen. Obwohl der Reichstag kein schwaches Parlament war, besaß die monarchisch-bürokratische Exekutive ein Übergewicht. Sie konnte das Parlament auflösen, mithin unter Druck setzen. Außerdem stand dem Reichstag keine Regierung, sondern nur ein Kanzler gegenüber, der nicht an Mehrheiten gebunden und dessen Verantwortlichkeit gegenüber dem Parlament wohl gegeben, aber nie klar bestimmt worden war. Da sich politisches Amt und parlamentarisches Mandat ausschlossen, blieben Exekutive und Legislative scharf getrennt.

Bundesrat

Dem Bundesrat, aus den Bevollmächtigten der Bundesstaaten zusammengesetzt, war als alleinigem Träger der Souveränität eine zentrale Position im Verfassungsgefüge zugedacht. Er vereinigte legislative und exekutive Befugnisse. Einerseits stand der Bundesrat gleichberechtigt neben dem Reichstag und mußte allen Gesetzen, auch dem Haushalt, zustimmen. Andererseits beschloß er über Einrichtungen und Verordnungen zur Ausführung von Reichsgesetzen und konnte gemeinsam mit dem Kaiser den Reichstag auflösen sowie Krieg erklären. Diese merkwürdige Zwitterstellung hing mit den Aufgaben zusammen, die dem Bundesrat zugedacht waren. Er sollte die preußische Hegemonie im Reich möglichst unauffällig ausüben helfen, da Preußen nie allein, sondern stets zusammen mit den anderen Bundesstaaten in Erscheinung trat. Vor allem aber war der Bundesrat als Widerpart zum Reichstag gedacht. Er sollte allen Versuchen entgegentreten, die Zuständigkeiten des Reichs zu Lasten der Einzelstaaten auszudehnen oder, was ebenfalls dem Zentralstaat zugute gekommen wäre, die Macht des Parlaments zu vergrößern. Über den Bundesrat wurde mithin der Föderalismus eingespannt, um den Status quo zu zementieren. Das geriet, da der Bundesrat die ihm zugedachte Stellung nicht ausfüllte, zu seiner folgenschwersten Aufgabe.

Verwaltung

Das Reich war nicht nur ein Verfassungs-, sondern auch ein Verwaltungsstaat. Administriert wurde auf mehreren Ebenen. Zwar entstand 1871 aus Behörden des Norddeutschen Bundes, zumal Auswärtigem Amt und Kanzleramt, eine Reichsverwaltung, die rasch expandierte und sich seit 1876 in einzelne Reichsämter differenzierte. Überall dort, wo das Reich keine unmittelbare Zuständigkeit besaß, blieb Verwaltung aber Sache der Bundesstaaten, die nicht nur Landes-, sondern auch in eigener Verantwortung Reichsgesetze ausführten. Die einzelstaatliche Administration war unterschiedlich organisiert, durchweg aber in allgemeine und besondere innere Verwaltung sowie verschiedene Sonderbürokratien unterteilt, hierarchisch strukturiert und dreistufig aufgebaut: oben die Zentralbehörden, meist mehrere Fachministerien, denen jeweils ein Minister vorstand; dann Bezirke oder Provinzen als Mittelbehörden, die von Präsidenten geleitet wurden; unten die Kreise mit einem Landrat an der Spitze. Verwaltet wurde auf unterschiedliche Weise. Außer der staatlichen gab es, mit ihr verschränkt, die Selbstverwaltung der Kreise, Landgemeinden und Städte. Am weitesten hatte sich die städtische Selbstverwaltung entwickelt. Zwar mußten die Städte eine Reihe von Angelegenheiten im Auftrag des Staats erledigen, konnten andere aber unter seiner Aufsicht in eigener Verantwortung regeln. So entwickelte sich, nicht nur in den Kommunen, aber hier besonders rasch, neben der überkommenen Hoheits- eine expandierende Leistungsverwaltung. Hinter ihr stand ein Regulierungsanspruch des Staats, der sich teils noch traditionell begründete, teils auf neuere Herausforderungen antwortete, insgesamt aber ausgeprägt obrigkeitliche Züge aufwies.

Justiz

Das Reich war nicht nur Verwaltungs-, sondern auch Rechtsstaat. Dieser band, zumindest dem Anspruch nach, Bürger wie Staatsgewalt gleichermaßen an Recht und Gesetz. Zwar behaupteten die Einzelstaaten Teile ihrer Justizgewalt. Doch drängte die Justizhoheit des Reichs jene der Länder zurück. So entstand eine nationale Rechtsverfassung mit einheitlichem Rechtssystem und reichsrechtlich normierter Justiz. Sie sorgte einerseits für Rechtseinheit und Rechtssicherheit, damit für mehr Rechtsstaatlichkeit, setzte andererseits die bürgerlich-liberale Rechtsordnung aber nicht voll durch, und auch die Praxis der Rechtsprechung rief immer wieder scharfe Kritik hervor.

Militär und Militarismus

Das Kaiserreich war nicht zuletzt ein Militärstaat. Denn das Militär, Droh- und Kampfinstrument für äußere Konflikte wie für innere Unruhen, stand als ein eigenständiger Machtfaktor weitgehend außerhalb von Verfassung, Verwaltung und Recht. Diese Sonderstellung, ein Erbe aus vorkonstitutioneller Zeit, beruhte auf der Kommandogewalt des Kaisers über Heer und Marine. Sie machte das Reichsheer, obwohl aus Kontingenten der Einzelstaaten mit zum Teil noch selbständiger Heeresverwaltung zusammengesetzt, zu einer einheitlichen, preußisch geprägten Armee, während sich die Marine als neu geschaffene Teilstreitkraft zu einer Institution des Reichs entwickelte. Den Oberbefehl über beide Waffengattungen übte der Kaiser durch zahlreiche ihm unmittelbar unterstehende, oft miteinander rivalisierende militärische Kommando- und Verwaltungsstellen aus. Das Militär war der zivilen Gewalt nicht unter-, sondern nebengeordnet. So verstrickten sich beide immer wieder in heftige Auseinandersetzungen, die allein der Kaiser schlichten konnte, griffen Militärs in politische Entscheidungen ein oder wurden diese militärischen Erwägungen untergeordnet. Nicht minder spannungsvoll standen Kommandogewalt und Parlamentsrechte gegeneinander. Während der Kaiser über Personal oder Gliederung der Verbände allein entschied, konnte das Parlament lediglich bei der Finanzierung und einigen anderen Fragen mitreden. Das schränkte die parlamentarische Kontrolle der Militärpolitik erheblich ein. Doch nicht nur im politischen System, in dem das Militär einen überstarken Einfluß hatte, auch in der Gesellschaft nahm es eine Sonderstellung ein. Diese wurde von staatlicher Seite etwa durch die Schulerziehung gefördert, zugleich aber von größeren Teilen der Bevölkerung akzeptiert.

Das galt weniger für die Arbeiterschaft mit ihrem ambivalenten Verhältnis zum Militär, mehr dagegen für bürgerliche und kleinbürgerliche Kreise. Bei ihnen stand das Militär, besonders sein Offizierskorps, nach den Einigungskriegen von 1864, 1866 und 1870/71 in hohem Ansehen, symbolisierte als Teil des Reichsgründungsmythos die Nation. Diese Militarisierung von Politik und Gesellschaft trat in ganz unterschiedlichen Formen in Erscheinung, wandelte sich auch während des Kaiserreichs, blieb aber sein am meisten hervorstechendes Merkmal.

Fünfparteiensystem und „sozialmoralische Milieus"

Das Deutsche Reich war, wenn auch in Grenzen, bereits ein Parteienstaat. Parteien mobilisierten die Wähler, vermittelten zwischen lokalen und regionalen Lebenswelten auf der einen sowie den politischen Institutionen auf der anderen Seite und wirkten über die Parlamente am Entscheidungsprozeß mit. Im Kaiserreich gab es ein Fünfparteiensystem, das sich zu drei Lagern, einem katholischen, einem sozialistischen und, unter ganz bestimmten Voraussetzungen, einem „nationalen" gruppieren konnte. Das Parteiensystem umfaßte zunächst die Rechte in der Deutschkonservativen und der Deutschen Reichspartei (den Freikonservativen), dann den im Zentrum organisierten politischen Katholizismus, ferner mit der Nationalliberalen Partei den rechten Flügel und außerdem mit der Deutschen Fortschritts- sowie der Deutschen Volkspartei und ihren Nachfolgeorganisationen den linken Flügel des Liberalismus, endlich die Sozialistische Arbeiterpartei (seit 1890: Sozialdemokratische Partei) Deutschlands. Dieses Fünfparteiensystem – Konservative, Katholiken, Rechtsliberale, Linksliberale und Sozialisten – blieb das ganze Kaiserreich über erstaunlich stabil. Das lag nicht zuletzt daran, daß sich die Parteien mehr oder minder stark mit „sozialmoralischen Milieus" (M. R. LEPSIUS) verbanden. Was diese zusammenhielt und nach außen abgrenzte, war eine je eigene Lebensweise, geprägt durch eine spezifische Kombination regionaler und religiöser, wirtschaftlicher, sozialer und kultureller Faktoren.

Zentrum

Besonders fest ankerten Zentrum und Sozialdemokratie in einem sozialmoralischen Milieu. Das Zentrum als konfessionell-katholische Partei entstand zwar erst Ende 1870, doch gab es bereits einen politischen Katholizismus und ein katholisches Milieu. Deshalb konnte die Partei schon vor dem Kulturkampf und nicht erst durch ihn einen großen Teil der katholischen Wähler mobilisieren sowie dauerhaft an sich binden. Fortan blieben Zentrum und „katholisches Deutschland" mit seinen Gemeinden, Pfarrern und lokalen Honoratioren, seinen zahlreichen Vereinen und Presseorganen eng verflochten. Die gemeinsame Konfession übergriff vorhandene Unterschiede. So öffnete sich das Zentrum nicht nur verschiedenen regionalen Traditionen. Seine Anhänger- und Wählerschaft war auch sozial heterogen, umfaßte Adelige und Bauern auf dem Land ebenso wie Bürger, Handwerker und Arbeiter in der Stadt. Trotzdem hatte die Partei, der spezifischen Sozialstruktur des katholischen Bevölkerungsteils entsprechend, einen eher ländlich-kleinstädtischen und bäuerlich-handwerklichen Zuschnitt.

Sozialdemokratie

Wie das Zentrum mit dem katholischen verband sich die Sozialdemokratie mit dem sozialistischen Milieu, das sich seit den siebziger Jahren herausbildete. Selbständige Arbeiterparteien kamen mit dem Allgemeinen Deutschen Arbeiterverein Ferdinand Lassalles sowie der Eisenacher Sozialdemokratischen Arbeiterpartei August Bebels und Wilhelm Liebknechts, die 1875 zur Sozialistischen Deutschen Arbeiterpartei fusionierten, in Deutschland vergleichsweise früh auf. Daß sich immer mehr Arbeiter ihnen zu- und von den liberalen Parteien abwandten, hatte viele Gründe, darunter die Forderung nach staatlicher Sozialreform, welche die Liberalen ablehnten, Differenzen in der Wahlrechtsfrage oder die parteipolitische Spaltung der liberalen Bewegung. Doch brachte erst die staatliche Verfolgung unter dem Sozialistengesetz seit den späten siebziger Jahren einen Prozeß der Milieubildung in Gang, der die Sozialdemokratie zu einer Partei nicht nur, vor allem aber der gewerblichen protestantischen Arbeiter in den Städten werden ließ.

Rechts- und Linksliberale

Die Liberalen ankerten weniger fest in einem sozialmoralischen Milieu. Das galt für Rechts- wie für Linksliberale. Denn trotz der Spaltung blieben gesamtliberale Vorstellungen, Abgrenzungen und Gemeinsamkeiten. Auch stützten sich linke wie rechte Liberale bei regionalen Unterschieden nach wie vor auf ähnliche, durchweg protestantische Bevölkerungsgruppen: auf das gebildete und besitzende Bürgertum, den „alten“ Mittelstand der Handwerker und Kleinhändler, aber auch auf Arbeiter und Bauern. Wenn bei den Rechtsliberalen beamtetes Bildungs- und Besitzbürgertum mehr in Erscheinung trat, für die Linksliberalen dagegen Freiberufler sowie Teile des „alten“ Mittelstands wichtiger waren, standen doch beide gleichermaßen vor dem Problem, ihre Wähler dauerhaft an sich zu binden, um zu verhindern, daß diese zwischen ihnen hin- und her- oder zu anderen Parteien abwanderten.

Konservative

Die Deutschkonservativen, die manches konservative Prinzip einer pragmatischen Politik opferten, sich dem Nationalismus öffneten, über Preußen hinauswirken und dabei besonders agrarische, aber auch mittelständische Interessen vertreten wollten, verfügten nur über eine schmale soziale Basis. Ihre Hochburgen lagen im ostelbischen Preußen und in Mecklenburg. Hier waren sie mit dem adeligen Großgrundbesitz eng verflochten, wurden von protestantischen Pfarrern sowie der unteren und mittleren Verwaltung unterstützt. Versuche der Konservativen, ihre Wählerbasis regional und sozial zu verbreitern, blieben zeitweise nicht ohne Erfolg. Noch schwächer als die soziale Basis der Deutschkonservativen war jene der Freikonservativen. Sie hatten praktisch keinen sozialen Unterbau, stützten sich deshalb auf führende Vertreter von Schwerindustrie und Großgrundbesitz, die aufgrund persönlicher Autorität sowie hohen Sozialprestiges gewählt wurden, anfangs noch in den außer- und westpreußischen, später dann fast ausschließlich, nur Sachsen ausgenommen, in den ostpreußischen Provinzen.

Merkmale der Parteien

Über ihre je unterschiedliche Bindung an eines der vier sozialmoralischen Milieus hinaus wiesen die Parteien einige gemeinsame Merkmale auf. Einmal prägte sie alle das Verfassungssystem. Es räumte den Parteien zwar Mitspracherechte ein, hielt sie aber von der Regierungsverantwortung fern. Das machte aus ihnen zwar keine reinen Weltanschauungsparteien, zwang sie aber auch nicht, ihre Ziele am politisch Machbaren auszurichten, Interessengegensätze durch Kompromisse zu überbrücken und Koalitionen zu erproben. Sodann beeinflußte der Föderalismus die Parteien. Diese mußten mit einer je nach Region unterschiedlichen Anhänger- und Wählerschaft rechnen; sie durften vor allem die oft stark von einander abweichende Zusammensetzung ihrer Fraktionen im preußischen Abgeordnetenhaus und im Reichstag nicht vernachlässigen. Schließlich glichen sich die bürgerlichen Parteien – die Sozialdemokratie nahm eine Sonderstellung ein – im Aufbau. Als sog. Honoratiorenparteien stützten sie sich nicht auf eine feste Organisation, sondern auf einflußreiche und bekannte Personen, die sich in Wahlkomitees, Versammlungen von Vertrauensmännern oder Wahlvereinen zusammenfanden und meist nur vor Wahlen tätig wurden. Die Wahlkämpfe koordinierten Zentralwahlkomitees, personell eng mit den Parlamentsfraktionen verflochten, aus denen erst allmählich zentrale Parteileitungen herauswuchsen.

Prägungen und Entwicklungschancen des Kaiserreichs

Welchen Weg der autoritäre Nationalstaat einschlagen würde, der mit der Gründung des Kaiserreichs in Deutschland entstanden war, lag nicht von Anfang an fest. Denn gegen die Prägungen der Reichsgründungszeit standen Entwicklungschancen, die Ausbau und Festigung des Reichs in der „liberalen Ära“ boten.

2. Innere Reichsgründung und staatliche Macht im „System Bismarck“

„Liberale Ära“ als Zeit der Reformen

Das Reich auszubauen und zu festigen, war das beherrschende Thema der Innenpolitik. Gerade in den siebziger Jahren brachten Regierung und liberale Reichstagsmehrheit ein bedeutendes Reformwerk auf den Weg. Es zielte einmal darauf ab, Unterschiede in der Wirtschaftsordnung zu beseitigen und Regulierungen abzuschaffen, die einer Marktwirtschaft entgegenstanden. Das Recht zu vereinheitlichen und den Rechtsstaat auszugestalten, bildete den anderen Schwerpunkt der Reformen. Ein weiterer bestand im Aufbau einer eigenständigen Reichsverwaltung, die das Reich von den preußischen Ministerien unabhängiger machte.

Kooperation von Bismarck und Liberalen

Eine Zusammenarbeit von Regierung und Liberalen, wie sie sich in diesen Jahren der „liberalen Ära“ bewährte, legten schon die Mehrheitsverhältnisse im Reichstag nahe, gab es doch zu den Nationalliberalen keine politische Alternative. Hinzu kamen, gerade was den Reichsausbau betraf, gleichlaufende Interessen. Die Nationalliberalen kooperierten selbstbewußt, kompromiß- und reformbereit mit Bismarck. Sie stiegen darüber weder zu einer Regierungspartei auf, noch gaben sie sich dazu her, die Regierungspolitik nur parlamentarisch abzusichern. Denn die Initiative zu vielen Gesetzen ging von ihnen aus, und das Reichskanzleramt wie die preußischen Ministerien beschränkten sich darauf, die Vorlagen auszuarbeiten und mit einflußreichen Parlamentariern abzustimmen. Nicht nur im Reich, auch in Preußen kooperierten Regierung und Liberale. Hier betrieben sie aus unterschiedlichen Motiven eine Reform der Verwaltung. Wollte die Regierung mehr administrative Effizienz, ging es den Liberalen darum, dem Bürger im Kreis wie in der Provinz größere Mitwirkungsmöglichkeiten zu verschaffen und die ländliche Verwaltung zu verstaatlichen. Einen Kompromiß zwischen diesen Vorstellungen brachten die Kreisordnung von 1872 und die Provinzialordnung von 1875.

Kulturkampf

Der „Kulturkampf“ (R. VIRCHOW), den Regierung und Liberale vor allem in Preußen, aber auch im Reich gegen die katholische Kirche und das Zentrum führten, festigte die Zusammenarbeit. Er wurzelte in den Gegensätzen zwischen dem vordringenden säkularen Staat und einer katholischen Amtskirche, die der modernen Welt im Zeichen des „Ultramontanismus“ entgegentrat. Geprägt durch die besondere Beziehung zwischen Staat und Kirche sowie die Trennung der Konfessionen, verschärft durch Aktion und Reaktion von Kurie und Zentrum, Regierung und Liberalen sowie den Kampf gegen angebliche „Reichsfeinde“ eskalierte der Konflikt. Anfangs ging es darum, staatliche und kirchliche Sphäre zugunsten des Staats neu abzugrenzen. Dann griff dieser wegen massiven Widerstands von katholischer Seite in innerkirchliche Belange ein. Am Ende stand ein Bündel von Disziplinierungs- und Verfolgungsmaßnahmen, die Klerus und Laien, Presse und Vereine unter Druck setzten, um dem Staat doch noch zum Sieg zu verhelfen. Im Kulturkampf machten die Liberalen gegen ein in ihren Augen überholtes geistig-religiöses Welt- und Menschenbild Front, forderten ein von kirchlicher Aufsicht befreites Bildungs- und Schulsystem in einem konfessionell neutralen Staat. Diesem wollten sie die uneingeschränkte Gewalt im Inneren sichern, gebunden freilich an die Mitwirkung einer im Parlament repräsentierten Gesellschaft. Dann ging es gegen das Zentrum, in dem sich eine nichtliberale Volksbewegung gegen die Wirtschafts- und Gesellschaftspolitik der Liberalen organisierte. Ihnen war der Kulturkampf schließlich wie Bismarck ein Mittel, um die „liberale Ära“ abzusichern. Über solche politisch-strategischen Überlegungen hinaus wollte der Kanzler die enge Verbindung von Staat und Kirche lösen, mit Blick etwa auf die Rolle des polnischen Klerus in den preußischen Ostprovinzen, sowie die konfessionsfreie Schule und die Zivilehe einführen. Auch Bismarck kämpfte gegen das Zentrum, da es im Parlament wirkungsvoll opponierte, große Teile der katholischen Bevölkerung gegen Regierung wie lokale protestantische Honoratioren mobilisierte, so daß ein von der Regierung „unabhängiges konservatives Machtzentrum“ (L. Gall) zu entstehen drohte.

Zwischen Kooperation und Konflikt

Die „liberale Ära“ war nicht nur eine Zeit der Kooperation, sondern auch des Konflikts. So stritten die Liberalen mit der Regierung darum, daß eine aus Reichsministern bestehende Exekutive dem Reichstag verantwortlich sein sollte. Dabei blieb die Parlamentsmehrheit erfolglos. Minister hätten den Reichstag gestärkt, das Reich gegenüber den Bundesstaaten, zumal Preußen, aufgewertet und Bismarck in ein kollegial organisiertes Ministerium eingebunden. Dafür waren weder der Kanzler noch der Bundesrat zu haben. So blieben die Staatssekretäre an der Spitze der neu entstehenden Reichsämter dem Kanzler unterstellt. Weitere Konflikte brachen über das Budgetrecht auf, vor allem über den Militäretat. Da dieser gut vier Fünftel der Reichsausgaben ausmachte, ging es um entscheidende Kompetenzen des Parlaments, als 1874 eine Übergangslösung auslief, die der Reichstag des Norddeutschen Bundes 1867 beschlossen hatte. Fortschrittler und linke Nationalliberale wollten den Militäretat künftig jährlich bewilligt, die Militärs ihn auf Dauer festgeschrieben wissen. Zwar fand sich am Ende mit dem Septennat, der siebenjährigen Fixierung der Militärausgaben, eine Lösung. Diese erschien den Nationalliberalen annehmbar, da sie das Budgetrecht, wenn auch nur jedes zweiten Reichstags wahrte und den großen Konflikt mit Bismarck vermied, den alle fürchteten. Dafür nahm die liberale Parlamentsmehrheit eine Sonderstellung der Armee und eine wesentliche Beschneidung parlamentarischer Rechte hin.

Zwiespältige Bilanz der „liberalen Ära"

In der Spannung zwischen Kooperation und Konflikt fiel die Bilanz der „liberalen Ära" zwiespältig aus. Die Liberalen konnten den Nationalstaat ein gutes Stück in ihrem Sinn ausgestalten, kämpften mit der Regierung gegen das Zentrum und vergrößerten den Einfluß des Reichstags in der parlamentarischen Arbeit. Dafür blieben liberale Prinzipen auf der Strecke, stagnierte die konstitutionelle Weiterentwicklung des Reichs, nahmen die Spannungen innerhalb der Nationalliberalen Partei sowie zwischen ihr und der Fortschrittspartei zu, fühlten sich nicht wenige Anhänger und Wähler verprellt. Daß die Nationalliberalen keine realisierbare Strategie entwarfen, um weitergehende Reformen zu erzwingen, lag an internen Differenzen und dem begrenzten Handlungsspielraum, aber auch an der fortschrittsgläubigen Illusion, liberale Politik würde sich ohnehin durchsetzen, spätestens nach Bismarck. Für die Regierung sah die Bilanz kaum eindeutiger aus. Sie brachte den Ausbau des Reichs voran, oft gegen den Widerstand der Bundesstaaten. Das stärkte die Macht des Staats ebenso wie der Kulturkampf. Dafür wurde die Regierung von Liberalen und Parlament abhängiger, sah sich zu einer Politik gedrängt, die der wirtschaftlichen wie sozialen Modernisierung Vorschub leistete und auf längere Sicht den Liberalen in die Hand arbeitete.

„Gründerkrach"

Das war die Situation, in der mit dem „Gründerkrach" 1873 eine wirtschaftliche Depression einsetzte, die nicht ohne Folgen für die innere Machtverteilung blieb. So verlangten vor allem Textil- und Schwerindustrie, der Staat solle der Wirtschaft aus ihren Schwierigkeiten helfen, forderten den „Schutz der nationalen Arbeit" und gründeten, um diesen in Form höherer Zölle durchzusetzen, 1876 den Centralverband Deutscher Industrieller. Doch war ein Kurswechsel vom Freihandel zum Protektionismus nur zu erreichen, wenn es gelang, über die Industrie hinaus Unterstützung zu finden. Hier bot sich die Landwirtschaft an. Sie erlebte in den siebziger Jahren ebenfalls eine erste Welle der Mobilisierung und Politisierung. Ging es den Landwirten anfangs darum, weniger Steuern zahlen zu müssen, forderten zum Ende der siebziger Jahre Teile von ihnen protektionistische Maßnahmen. So rückten Industrie- und Agrarvertreter zusammen, schlossen ein Zweckbündnis, um zu beiderseitigem Nutzen Schutzzölle durchzusetzen.

Krise des Liberalismus

Die Gründerkrise wirkte sich ebenfalls, wiewohl mittelbarer, auf die politischen Parteien aus. Probleme bekamen besonders die Liberalen. Da sich mit der Reichsgründung Teile ihrer Zukunftsvision von nationaler Einheit und freiheitlicher Verfassung erfüllt hatten, büßten sie in einem leidvollen Prozeß politischer Normalisierung an Attraktivität ein. Auch wurde ihnen, die mit der Regierung zusammenarbeiteten, alles Negative der „liberalen Ära“ angelastet. Die Gründerkrise verschärfte diese antiliberale Stimmung, schien sie doch jenen Recht zu geben, welche die liberale Wirtschafts- und Gesellschaftspolitik seit je her kritisiert hatten. So stürzte der Liberalismus in eine Vertrauenskrise. Diese traf die liberalen Parteien hart. Ihre traditionelle Wählerschaft bröckelte ab. Neue Wähler ließen sich leichter gegen als für sie mobilisieren, zumal die Politik der Liberalen in Form wie Inhalt jener bürgerlichen Welt verhaftet blieb, der die liberalen Politiker entstammten. Innere Konflikte zwischen rechten und linken Nationalliberalen über das Verhältnis zu Bismarck und die Frage politischer Reformen kamen hinzu. Die breite Mittelgruppe in der Partei hatte es immer schwerer, zwischen den beiden Flügeln zu vermitteln. Je mehr nämlich der Konsens in der nationalen und konstitutionellen Frage zerfiel, desto stärker machten sich unterschiedliche wirtschaftliche Interessen bemerkbar. Anders als die Liberalen profitierten Zentrum und Konservative von der wirtschaftlichen Krise. Sie stützten sich mehr auf die ländliche Bevölkerung, die unter dieser anfangs weniger litt, nutzten die antiliberale Stimmung ebenso wie die Neigung vieler Wähler, in schwierigen Zeiten auf Bewährtes zu setzen, und lenkten so die Politisierung auf ihre Mühlen. Für die Erfolge des Zentrums spielte der Kulturkampf eine wesentliche Rolle; aber die Partei bot sich auch als Träger des antiliberalen Protests an. Ebenso nutzte die Krise den Konservativen: der Frei-, vor allem jedoch der größeren Deutschkonservativen Partei.

Probleme der Regierung Bismarck

Die Gründerkrise betraf nicht zuletzt die Regierung. Denn mit den wirtschaftlichen Schwierigkeiten wuchsen die sozialen Konflikte. Hatten weite Teile von Wirtschaft und Gesellschaft in der Hochkonjunktur auf die Selbstregulierungskraft des Markts vertraut, erwarteten sie nun, daß Regierung und Bürokratie ihnen einen Weg aus der Krise wiesen. Das stärkte die Exekutive, stellte sie aber auch vor größere Herausforderungen. Darauf war sie nicht vorbereitet, zögerte daher, die ihr angetragene Rolle zu übernehmen. Dafür gab es viele Gründe, auch fiskalische. Wegen des Einbruchs der Konjunktur hielten die Einnahmen mit den steigenden Ausgaben nicht Schritt. Den Bundesstaaten fiel es schwer, höhere Matrikularbeiträge aufzubringen. So gerieten die Reichsfinanzen in eine Krise. Ihre Sanierung war nur mit der liberalen

Reichstagsmehrheit möglich. Diese versagte sich einer Finanzreform nicht grundsätzlich, wollte aber keine höheren Zölle und bestand auf „konstitutionellen Garantien", die das Budgetrecht des Reichstags und des preußischen Abgeordnetenhauses sicherten. Daß sich Fragen der Reform und der Verfassung verflochten, berührte nicht zuletzt Bismarcks Machtposition. Da Wilhelm I. auf die achtzig zuging, drohte ein Herrscherwechsel, und Kronprinz Friedrich Wilhelm galt als liberal gesinnter Gegner des Kanzlers. Auch war Bismarck gegen politische Fehlschläge nicht gefeit, die seine Autorität als „Reichsgründer" womöglich aufzehrten.

Politischer Kurswechsel

Ein politischer Kurswechsel sollte die Probleme lösen. Dabei ging es Bismarck in allen wechselnden Konstellationen um zweierlei: Zum einen wollte er die wirtschaftlich-sozialen, fiskalischen und politischen Probleme des Reichs bewältigen und dadurch seine Machtstellung sichern. Dafür suchte er zum anderen eine Mehrheit, möglichst mit den Nationalliberalen, aber ohne ihren linken Flügel, also weiter rechts im parteipolitischen Spektrum angesiedelt, welche die Regierung unabhängiger von den Liberalen und dem Parlament machte. An beiden Zielen hielt der Kanzler durch alle drei Etappen hindurch fest, die keineswegs zwangsläufig zur „konservativen Wende" führten.

Bismarck und die Liberalen

Die erste Etappe begann Ende 1875, als Bismarck im Reichstag eine große Finanzreform ankündigte. Sie sollte höhere indirekte Steuern und Zölle bringen. Um die Nationalliberalen zu gewinnen, verhandelte der Kanzler 1877 mehrfach mit Rudolf von Bennigsen. Sogar eine „Ministerkandidatur" des Parteiführers war im Gespräch. Dieser glaubte, wegen der Finanzkrise am längeren Hebel zu sitzen, und stellte deshalb Bedingungen, insbesondere Ministerposten für seine Parteifreunde, die Bismarck weder erfüllen konnte noch wollte, da sie ihn endgültig von der Nationalliberalen Partei abhängig gemacht hätten. So ging der Kanzler, indem er wichtige Exponenten der „liberalen Ära" wie Rudolf Delbrück, den langjährigen Chef der Reichskanzlei, aus dem Amt drängte, auf Kurs gegen die Liberalen. Da er ohne sie über keine parlamentarische Mehrheit verfügte, drohte seine Politik zeitweise in einer Sackgasse zu enden.

Kampf gegen die Sozialdemokratie

Erst in der zweiten Etappe fand sich ein Ausweg. Bismarck nutzte zwei Attentate auf Wilhelm I., um den Kampf gegen die Sozialdemokraten zu intensivieren. Diese galten ihm als Feinde des Staats; aber er spielte ihre Gefährlichkeit mit Blick auf das Bürgertum auch bewußt hoch. Denn die Sozialdemokratie gewann zwar politisch allmählich an Bedeutung, stellte aber höchstens eine potentielle Gefahr dar. Ihr wollte der Reichskanzler einerseits mit Sozialreform, andererseits durch Repression begegnen. So verlangte er eine weitgehende, reichsgesetzliche Ermächtigung gegen die Sozialdemokratie, ein „Sozialistengesetz". Dieses setzte die Liberalen einer Zerreißprobe aus. Entweder lehnten sie entschiedene Schritte gegen die Sozialdemokraten ab und nahmen den Vorwurf auf sich, Staat und Bürgertum nicht vor ihnen geschützt zu haben, oder sie opferten einem Ausnahmegesetz liberale Rechtsgrundsätze. Die im Sommer 1878 von Bismarck vorzeitig herbeigeführten Wahlen zum Reichstag, verstärkten den Druck. Denn der Reichskanzler versuchte, die öffentliche Erregung über die Attentate sowie die in bürgerlichen Kreisen verbreitete Revolutionsfurcht in ein Votum für seine Politik umzumünzen. Er hatte Erfolg: Die Mehrheitsverhältnisse verschoben sich nach rechts, so daß die Nationalliberalen ihre parlamentarische Schlüsselstellung an das Zentrum verloren. Auch gaben die Liberalen jetzt frühere Positionen preis und stimmten dem „Gesetz gegen die gemeingefährlichen Bestrebungen der Sozialdemokratie" zu. Dieses war ein Ausnahmegesetz, das sich jenseits allgemeiner Rechtsnormen gegen die sozialdemokratische Arbeiterbewegung richtete, deren institutionelle, informelle und finanzielle Infrastruktur zu zerschlagen suchte und dabei polizeilicher Willkür großen Raum bot.

„Schutz der nationalen Arbeit"

In der dritten Etappe ging der Kanzler daran, sein Reformkonzept durchzusetzen. Den Kern bildeten Zölle auf fast alle importierten Waren. Damit bekannte sich die Regierung zum „Schutz der nationalen Arbeit". Er sollte Industrie, Gewerbe und Landwirtschaft aus der Krise führen, Spannungen mildern, sozialpolitische Maßnahmen finanzieren helfen und die Finanzkrise des Reichs dauerhaft beheben. Zölle schränkten, das war ihr Vorzug, das Budgetrecht des Reichstags ein, konnten die Nationalliberale Partei spalten, zu einer neuen parlamentarischen Mehrheit führen und so Bismarcks Machtstellung sichern. Nur Teile dieses Konzepts ließen sich im Reichstag verwirklichen. Zwar konnte Bismarck zwischen einer Mehrheit mit den Nationalliberalen oder dem Zentrum wählen. Beide Parteien verteidigten aber das Budgetrecht, so daß der Kanzler, wie er sich auch entschied, Abstriche an seinen Zielen machen mußte. Am Ende setzte er auf das Zentrum, da ihm die föderalistische Lösung mit der „Franckensteinschen Klausel" (nach der die Mehreinnahmen aus den Zöllen teils dem Reich, teils den Bundesstaaten zuflossen) weniger gefährlich erschien als die „konstitutionellen Garantien", auf denen die Nationalliberalen bestanden. So mußte der Kanzler zwar seinen Plan aufgeben, das Reich finanziell unabhängig zu machen und die Rechte des Parlaments einzuschränken. Doch blockierte er die Weiterentwicklung des monarchisch-bürokratischen Obrigkeits- zum bürgerlich-liberalen Parlamentsstaat.

Bruch mit den Nationalliberalen

Der Bruch mit den Nationalliberalen, so von Bismarck nicht gewollt, stieß diese in eine tiefe Krise. Nachdem im Juli 1879 Abgeordnete des rechten Flügels die Fraktion verlassen hatten, folgte ein Jahr später der linke Flügel als Liberale Vereinigung. Diese war nicht bereit, zentrale Forderungen der Liberalen wie die Parlamentarisierung des Reichs aufzugeben. Die Spaltung der Nationalliberalen Partei veränderte das Gesicht des parteipolitischen Liberalismus, schwächte ihn nachhaltig und warf die reformwilligen Kräfte zurück.

Beurteilung der „konservativen Wende“

Das Ende der „liberalen Ära“ war eine Zäsur, aber keine endgültige Weichenstellung. Denn Bismarck konnte zwar die politische Liberalisierung blockieren, das Reich aber nicht dauerhaft in konservative Bahnen lenken. Dafür fehlte es an einer stabilen Parlamentsmehrheit. Sich eine solche zu schaffen und damit von wechselnden Mehrheiten wie bei Einführung der Sozialversicherung unabhängig zu werden, blieb daher jenseits aller Sachfragen das wichtigste Ziel Bismarckscher Politik.

Kampf gegen den Reichstag

In den frühen achtziger Jahren kam es zu einer scharfen Konfrontation von Regierung und Reichstag. Denn die „konservative Wende“ hatte in Verbindung mit den personellen Umbesetzungen und Ämterhäufungen, die ihr folgten, Bismarcks Machtstellung zwar gestärkt, doch fehlte diesem eine Mehrheit im Parlament. Das lag vor allem am Zentrum. Es verteidigte die Rechte des Reichstags und arbeitete nur punktuell mit der Regierung zusammen. So war deren Stellung prekär, besonders seit den Reichstagswahlen vom Herbst 1881, die jede Hoffnung auf eine regierungsfreundliche Mehrheit zunichte gemacht hatten. Gewiß konnte der Kanzler, da die Opposition nicht geschlossen auftrat, bei entsprechenden Zugeständnissen in Sachfragen wechselnde Mehrheiten hinter sich bringen. Doch war seine Position, auch angesichts des herannahenden Thronwechsels, alles andere als stabil. Um so schärfer machte Bismarck gegen das Parlament Front. Er wollte nicht nur den Reichstag im politischen Entscheidungsprozeß zurückdrängen, sondern drohte auch damit, durch einen Staatsstreich das Reichstagswahlrecht zu ändern oder gar das Reich aufzulösen. Erfolg hatte keiner seiner antiparlamentarischen Vorstöße. Sie vergifteten nur die Atmosphäre, verhärteten die Gegensätze und hinterließen den Eindruck, Bismarck fehle es an einem tragfähigen politischen Konzept.

Suche nach einer parlamentarischen Mehrheit

Nach 1884 kam die innenpolitische Situation wieder in Fluß. Die Nationalliberalen, bemüht, wieder Anschluß an die Regierung zu finden, rückten deutlich nach rechts. Sie erteilten zugleich einer großen gesamtliberalen Partei, wie sie die Liberale Vereinigung anstrebte, eine

Absage. So schloß sich diese mit der Deutschen Fortschrittspartei zur linksliberalen Deutsch-Freisinnigen Partei zusammen. Auch der Kulturkampf flaute ab. Bismarck gelang es, den aussichtslosen Konflikt durch eine Doppelstrategie beizulegen. Auf der einen Seite entschärften „Milderungsgesetze" die Kulturkampfpraxis. Andererseits handelte die Regierung über den Kopf des Zentrums hinweg mit dem Heiligen Stuhl „Friedensgesetze" aus, die auf einen Kompromiß hinausliefen. Zwar blieben weite Lebensbereiche verweltlicht und staatlichem Einfluß unterworfen, doch schwächte das Kirche und Katholizismus nicht, da sie dem Vordringen des Staats erfolgreich Grenzen gesetzt hatten. Die Bewegung in der Innenpolitik nutzte Bismarck, um sich durch eine Koalition aus Frei- und Deutschkonservativen sowie Nationalliberalen wieder eine tragfähige parlamentarische Mehrheit zu schaffen. Nationale Themen, wie eine entschiedene Germanisierungspolitik in den östlichen Provinzen Preußens, sollten ihr den Weg ebnen. Zustande kam sie, als Bismarck die außenpolitische Doppelkrise hochspielte und den Reichstag im Streit um eine Militärvorlage 1886 auflösen ließ. Im Wahlkampf führte er Linksliberale, Zentrum und Sozialdemokratie als national unzuverlässig, weil militärfeindlich vor und stiftete ein Wahlbündnis zwischen Konservativen und Nationalliberalen. Absprachen verhalfen diesem „Kartell" zur absoluten Mehrheit.

Probleme mit dem Kartell und „Dreikaiserjahr"

Für die Jahre nach 1887 wurde entscheidend, daß Bismarck sich stark mit dem Kartell identifiziert und sein weiteres politisches Schicksal daran geknüpft hatte. Anfangs arbeiteten Regierung und Parlamentsmehrheit gut zusammen. Bald wuchsen jedoch die Spannungen innerhalb der Rechts-Koalition, da Teile der Deutschkonservativen ebenso wie viele Nationalliberale mit der Regierungspolitik unzufrieden waren und aus dem Kartell herausdrängten. Dieses wurde bald handlungsunfähig und belastete die Regierung Bismarck. Das zeigte sich, als der Kanzler nach dem „Dreikaiserjahr" 1888 auch beim Kaiser an Rückhalt verlor, nicht als Folge des Thronwechsels von Wilhelm I. zu Friedrich III., sondern von diesem zu Wilhelm II. Zwischen dem jungen Kaiser und dem alten Kanzler brachen bald heftige Konflikte auf. Strittig war, wie die künftige Politik des Reichs aussehen und wer diese formulieren sollte. Wilhelm wollte einen „neuen Kurs" steuern, so unklar dessen Richtung auch war, und weigerte sich, dem Reichskanzler ähnlich freie Hand zu lassen wie sein Großvater. Bestärkt wurde er darin durch einen kleinen Kreis von Beratern. Doch standen auch alle jene hinter dem Kaiser, die Bismarcks Wirken immer kritischer beurteilten: die autoritäre Kanzlerherrschaft und den Kampf gegen den Reichstag, die Stagnation der Regierungsgeschäfte bei der häufigen Abwesenheit von Berlin sowie nicht zuletzt den wachsenden Immobilismus in der Innenpolitik.

Ende des „Systems Bismarck“

Der Machtkampf zwischen Kaiser und Kanzler wurde, weil eine direkte Konfrontation ausgeschlossen war, auf dem Feld der Arbeiterfrage ausgetragen. Wilhelm und mit ihm ein wachsender Teil der Öffentlichkeit hielten die Repressionspolitik für überlebt und setzten stattdessen, etwa beim Arbeiterschutz, auf vorsichtiges Entgegenkommen. Bismarck lehnte staatliche Eingriffe in die Arbeitsbeziehungen ab und wollte die Politik der Unterdrückung fortführen, ja, verschärfen. Diesem Ziel diente der Entwurf eines unbefristeten Sozialistengesetzes. Stimmte der Reichstag zu, mag Bismarck kalkuliert haben, war der Ausgleichspolitik des Kaisers der Boden entzogen, lehnte er ab, zerbrach das Kartell. Dann stand eine schwere Krise ins Haus, die nur ein erfahrener Politiker meistern konnte. In beiden Fällen mochte es Bismarck gelingen, den jungen Kaiser an seine Politik und Person zu binden. Doch ging diese Rechnung nicht auf. Zwar lehnte das Parlament den Gesetzentwurf ab, zwar zerbrach die Rechts-Koalition und mußten die Kartell-Parteien bei den Wahlen im Februar 1890 herbe Verluste hinnehmen. Bismarck konnte die entstandene Situation aber nicht nutzen, um seine Machtstellung zu behaupten, da der Streit innerhalb der Regierung, vor allem aber zwischen Kaiser und Kanzler eskalierte. Dabei geriet Bismarck ins politische Abseits, brachte eine negative Koalition gegen sich auf, die außer dem Kaiser und dessen Kreis auch einige Minister sowie die Führer der ehemaligen Kartell-Parteien umfaßte. Was sie einte, war der Gedanke, daß Bismarck abgewirtschaftet habe, seine Politik zukunftslos sei, da sie nur noch dem eigenen Machterhalt diene, und er daher zurücktreten müsse. Mit der Entlassung des Kanzlers im März 1890 endete das „System Bismarck“. Es hatte nicht nur die ersten beiden Jahrzehnte des Kaiserreichs bestimmt, sondern auch den politischen Akteuren und Instanzen durch Ausbau und Festigung des Reichs sowie die Anfänge des Interventions- und Sozialstaats einen Zuwachs an Macht und Aufgaben gebracht.

3. Die Anfänge des Interventions- und Sozialstaats

Staat und Gesellschaft

Der moderne Interventions- und Sozialstaat, dessen Anfänge in die siebziger und achtziger Jahre fielen, stand in der Tradition des vorsorgenden und reglementierenden „Staats der ‚guten Policey'“, knüpfte aber auch an die kommunale Armenfürsorge an. Zugleich suchte er nach einer Lösung für die Probleme einer entstehenden Industriegesellschaft und schlug neue Wege ein, diese zu bewältigen. Daß die staatliche Aktivität seit den späten siebziger Jahren zunahm, ergab sich aus einem Wechselspiel von Staat und Gesellschaft. Zwar hatte der Staat bereits um 1800, mehr noch seit der Jahrhundertmitte begonnen, Gesellschaft und Wirtschaft nicht mehr direkt, sondern nur noch durch rahmensetzende Maßnahmen zu steuern und so eine liberale Marktgesellschaft freizusetzen, die weitgehend eigenen Gesetzen gehorchte. Doch erreichte diese Deregulierung in der „liberalen Ära" ihren Höhe- und zugleich Kulminationspunkt. Die Reichsgründung wertete nämlich den monarchisch-bürokratischen Staat auf und erleichterte es ihm, wieder stärker in Wirtschaft und Gesellschaft einzugreifen sowie die staatlichen Aufgaben auszuweiten. Das galt besonders für die Krisensituation der siebziger Jahre, in der es die Stabilität des politischen Systems zu wahren galt. Zugleich glaubten größere Teile der Gesellschaft unter dem Eindruck der Gründerkrise, soziale Konflikte und ökonomische Schwierigkeiten nicht mehr aus eigener Kraft, sondern nur noch mit staatlicher Hilfe meistern zu können. Auch die Fundamentalpolitisierung begünstigte den Aufstieg des Interventionsstaats. Drängende Probleme, welche die ökonomische und gesellschaftliche Modernisierung aufwarf, wurden der Politik zugeschoben, in der Erwartung, diese werde sie schon bewältigen. So kehrte sich der Trend um, folgte einer Phase abnehmender eine solche wachsender, der Form nach freilich neuartiger Eingriffe des Staats. Diese setzten eine intensivere staatliche Durchdringung der Gesellschaft vor allem durch Bürokratie und Polizei voraus.

Instrumente des Interventionsstaats

Der aufkommende Interventions- und Sozialstaat schuf sich verschiedene Instrumente, mit denen er stärker auf die Gesellschaft einwirkte. Zu ihnen zählte zunächst die Bürokratie. In der Zeit des Kaiserreichs expandierte die Verwaltung schneller, als die Bevölkerung wuchs. Freilich gab es Unterschiede nach Tätigkeitsfeld und politischer Ebene. So nahm die Zahl der Staatsbediensteten bei Verkehr und Post stark zu, im Bildungsbereich und in der Innenverwaltung dagegen eher langsam. Auch wuchs die Verwaltung der Kommunen im Zug der Urbanisierung wohl rascher als die der Bundesstaaten oder des Reichs. Die Bürokratie expandierte aber nicht nur, sie differenzierte sich auch, in der Leistungs- noch mehr als in der Hoheitsverwaltung. Neben der eigentlichen Verwaltung wuchs der nichtmilitärische staatliche Gewaltapparat. Der Polizei fielen im Rahmen ihrer ohnehin breiten Zuständigkeit neue Aufgaben zu, gerade auch im Wohlfahrtsbereich. Erst seit den neunziger Jahren spezialisierte sie sich stärker darauf, die innere Sicherheit zu gewährleisten. Dabei wurde die Polizei ein Stück weit verstaatlicht und verrechtlicht, entwickelte eigene, vom Militär unterschiedene Formen des Zwangs. Zugleich nahm, in den Städten mehr, auf dem Land weniger, die polizeiliche Durchdringung der Gesellschaft zu, ebenso auch der Regelungsanspruch, den die Polizei in der Praxis oft willkürlich, stets aber autoritär und hart durchsetzte. Mit Hilfe von Verwaltung und Polizei dehnte sich, weder kontinuierlich noch gleichmäßig, die staatliche Aktivität vor allem auf vier Gebieten aus: der Finanz- und Währungs-, Wirtschafts- und Sozialpolitik.

Felder staatlicher Aktivität: Finanzpolitik

Die Finanzpolitik von Reich, Bundesstaaten und Kommunen verteilte einen immer größeren Teil des Sozialprodukts um. Zugute kam das weniger den Militärausgaben, deren Anteil sank, sondern den Aufwendungen für Bildung und besonders für Soziales, die prozentual zulegten. So erreichten die Staatsausgaben mit einem Anteil von knapp 15 (1880/84: gut 10) Prozent am Nettosozialprodukt vor dem Ersten Weltkrieg einen Umfang, der den öffentlichen Sektor zu einem gewichtigen Faktor im Wirtschaftskreislauf machte. Das galt für alle öffentlichen Haushalte, wenn auch in unterschiedlichem Umfang. Denn die Ausgaben der Bundesstaaten vervierfachten, jene von Reich und Kommunen hingegen versechsfachten sich zwischen 1881 und 1913. Obwohl die öffentlichen Haushalte expandierten, wurden sie noch nicht gezielt als Instrument der Wirtschaftspolitik eingesetzt. Anders sah es bei den öffentlichen Unternehmen aus. Reichspost und Eisenbahnen, seit der Verstaatlichung in den siebziger und achtziger Jahre meist im Besitz der Bundesstaaten, Zechen und kommunale Betriebe dienten über ihre fiskalische Funktion hinaus sozial- und wirtschaftspolitischen Zielen. Davon profitierten einzelne Regionen und Branchen, und das konnte gesamtwirtschaftliche Wirkungen haben.

Währungspolitik

Der Finanz- trat die Währungspolitik zur Seite. Sie war in erster Linie Sache des Reichs, das in den frühen siebziger Jahren das Münzwesen vereinheitlichte und die Goldwährung einführte. Außer Gold- liefen Silbermünzen sowie Banknoten um. Diese wurden nicht allein, doch zu wachsendem Anteil von der Reichsbank ausgegeben, die sich dabei an den Bedürfnissen der Wirtschaft orientierte und ihre Aufgabe nicht darin sah, den monetären Bereich zu kontrollieren oder die Konjunktur durch geldpolitische Maßnahmen zu steuern. Ebenso wenig griff die Reichsbank in die Außenwirtschaft ein, unterwarf sich hier vielmehr ganz dem Goldstandard.

Wirtschaftspolitik

Außer über die Finanz- und Währungs- wirkte der Staat durch seine Wirtschaftspolitik auf Ökonomie und Gesellschaft ein. Im Kaiserreich gab es keine gesamtwirtschaftliche Ordnungs- und Struktur-,

Wachstums- und Konjunkturpolitik. Das lag daran, daß Konzeptionen, Instrumente und Institutionen fehlten. Daher stand wie in anderen Staaten die Handels- und Zollpolitik im Zentrum der Auseinandersetzungen. Hatten sich der Deutsche Zollverein und anfangs auch das Reich gegen manche Widerstände bemüht, Zölle und andere Handelshemmnisse abzubauen, brachte der Zolltarif von 1879 eine Wende. Seitdem erhob das Reich wieder höhere Zölle auf Agrar- wie Industrieprodukte und erschwerte den Import durch eine Reihe weiterer Maßnahmen. Das Auf und Ab der Weltmarktpreise beeinflußte die deutsche Ein- und Ausfuhr zwar stärker als die Zölle, deren Höhe sich im internationalen Vergleich auf einem mittleren Niveau bewegte. Dennoch hatte der Protektionismus, abgesehen von seiner politischen Brisanz, ökonomische Folgen. Im Agrarsektor begünstigte er die Produzenten, die Getreideanbauer mehr als die Viehhalter, zulasten der Konsumenten und verlangsamte so den relativen Bedeutungsverlust der Landwirtschaft. In der Industrie, wo Zölle und Kartelle vielfach zusammenspielten, profitierten die Erzeuger von Roheisen und Halbfertigprodukten von der protektionistischen Politik, während diese Eisen- und Stahlverarbeiter belastete. Nicht nur um die Handels- und Zollpolitik wurde heftig gerungen; andere Aktivitäten des Reichs waren ebenfalls umstritten: etwa seine Mittelstands-, Börsen- oder Kartellpolitik. Weniger spektakulär, oft aber nachhaltiger wirkte die Wirtschaftspolitik der Bundesstaaten. Sie umfaßte eine Vielzahl von Maßnahmen, angefangen bei der Agrar- und Gewerbeförderung über die Verkehrs- bis hin zur Bildungspolitik.

Sozialpolitik

Ein weites Feld staatlicher Intervention bot die Sozialpolitik. Sie war zunächst und vor allem eine Sache der Kommunen, wurde erst später und allmählich auch eine Angelegenheit des Reichs. Zu den überkommenen Aufgaben der Kommunen gehörte die Armenfürsorge. Sie oblag ursprünglich der Heimatgemeinde, wurde dann aber, weil die Binnenwanderung das Heimatrecht aushöhlte, der Wohngemeinde übertragen. Offene, nicht mehr in Anstalten betriebene Armenpflege war die Regel. Sie folgte dem Subsidiaritätsprinzip und orientierte sich zumeist am „Elberfelder System“, das auf Dezentralisierung der Verwaltung, Ehrenamtlichkeit der Armenpfleger und Selbsthilfe der Armen setzte. Nur in Großstädten folgte die Armenfürsorge mehr dem „Straßburger System“, wurde bürokratisiert und hauptamtlichem Personal übertragen, darunter immer mehr Frauen. Doch schuf die Urbanisierung in großem Umfang neue soziale Probleme. Die Städte reagierten darauf, indem sie die Armenfürsorge durch präventive Maßnahmen wie Notstandsarbeiten und Arbeitsnachweise oder erste Arbeitslosenversicherungen ergänzten sowie die Kinder- und Jugend- als auch die allgemeine Gesundheitsfürsorge ausbauten. In die Zukunft wiesen vor allem jene Aufgaben, welche die Städte im Rahmen der „Daseinsvorsorge“ (E. FORSTHOFF) übernahmen. Sie setzten sich damit neben privaten, von Frauen, Vereinen und Wohlfahrtsverbänden getragenen Initiativen und diese ergänzend an die Spitze der Entwicklung, die zum modernen Sozialstaat führte.

Von der kommunalen zur zentralstaatlichen Sozialpolitik

Die zentralstaatliche Sozialpolitik berührte sich zwar mit der kommunalen, ging aber andere Wege. Denn sie richtete sich nicht an alle Bürger, sondern suchte auf drei Feldern – Sozialversicherung, Arbeiterschutz und Arbeitsrecht – nach Antworten auf die „soziale Frage“. Einmütigkeit bestand darüber, daß diese gelöst werden mußte. Doch gingen die Ansichten auseinander, wie das geschehen und insbesondere welche Rolle der Staat spielen sollte. Anfangs überwog die Meinung der Liberalen, die auf eine gesellschaftliche Lösung, nicht zuletzt auf die Selbsthilfe der Arbeiter setzten. Doch wurden bald Stimmen laut, gerade aus Kreisen der bürgerlichen Sozialreformer um den Verein für Socialpolitik, die mehr oder minder weitreichende staatliche Maßnahmen forderten. Auch die Regierung Bismarck, in dieser Frage lange uneins, neigte am Ende jener Richtung zu. Denn einmal wuchs der Berg ungelöster Probleme. Je weiter die Industrialisierung vorankam, desto mehr verschärfte sich die „soziale Frage“, und weder die gesellschaftlichen noch die staatlichen Vorkehrungen, die bisher getroffen worden waren, hielten ihrem Druck länger stand. Sodann ließ sich aus einer staatlichen Lösung, etwa in Form einer Sozialversicherung, politisch Kapital schlagen. Sie ergänzte die Repressionspolitik des Sozialistengesetzes um soziale Leistungen, welche die Arbeiter an den Staat binden, diesem durch Umverteilung Legitimation verschaffen sollten. Das geschah am besten, und so wollte es auch Bismarck, durch eine staatlich finanzierte Zwangsversicherung. Doch lag zwischen Vorhaben und Gesetz ein jahrelanger Entscheidungsprozeß, in den Bürokratie, Parteien und Interessenverbände unterschiedliche Vorstellungen einbrachten. Kranken- (1883), Unfall- (1884) sowie Invaliditäts- und Altersversicherung (1889) fielen daher anders aus als geplant.

Sozialversicherung

Die drei Versicherungen wiesen einerseits gemeinsame Merkmale auf. Sie waren für einen großen Teil der Arbeiterschaft obligatorisch, öffentlich-rechtlich organisiert, räumten aber den Betroffenen Selbstverwaltungsrechte ein. Auch folgten alle dem Versicherungs- und Kausalprinzip. Leistungen, auf die ein Rechtsanspruch bestand, blieben also an Beiträge gebunden und bemaßen sich nicht nach Bedürftigkeit, sondern nach erworbenen, vom Lohn abhängigen Ansprüchen. Andererseits unterschieden sich Träger, Finanzierung und Leistungen. Berufsgenossenschaften trugen die Unfallversicherung unter Aufsicht des Reichsversicherungsamts. Sie faßten Unternehmen gleicher Branche zusammen, finanzierten sich durch Umlagen, kamen für die Kosten unfallbedingter Heilbehandlung auf oder gewährten bei Erwerbsunfähigkeit eine Rente von bis zu zwei Dritteln des früheren Lohns. Die Krankenversicherung übernahmen zahlreiche Orts- und Betriebs-, Berufsverbands- und Hilfskassen meist gegen Beiträge, die zu zwei Dritteln von den Versicherten, zu einem Drittel von den Arbeitgebern aufzubringen waren. Davon wurden Arzt, Krankenhaus und Arzneimittel sowie ein Krankengeld bezahlt. Die Invaliditäts- und Altersversicherung oblag öffentlich-rechtlichen Landesversicherungsanstalten. Diese finanzierten sich durch Beiträge von Arbeitgebern und Arbeitnehmern sowie, was den ursprünglichen Plänen Bismarcks am nächsten kam, durch einen Reichszuschuß. Bei Erwerbsunfähigkeit gab es Invaliden-, vom siebzigsten Lebensjahr an Altersrenten.

Bis zur Reichsversicherungsordnung von 1911, die das Erreichte kodifizierte, erweiterte und organisatorisch ausgestaltete, nicht aber zu einem einheitlichen Ganzen zusammenfügte, dehnte sich das Sozialversicherungssystem weiter aus. Es bezog immer mehr Erwerbstätige ein, bald auch deren Angehörige. Die Angestellten erhielten 1911 eine gesonderte Versicherung gegen Invalidität und Alter, die sie besser stellte als die Arbeiter. Außerdem wurde das System leistungsfähiger, besonders die Kranken-, aber auch die Invaliditäts- und Altersversicherung, die seit 1912 Witwen- und Waisenrenten zahlte. Dadurch stieg die Sozialleistungsquote. 1885 machten die Versicherungsleistungen 0,3 Prozent des Nettoinlandsprodukts aus, 1913 bereits 3 Prozent. Alles in allem erreichte die Sozialversicherung Bismarcks Ziel, die Arbeiterbewegung zu schwächen, jedoch nicht. Immerhin trug sie dazu bei, die Lage der Arbeiter zu verbessern, und das wirkte auf lange Sicht integrierend. Doch blieb manche Unzulänglichkeit. Denn die Leistungen lagen niedrig, vor allem bei der Invaliditäts- und Alters- sowie der Unfallversicherung. Sie linderten die soziale Not, beseitigten diese aber nicht. Im System sozialer Sicherung klaffte eine Lücke, da eine zentralstaatliche Arbeitslosenversicherung fehlte. Vor allem aber gab es strukturelle Grenzen. Die Sozialversicherung verkürzte die „soziale Frage" auf die Absicherung von Daseinsrisiken, verminderte die Gefahren des industriellen Arbeitsprozesses nicht, sondern milderte nur die durch ihn hervorgerufenen Schäden, blieb verteilungs- und wettbewerbsneutral.

Arbeiterschutz

Während in den achtziger Jahren die Fundamente des Sozialversicherungssystems gelegt wurden, kam der Arbeiterschutz, der zweite Bereich zentralstaatlicher Sozialpolitik, trotz mancher Initiativen des

Reichstags kaum voran. Das lag nicht allein, aber doch vor allem an Bismarck und änderte sich deshalb erst nach dessen Sturz. Im Unterschied zur Sozialversicherung wollte der Arbeiterschutz Unfällen und Krankheiten vorbeugen. Seit Mitte der neunziger Jahre wurde der Arbeiterschutz zunächst energisch, dann immer zögerlicher und meist gegen beträchtlichen Widerstand nicht nur aus der Unternehmerschaft über den Stand der Gewerbeordnung von 1869 hinaus ausgebaut. So wurde die Beschäftigung von Kindern und Frauen in Fabriken weiter eingeschränkt, die Arbeit am Sonntag verboten und die Tätigkeit in gesundheitsgefährdenden Betrieben genau geregelt. Eine leistungsfähigere Gewerbeaufsicht sollte sicherstellen, daß die Arbeiterschutzmaßnahmen eingehalten wurden.

Arbeitsrecht

Schleppender noch entwickelte sich das Arbeitsrecht, der dritte Bereich staatlicher Sozialpolitik. Hier ging es darum, die Beziehungen zwischen Arbeitnehmern und Arbeitgebern zu normieren. Dabei wurde der individuelle Arbeitsvertrag einerseits vorsichtig in Richtung eines kollektiven Arbeitsrechts fortentwickelt: durch Vorgaben für Arbeitsordnungen in größeren Betrieben; durch Arbeiterausschüsse, zuerst fakultativ, dann im preußischen Bergbau obligatorisch; durch Gewerbegerichte, die schlichtend tätig werden konnten. Auf der anderen Seite bestand die Einschränkung des Koalitions- und Streikrechts vor allem für Land- und Eisenbahnarbeiter fort, die Rechtsstellung der Gewerkschaften blieb unverändert, und der Staat tat nichts, um die Verbreitung von Tarifverträgen zu fördern. So blieben die Ansätze zu einem staatlichen Arbeitsrecht bis zum Krieg halbherzig, bewährten sich nicht und fielen hinter jene Regelungen zurück, die Arbeitgeber und Arbeitnehmer auszuhandeln begannen.

Janusgesicht des Interventions- und Sozialstaats

Verglichen mit der Zeit nach 1914 drang der Interventions- und Sozialstaat vor dem Krieg weder sehr weit vor, noch rührte er an die liberale marktwirtschaftliche Ordnung. Auch fehlte es der staatlichen Aktivität an Systematik, und oft blieb der Erfolg aus. In die Zeit des Kaiserreichs fallen mithin die Anfänge des modernen Interventions- und Sozialstaats. Dieser war, vor allem im europäischen Vergleich, zukunftsweisend und entwicklungsfähig, hatte aber auch klare Grenzen. Denn er konnte von verschiedenen politischen Kräften für unterschiedliche Zwecke in Dienst genommen werden. So gab es eine Spannung zwischen Methoden und Zielen, aber auch zwischen Zielen und Resultaten staatlicher Intervention. Außerdem hatte diese nicht nur Vorteile. Denn der moderne Interventions- und Sozialstaat gewann zunehmend an Eigendynamik und tendierte dazu, sich immer weitere Bereiche verwaltend, regulierend und kontrollierend zu unterwerfen. Dabei wirkten, wie zur Zeit seiner Entstehung, Staat und Gesellschaft zusammen, spielte nicht zuletzt die Fundamentalpolitisierung eine wesentliche Rolle.

4. Fundamentalpolitisierung und Wandel der Politik

Politische Mobilisierung und Reichstagswahlen

In den beiden Jahrzehnten um 1900 änderten sich die Bedingungen, unter denen im Kaiserreich Politik gemacht wurde. Größere Teile der Bevölkerung begannen, am politischen Geschehen mitzuwirken, indem sie sich organisierten und an Wahlen beteiligten. Im raschen wirtschaftlich-sozialen Wandel, in den zunehmenden staatlichen Interventionen sowie in den besseren Bildungs-, Transport- und Kommunikationsmöglichkeiten sind die Ursachen dieser Fundamentalpolitisierung zu sehen. Sie führte zu einem „politischen Massenmarkt" (H. ROSENBERG). An den Wahlen zum Reichstag, dessen demokratisches Wahlrecht Voraussetzung der Fundamentalpolitisierung gewesen ist, läßt sich die wachsende Mobilisierung ablesen. In zwei Schüben stieg die Wahlbeteiligung von 51 (1871) auf 85 Prozent (1912). Verdoppelte sich die Zahl der Wahlberechtigten, wuchs die der abgegebenen Stimmen auf mehr als das Dreifache: von 3,9 auf 12,3 Mio. Dadurch bekamen die Wahlen ein anderes Gesicht. Weniger lokal oder regional bekannte Personen, mehr Kandidaten bestimmter Parteien wurden gewählt. Die Konkurrenz zwischen ihnen nahm zu, bei allen Unterschieden von Wahlkreis zu Wahlkreis. Eine Folge war, daß die Wahlkämpfe härter, mit größerem finanziellen Aufwand und systematischer geführt wurden, teilweise schon den Charakter von Kampagnen annahmen. Obwohl sich die Wahlen ein Stück weit nationalisierten, blieben regionale Faktoren bestimmend, überlagerte der entstehende „politische Massenmarkt" nur ältere, historisch gewachsene Strukturen. Zwar verbesserte die Sozialdemokratie ihr Ergebnis fast kontinuierlich, aber die anderen Parteien behaupteten sich. Sie verloren Stimmenanteile, nicht Wählerstimmen, legten bei diesen sogar zu. Eine solche Kontinuität im Wahlverhalten erstaunt um so mehr, als sie im Gegensatz zu den wirtschaftlichen und sozialen Veränderungen zu stehen schien. Doch gelang es den Parteien offenbar, die Verbindung zu ihren jeweiligen Milieus zu erhalten, ja, zu festigen. Das bewirkte Stabilität im Wandel, führte aber auch zu einer „Versäulung", die Integration und Kompromiß erschwerte.

Parteien und Massenmobilisierung

Mobilisierung und Politisierung der Bevölkerung, wie Wahlen sie mit sich brachten, stellten die Parteien vor große Probleme. Anhänger und Wähler wurden umso heterogener, je mehr sich die Gesellschaft differenzierte. Unterschiedliche Flügel traten hervor, von Verbänden organisierte Interessen kamen ins Spiel. Wählermeinungen mußten berücksichtigt werden, und diese wechselten immer rascher. Politik beschleunigte sich. So fiel es schwer, konsensfähige Positionen zu finden und nach außen geschlossen zu vertreten. Auch wuchs die Konkurrenz unter den Parteien, stieg die Zahl der Kandidaten, waren längere und aufwendigere Wahlkämpfe zu führen. Hinzu kam, daß Anhänger wie Wähler den Führungsanspruch der Honoratioren nicht mehr unbesehen hinnahmen. Die meisten Parteien rangen um die Jahrhundertwende mit starken populistischen Kräften, bemühten sich mit mehr oder minder großem Erfolg, diese zu integrieren. So kam vieles zusammen, was die Parteien zwang, sich straffer zu organisieren, einen Stamm fester Mitglieder an- und mehr Mittel einzuwerben, durch Vorfeldorganisationen im Land präsent zu sein. Lief die Entwicklung damit aufs Ganze gesehen von der überkommenen Honoratioren- zur modernen Massenpartei, kam sie bei den einzelnen Parteien unterschiedlich weit voran.

Sozialdemokratie

Am stärksten wandelte sich die Sozialdemokratie zu einer Massenpartei mit wenig fluktuierender Mitgliederschaft, hauptsächlich aus Arbeitern und Kleinbürgern bestehend, deren Zahl bis zum Krieg auf über eine Million anstieg. Beiträge, Zeitungen und eine entwickelte, von Funktionären geführte Organisation sorgten für Zusammenhalt. Doch reichten die Bindungen weiter. Der Partei anzugehören, machte für die Mitglieder einen Teil ihrer Identität aus, und das stiftete jenseits aller Parteidisziplin eine besondere Loyalität. Denn die Sozialdemokratie bestimmte das Leben der Mitglieder „von der Wiege bis zur Bahre". In einem politischen und sozialen System, das die Arbeiter diskriminierte, schuf sie eine eigene, von jenem abgesetzte, gleichwohl auf das Umfeld bezogene sozialistische Lebenswelt. Die Wähler der Partei entstammten nicht unbedingt diesem Milieu. Ihre Zahl verdreifachte sich seit 1890, lag 1912 bei 4,25 Mio. Dabei machte die sozialdemokratische Mobilisierung vor Bauern und Landarbeitern, Handwerkern und Angestellten oder Katholiken nicht halt, war dort aber weniger erfolgreich als bei der protestantischen Arbeiterschaft in den Städten.

Zentrum

Recht gut behauptete sich das Zentrum. 1890 hatte es 1,34 Mio., 1907 rund 2,18 Mio. Wähler. Doch fiel der Stimmenanteil seit dem Kulturkampf. Trotzdem verteidigte die Partei, dank sicherer regionaler, vor allem ländlicher Hochburgen die Zahl ihrer Mandate. Mochte sich auch manche Bindung lockern, das Zentrum blieb fest im katholischen Milieu verankert. Es stützte sich auf katholische Honoratioren, Kirche und Klerus, Bauernvereine und christliche Gewerkschaften sowie nicht zuletzt den Volksverein für das katholische Deutschland, der vor allem im Westen des Reichs sozialreformerisch eingestellte Katholiken sammelte. Dank solcher Organisationen konnte die Partei, trotz erheblicher innerer Machtverschiebung, agrarisch-mittelständische Protestwähler und christliche Arbeiter weitgehend einbinden. Diese beachtliche Integrationsleistung gelang dem Zentrum, indem es Einheit und Gemeinsamkeit der Katholiken beschwor, kirchenpolitische Fragen nach vorn schob und im Parlament die Interessen von Mittelstand, Bauern und Arbeitern vertrat.

Liberale

Die Liberalen taten sich schwerer, da ihr Staats- und Gesellschaftsmodell seit den siebziger Jahren unwiderruflich an Attraktivität eingebüßt hatte. Weder die rechten noch die linken Liberalen profitierten von der Fundamentalpolitisierung. Sie verloren zwar keine Wähler, konnten ihre Zahl sogar von 2,49 Mio. (1890) auf knapp 3,16 Mio. im Jahr 1912 steigern. Doch sank bis 1903 der Anteil der Stimmen, stärker noch die Zahl der Mandate, da die liberalen Wähler regional breit gestreut waren. Zwar versuchten die Liberalen gegenzusteuern: indem sie die Parteiorganisation nicht ohne Erfolg ausbauten; mit Interessenverbänden wie dem Bund der Landwirte oder dem Bund der Industriellen zusammenarbeiteten; neue, zugkräftige Themen wie „Flotte" und „Weltpolitik" suchten oder, besonders die Linksliberalen, sich der „sozialen Frage" annahmen und zum rechten Flügel der Sozialdemokratie Kontakt knüpften. Mehr, als sich im Reich zu behaupten, vermochten sie aber nicht. Ganz anders sah es in den Kommunen aus. Hier blieben die Liberalen dank der fortbestehenden antidemokratischen Wahlrechtsbeschränkungen, die sie daher auch zäh verteidigten, einflußreich und gestaltungsmächtig.

Konservative

Die Konservativen standen vor den größten Problemen. Zwar nahm die Zahl der Wähler von 1,38 Mio. (1890) auf 1,49 Mio. (1912) leicht zu. Der Stimmenanteil sank jedoch deutlich ab, ebenso die Zahl der Mandate, gebremst nur durch das starke Gewicht der ländlichen Wahlkreise. Trotz einiger nicht ganz erfolgloser Versuche, städtische Wähler zu gewinnen, und trotz regionaler Unterschiede entwickelten sich die Konservativen, vor allem die Deutschkonservativen, immer mehr zu einer ländlich-agrarischen Partei vornehmlich ostelbischer Gebiete. Da ihnen eine feste Organisation fehlte, überlebten sie nicht zuletzt dank des Bundes der Landwirte. Dieser kanalisierte ländliches Protestpotential, das sich zeitweilig den radikalen Antisemitenparteien zugewandt hatte, und führte es den Deutschkonservativen zu. So entstand eine enge, keineswegs konflikt- und spannungsfreie Zusammenarbeit, die den Konservativismus agrarisch einfärbte und radikalisierte, ohne die Gegensätze zwischen Honoratioren- und Massenpolitik, gouvernementaler und oppositioneller Ausrichtung aufzuheben.

Presse und „politischer Massenmarkt"

Auf dem entstehenden „politischen Massenmarkt" spielte die Presse eine wichtige Rolle, wenn staatliche Kontrollen auch hemmend wirkten. Die Zahl der Blätter, vor allem aber ihre Auflagen nahmen zu, und ihr Aussehen wandelte sich. Neben die Richtungspresse, zumal jene des katholischen und sozialdemokratischen Milieus, trat bei manchen Mischformen seit den neunziger Jahren die kommerzialisierte Massenpresse der „Generalanzeiger". Diese gaben sich politisch unabhängig, wollten Nachricht vor Gesinnung stellen, gingen in Art und Inhalt ihrer Berichterstattung mehr auf die Wünsche der Leser in den Groß- wie Mittelstädten ein, waren auch preisgünstiger, weil sie sich stärker über Anzeigen finanzierten und in hohen Auflagen erschienen. Hand in Hand damit veränderte sich, kaum bei den kleinen Provinz-, mehr bei den Großstadtzeitungen, die technische und redaktionelle Herstellung. Die Journalisten, überwiegend bürgerlich-protestantisch und akademisch gebildet, arbeiteten zwar professioneller; doch setzten sie weiterhin mehr auf Überzeugungstreue als auf Unabhängigkeit und blieben so an die jeweiligen Milieus gebunden.

Aufstieg neuer Organisationen: Gewerkschaften

Auf dem Massenmarkt der Meinungen, den die Fundamentalpolitisierung schuf, agierten zahlreiche Organisationen unter ihnen die Gewerkschaften. Diese hatten in den sechziger und siebziger Jahren einen ersten Entwicklungsschub erlebt, der mit dem Sozialistengesetz abbrach. Nach einer Zeit allmählichen Wiederaufbaus gelang ihnen in einem zweiten Schub seit Mitte der neunziger Jahre der Durchbruch zur Massenbewegung. Im Auf und Ab der Konjunktur, unter starken Fluktuationen und bei hohen, allmählich aber sinkenden Wachstumsraten stieg die Zahl der Gewerkschaftsmitglieder bis 1913 auf fast drei Millionen. Dabei traten, gerade im Streik, Chancen wie Grenzen gewerkschaftlicher Mobilisierung hervor: Facharbeiter waren besser zu organisieren als Ungelernte oder Landarbeiter, Beschäftigte in kleinen und mittleren Unternehmen leichter als in Großbetrieben, Arbeiter in der Konsumgüterindustrie eher als in der Metall-, Chemie- oder Elektrobranche, Männer stärker als Frauen oder Jugendliche. Auch blieb es bei den Richtungsgewerkschaften. So hatten die sozialistischen „freien" Gewerkschaften zwar ein klares Übergewicht, aber kein Organisationsmonopol. Außer ihnen gab es die christlichen Gewerkschaften: antisozialistisch und zunehmend national; streikbereit, aber mehr auf Ausgleich bedacht; interkonfessionell und parteipolitisch neutral, doch in katholischen Regionen verankert und dem Zentrum verbunden. Die liberalen Hirsch-Dunckerschen Gewerkvereine schließlich traten für

Reformen, friedliche Konfliktregelung und Selbsthilfe ein. Das rasche Wachstum zwang gerade die „freien" Gewerkschaften, sich besser zu organisieren, das überkommene Berufs- durch das zukunftsweisende Industrieverbandsprinzip zu ersetzen. 1914 gehörten mehr als zwei Drittel der Mitglieder einer der sieben Industriegewerkschaften, knapp ein Drittel einem der 39 Berufsverbände an. Koordiniert wurden die Einzelgewerkschaften seit 1890 durch die Generalkommission der Gewerkschaften Deutschlands, die anfangs noch den Primat der Sozialdemokratischen Partei akzeptieren mußte, bevor sie in der „Neutralitäts- und Massenstreikdebatte" zwischen 1903 und 1906 die Gleichberechtigung erstritt.

Industrieverbände

Neben den Gewerkschaften entstanden zahlreiche Interessenorganisationen. Die Industrie war in zwei Verbandsgruppen gespalten. Im Zentrum der einen stand der Centralverband Deutscher Industrieller. Er hatte sich seit den siebziger Jahren zu einem Dachverband entwickelt, in dem die Montanindustrie den Ton angab. Darum wurde 1895 ein Bund der Industriellen gegründet, der aus Verbänden verarbeitender Branchen eine zweite, mit dem Centralverband rivalisierende, ihm an Einfluß jedoch unterlegene Verbandsgruppe aufbaute. Bund und Centralverband arbeiteten bisweilen mit-, häufig aber gegeneinander. Deshalb fanden sich, als nach 1903 aus der Defensive heraus zahlreiche Arbeitgeberverbände gegründet wurden, diese auch in zwei konkurrierenden Dachorganisationen zusammen: der Hauptstelle Deutscher Arbeitgeberverbände, gebunden an den Centralverband, die mehr Großbetriebe organisierte und einen antigewerkschaftlichen Kurs steuerte; und dem Verein Deutscher Arbeitgeberverbände, der dem Bund näherstand, sich eher auf Klein- und Mittelbetriebe stützte und für eine beweglichere Politik gegenüber den Gewerkschaften eintrat. Trotzdem arbeiteten Hauptstelle und Verein immer enger zusammen und fusionierten, mehr aus Schwäche als aus Stärke, 1913 zur Vereinigung Deutscher Arbeitgeberverbände.

Agrarverbände

Um 1900 formierte sich das agrarische Verbandswesen neu. Eine breite bäuerliche Protestbewegung, ausgelöst sowohl durch langlebige wirtschaftliche Probleme wie den Bedeutungsverlust der Landwirtschaft als auch durch kurzlebige Schwierigkeiten, etwa den Preisverfall in den frühen neunziger Jahren, drängte aus den bestehenden Agrarvereinen heraus, forderte mehr Mitsprache und suchte nach anderen Organisationsformen. Den Agrarprotest sog vor allem der 1893 gegründete Bund der Landwirte auf. Er entwickelte sich rasch zu einem gut organisierten Agrarverband mit Hochburgen in den evangelischen Gebieten Nord- und Mitteldeutschlands, aber auch Mitgliedern im Süden des

Reichs. Das waren in der Mehrheit kleine und mittlere Bauern, während die Minderheit von Großgrundbesitzern wichtige Führungspositionen besetzte und bürgerliche Verbandsfunktionäre die tägliche Arbeit erledigten. Der Bund warb mit antisemitischer Propaganda um Mitglieder und vertrat kompromißlos agrarische Interessen. Bei Wahlen unterstützte er konservative wie nationalliberale Kandidaten, die sich auf sein Programm verpflichtet hatten, und baute so einflußreiche Abgeordnetenblöcke in den Parlamenten auf.

Modernes System von Interessenverbänden

Da außer den Industrie- und Agrarverbänden andere Interessenorganisationen ebenfalls regen Zulauf fanden, entstand ein ausgedehntes, vielfach gegliedertes System von Interessenverbänden. Zugleich nahm die Mitgliederzahl der Verbände zu: 300 000 hatte etwa der Bund der Landwirte. Solche Großverbände, auch wenn sie noch nicht die Regel waren, brauchten eine bürokratische Organisation und hauptamtliche Funktionäre. Allein dadurch gewannen die Verbände an Einfluß auf Regierung und Verwaltung, Parteien, Parlamente und öffentliche Meinung. Hinzu kam, daß sich sachgerechte Entscheidungen kaum noch fällen ließen, ohne die Vertreter der Betroffenen zu konsultieren. So stiegen die Verbände zu einem innenpolitischen Machtfaktor auf, wurden allmählich, wiewohl noch nicht fest institutionalisiert, in die politische Willens- und Konsensbildung einbezogen. Dabei konkurrierten sie mit den Parteien, schwächten, aber verdrängten diese nicht.

Reformbewegungen

Zu den gesellschaftlichen Zusammenschlüssen, die um 1900 immer mehr Deutsche mobilisierten und organisierten, gehörte eine schwer überschaubare Vielfalt von Reformbewegungen, unter ihnen die Frauen- und Jugend-, Kunstreform-, Heimat- oder Lebensreformbewegung. Ihre organisatorischen Formen reichten von persönlichen Kontakten und informellen Zirkeln über Gesinnungsgemeinschaften, oft um Zeitschriften gruppiert, bis hin zu mitgliederstarken Vereinen. Bei allen Unterschieden hatten sie einiges gemeinsam. Träger war eine neue, junge Generation von Gebildeten. Diese nahmen Ambivalenzen und Widersprüche der Moderne bewußter wahr als die fortschrittsgläubige Generation vor ihr, vermuteten eine tiefe Zivilisationskrise und suchten nach Wegen, sie zu überwinden. So entstand eine Fülle von Reformentwürfen, die merkwürdig ambivalent, weil nicht vorwärts- oder rückwärtsgewandt, sondern beides zugleich waren und vieles vordachten, was nach dem Krieg in unterschiedliche Richtungen auseinanderlief. Den meisten Reformbewegungen galt nicht die Politik, sondern, von ihr abgelöst und dem Anspruch nach überlegen, die Kultur als Feld ihrer Tätigkeit. Unpolitisch waren sie aber nur in einem vordergründigen Sinn. Denn die Debatten, die bildungsbürgerliche Kreise über Krisenbewußtsein, Zivilisationskritik und Reformkonzepte führten, wirkten auf vielfache Weise in die Politik hinüber.

Mobilisierungsideologien: Antisemitismus

Was die Massen in den Jahrzehnten um 1900 mobilisierte, waren Interessen, Ideen und Ideologien. Unter ihnen spielte der Antisemitismus eine wichtige Rolle. Der moderne Antisemitismus, virulent geworden mit der Gründerkrise in den frühen siebziger Jahren, goß die verbreitete traditionelle Judenfeindschaft in neue Inhalte und Formen. Er war ein nach-emanzipatorisches Phänomen, ging es ihm doch darum, die rechtliche und politische, gesellschaftliche und kulturelle Emanzipation der Juden rückgängig zu machen. Gleichzeitig weitete er sich, indem die Antisemiten Juden und Moderne in eins setzten, zum Protest gegen die moderne Welt. Neu war schließlich, daß sich der Antisemitismus organisierte und mit aufkommenden Rassentheorien wie völkischen Ideen verband.

Antisemitische Bewegung

Eine antisemitische Bewegung entstand am Ende der siebziger Jahre. Die protestantisch-konservative Christlichsoziale Partei Adolf Stoeckers machte sich als erste die Vorurteile gegen Juden politisch zunutze und umwarb mit antijüdischen Parolen mittelständische Schichten. Ihr folgten bald radikale Antisemitenparteien, erst in Berlin, dann in der Provinz. In Sachsen und Hessen, Brandenburg und Pommern rührten sie die Unzufriedenheit der dörflich-kleinstädtischen Bevölkerung über die fortschreitende Industrialisierung auf und bündelten diesen Protest. Scharfe Gegensätze dividierten die Antisemitenparteien immer wieder auseinander. Sie entzündeten sich nicht zuletzt am Verhältnis zum Konservativismus, dessen Nähe die einen suchten, während andere, mehr populistische Protestbewegungen, gegen ihn Front machten. Nachdem die antisemitischen Parteien an der Wende von den siebziger zu den achtziger Jahren eine erste und ein Jahrzehnt später eine zweite Blüte erlebt hatten, verloren sie an Bedeutung, verschwanden aber nicht.

Antisemitismus in der Gesellschaft

Der Antisemitismus breitete sich auch in Vereinen und Verbänden sowie über sie in weiten Teilen der Gesellschaft aus. So spielte er eine große Rolle in studentischen Gruppen und Zusammenschlüssen des „alten" wie „neuen" Mittelstands, in Agrarorganisationen und nationalen Agitationsverbänden. Das war aber nur die Spitze des Eisbergs. Zwar gab es Parteien, die gegen den Antisemitismus Front machten, wie Linksliberale und Sozialdemokraten; andere fanden sich jedoch mit ihm ab, etwa die Nationalliberalen, oder nahmen wie Zentrum und Konservative eine höchst zwiespältige Haltung ein. Das galt auch für die staatlichen Institutionen. Der Grundsatz bürgerlicher Gleichheit hinderte sie nicht daran, Juden faktisch von bestimmten Bereichen und Positionen in Verwaltung und Wissenschaft, Diplomatie und Militär auszuschließen. Weite Teile der Gesellschaft praktizierten schließlich einen alltäglichen Antisemitismus. So waren im Kaiserreich antisemitische Vorurteile teils offen, teils latent vorhanden. In Krisen ließen sie sich leicht aktivieren.

Mobilisierungsideologien: Nationalismus

Mehr noch als der Antisemitismus vermochte der Nationalismus Massen zu mobilisieren. Viele, die dem Nationalstaat skeptisch bis ablehnend gegenübergestanden hatten, arrangierten sich mit ihm, wuchsen in die Nation hinein. Auch bei jenen, die mit der nationalen Sache nicht oder kaum in Berührung gekommen waren, stieß der Nationalismus auf wachsende Resonanz. Ihnen allen bot die Nation, zumal die Sehnsucht nach nationaler Größe, eine Möglichkeit der Identifikation jenseits aller Verunsicherungen und Belastungen, welche die Modernisierung mit sich brachte. Zugleich eröffnete der Nationalismus Männern wie Frauen eine Chance, in welcher Form auch immer, am politischen Geschehen mitzuwirken.

Integraler Nationalismus

Doch breitete sich der Nationalismus nicht nur aus, sondern gewann auch an Intensität, prägte immer weitere Bereiche von Politik und Wirtschaft, Gesellschaft und Kultur, änderte Inhalt und Form. Die „konservative Inbesitznahme der ‚Nation'" (D. LANGEWIESCHE) schritt in der wilhelminischen Zeit rasch voran. Staatliche Institutionen wie Schule und Heer beteiligten sich ebenso daran, den Nationalismus umzudeuten, wie Kirche, gesellschaftliche Organisationen oder die Öffentlichkeit. Dabei entwickelte sich dieser, weil die liberalen und emanzipatorischen Bestandteile zurücktraten, auf einen integralen Nationalismus hin. Er setzte die Nation absolut, suchte das Individuum auf sie als einzigen Wert zu verpflichten. Sich gegen innere und äußere Feinde zu wenden, gehörte zu den grundlegenden Mechanismen des Nationalismus, die ihm integrative Kraft verliehen. Doch änderte sich jetzt das Mischungsverhältnis, nahmen die aggressiven Komponenten zu. Nach außen gewendet mündete der Reichsnationalismus der siebziger Jahre in den Imperialismus. Ihn trieb nicht zuletzt die Vorstellung an, die Nation müsse sich im Kampf der Weltmächte behaupten, selbst Weltmacht werden. Eine wachsende Zahl von Gegnern schien sich diesem Ziel in den Weg zu stellen: traditionell Frankreich, jetzt auch Großbritannien und Rußland. Gegen die vermeintliche Bedrohung von außen forderte der Nationalismus die innere Geschlossenheit der Nation, wandte sich deshalb schärfer gegen Sozialdemokraten, nationale Minderheiten, vor allem Polen, und nicht zuletzt gegen Juden.

Radikalisierung des Nationalismus und „neue" Rechte

Zwar blieb der Nationalismus in der wilhelminischen Zeit bei allem Wandel vielgestaltig, verband sich mit unterschiedlichen politischen Richtungen und Zielen, entfaltete gerade darin wie eh und je seine integrierende Kraft. Neu war jedoch, daß sich ein radikaler Nationalismus zu formieren begann, der die Nation als Ethnie und bald, rassenbiologisch interpretiert, als Abstammungsgemeinschaft begriff. Das machte den völkischen Nationalismus besonders expansiv nach außen und aggressiv nach innen. In den neunziger Jahren begann er sich zu organisieren. Den Kern bildete der Alldeutsche Verband, der sich als Pionierorganisation eines neuen, extremen, zunehmend völkischen und antisemitischen Nationalismus verstand. Mit den Alldeutschen und in ihrem engeren Umfeld, zu dem zeitweilig der Deutsche Flottenverein und später der Deutsche Wehrverein, aber auch antisozialdemokratische, antisemitische und völkische Vereine zählten, formierte sich eine nationale Opposition, die in den Jahren vor dem Weltkrieg zunehmend radikaler auftrat. Diese „nationale" oder „neue" Rechte organisierte den Druck von unten, verschaffte ihm politisches Gewicht und machte im nationalen Interesse, wie sie es definierte, gegen die Außen- und Innenpolitik der Regierung Front.

Politische Mobilisierung und Obrigkeitsstaat

Um 1900 politisierten und organisierten sich größere Teile der Gesellschaft, forderten auch, mehr als bisher an der Meinungs- und Willensbildung mitzuwirken. Auf diese Fundamentalpolitisierung mußte das politische System reagieren, hatten Regierungen und Bürokratien, Parlamente und Parteien Antworten zu finden.

5. Anspruch und Grenzen der Innenpolitik in wilhelminischer Zeit

Der „neue Kurs"

Die Anfänge des Interventions- und Sozialstaats sowie die Fundamentalpolitisierung strapazierten das politische System des Kaiserreichs immer mehr. Denn einerseits stiegen sowohl der Gestaltungsanspruch des Staats als auch die Aufgaben, die ihm zugewiesen wurden; andererseits nahm seine Fähigkeit, die Probleme einer entstehenden Industriegesellschaft zu bewältigen, nicht in gleichem Maß zu. Einen ersten Versuch, dem abzuhelfen, unternahm der „neue Kurs", den Bismarcks Nachfolger einschlug. Leo von Caprivi wollte, daß sich der monarchische Staat aus den gesellschaftlichen Konflikten zurückziehe und darauf beschränke, diese als neutrale Instanz zu moderieren. Nicht Konfrontation und Spaltung, sondern Ausgleich und Versöhnung sollten die Politik bestimmen, moderate Reformen die sozialen Spannungen mildern und dem Kaiserreich aus dem Immobilismus heraushelfen, in den das „System Bismarck" geführt hatte. Neue Wege schlug schon die Sozialpolitik ein. Sie setzte auf präventiven Arbeiterschutz, weniger auf Sozialversicherung, nicht mehr auf eine Unterdrückung der Arbeiterbewegung durch ein Sozialistengesetz, sondern auf ein liberaleres Arbeitervereins- und Koalitionsrecht, das dieser mehr Spielraum gewährte. Allerdings gelang das nicht, weil sich die Sozialpolitik bald festfuhr. Neuansätze gab es auch beim Außenhandel. Da nur eine prosperierende Industrie Arbeitsplätze schaffen, Devisen für den Import von Rohstoffen wie Nahrungsmitteln erwirtschaften und die wachsenden Staatsausgaben finanzieren konnte, schloß das Reich langfristige Verträge mit wichtigen Handelspartnern. Dazu mußte es ihnen bei den Agrarzöllen entgegenkommen, was die Prioritäten zugunsten der Industrie, aber auch der Konsumenten verschob. In Preußen schließlich führte Johannes von Miquel eine moderne Einkommensteuer ein. Mit ihr paßte der Finanzminister die Besteuerung der fortschreitenden Industrialisierung an, so daß der Fiskus künftig am wachsenden Sozialprodukt teilhatte.

Das Problem moderater Reformen

Der „neue Kurs“ brachte also einiges in Bewegung, führte aber noch zu keinem Wandel des Systems. Dennoch stieß er auf Widerstand. Schon Koordinationsprobleme an der Staatsspitze blockierten den „neuen Kurs“. Denn Caprivi brachte die Politik von Reich und Preußen aus dem Gleichschritt. Beide zu entkoppeln, half nichts. Vielmehr verlor der Kanzler, als er 1892 das Amt des preußischen Ministerpräsidenten abgab, weiter an Macht. Der Reichstag bot kein Gegengewicht. Zwar schlug Caprivi eine Brücke zu denjenigen Parteien, die unter Bismarck noch als „Reichsfeinde“ diffamiert worden waren. Aber er wollte und konnte weder Linksliberale noch Sozialdemokraten an die Regierung binden; und mit dem Zentrum zusammenzuarbeiten wurde schwieriger, da Schul- und Militärpolitik zu Konflikten führten. Zudem wuchs die Opposition der Konservativen. Denn im Kampf gegen die Handelsverträge entstand eine agrarische Massenbewegung, organisiert vom Bund der Landwirte, welche die Deutschkonservative Partei auf eine antigouvernementale, den Interessen der Landwirtschaft verpflichtete Politik festlegte. Schließlich gerieten Kanzler und Kaiser aneinander. Wilhelm II. wollte seine Rechte mehr zur Geltung bringen, ein „persönliches Regiment“ führen. Vom „neuen Kurs“ wandte er sich ab, als dieser nicht, wie erhofft, dem monarchischen System zu breiterem Rückhalt in der Bevölkerung verhalf, ihm vielmehr tragende Kräfte wie die Konservativen zu entfremden drohte. Über der „Umsturzvorlage“, die das Straf- und Presserecht verschärfen sollte, und den Staatsstreichplänen, die mit einem Ausnahmegesetz gegen die Sozialdemokratie einhergingen, kam es zum Bruch.

Innenpolitische Labilität

Die Krise endete 1894 mit einer Übergangslösung. Der „neue Kurs" hatte abgewirtschaftet, und eine Orientierung nach rechts zeichnete sich ab; aber wie weit sie gehen würde, blieb vorerst offen. Reichskanzler Chlodwig Fürst zu Hohenlohe-Schillingsfürst versuchte, zwischen den widerstreitenden Kräften zu vermitteln, oder ging Konflikten aus dem Weg. Diese Politik mochte im Verhindern erfolgreich sein, gestalten konnte sie nichts. Zwar verringerten sich die Reibungen zwischen Reich und Preußen, da die Ämter von Kanzler und Ministerpräsident wieder in einer Hand lagen. Doch blieben die politischen Gegensätze bestehen, weil die Mehrheiten im Abgeordnetenhaus und im Reichstag verschieden zusammengesetzt waren. Das galt auch für die Rivalität zwischen den Kabinetten und Beratern Wilhelms II. auf der einen Seite, der Reichsleitung und preußischen Regierung auf der anderen. Ja, die Eingriffe des Kaisers mehrten sich. Zur schwelenden Regierungskrise kam der Streit um die „soziale Frage". Der Kanzler führte die Sozialpolitik des „neuen Kurses" nicht fort, verweigerte sich aber einem Ausnahmegesetz gegen die Arbeiterbewegung. Bei der „Zuchthausvorlage", die den Koalitionszwang bei Streiks mit höheren Strafen ahnden sollte, lavierte er nur knapp am Staatsstreich vorbei. Entrüstet über den Widerstand des Reichstags wollten nämlich der Kaiser und Teile seiner Umgebung den Kampf gegen die Sozialdemokratie mit außergesetzlichen Mitteln führen.

Versuche innerer Stabilisierung

Erst an der Jahrhundertwende ebbten die Konflikte zwischen Kaiser und Kanzler, Regierung und Reichstag ab. Dazu trug das Ministerrevirement von 1897 bei. Hohenlohe amtierte weiter, doch auf Abruf und mit schwindendem Einfluß. Faktisch gingen die Regierungsgeschäfte auf Miquel und Arthur Graf von Posadowsky-Wehner in der Finanz- und Innenpolitik, auf Alfred von Tirpitz und Bernhard Graf von Bülow in der Flotten- und Außenpolitik über. Von ihnen versprach sich der Kaiser eine politische Neuorientierung. Nachdem Bülow 1900 Reichskanzler und preußischer Ministerpräsident geworden war, ließ auch der Zwist in der Regierung nach. Seinem Führungsanspruch konnte sich wegen der engen, persönlichen Beziehung zum Kaiser kein Minister oder Staatssekretär entziehen; nur Posadowsky und Tirpitz verfügten in ihren Ressorts über größeren Spielraum. Bülow unterhielt, was seine Position ebenfalls stärkte, engen Kontakt zum Parlament, besonders zur Zentrumsfraktion, und zur Presse.

Flottenbau

Kompromisse in der Flotten- und Zollfrage halfen, die innenpolitische Lage zu stabilisieren. Tirpitz lenkte als Staatssekretär des Reichsmarineamts die Flottenpolitik in neue Bahnen. Eine starke Flotte sollte das politische, wenn nötig auch militärische Machtpotential abgeben, um Großbritannien als erster See- und Kolonialmacht die Stirn zu bieten. Das ging nur mit einer klaren Seestrategie. Tirpitz setzte nicht mehr auf einen überseeischen Kreuzerkrieg, sondern auf den Kampf von Hochseeflotten in der Nordsee. Dazu mußte die deutsche Marine um- und vor allem aufgerüstet werden. Ein langfristiger Plan, der am Ende von den Bewilligungen der Mittel durch den Reichstag unabhängig gemacht hätte, sollte den ebenso kostspieligen wie abenteuerlichen Flottenbau politisch durchsetzen helfen. Dieser begann 1898. Ihm kam eine Flottenbegeisterung besonders im Bürgertum zugute, die an den Flottenenthusiasmus früherer Zeiten anknüpfte sowie von expansivem Nationalismus und wirtschaftlichen Interessen getragen wurde. Ob die erste Flottenvorlage den Reichstag passieren würde, hing vom Zentrum ab. Freisinnige und Sozialdemokraten standen gegen den Entwurf, Nationalliberale und Freikonservative unterstützten ihn vorbehaltlos, die Deutschkonservativen mit Bedenken, aber in der Hoffnung auf agrarpolitische Kompensation. So gab den Ausschlag, daß sich im Zentrum die Flottenbefürworter durchsetzten. Sie wollten die ausufernden Pläne des Kaisers in geregelte Bahnen lenken, einen Staatsstreich gegen das Parlament abwenden und größeren Einfluß auf die Reichspolitik gewinnen. Zugeständnisse der Regierung in der Organisations-, Budget- und Finanzierungsfrage halfen dabei. Erst 1900 wurde mit der Novelle zum Flottengesetz das Problem der Rüstungsfinanzierung akut. Hier sollte die anstehende Revision der Zolltarife weiterhelfen.

Zolltarif und „Sammlungspolitik“

Außenwirtschaftliche wie innenpolitische Gründe sprachen dafür, den Zolltarif von 1878/79 zu überarbeiten. Einerseits mußten die Handelsverträge der frühen neunziger Jahre verlängert werden. Mit einem neugestalteten Tarif waren die schwierigen Verhandlungen, die anstanden, leichter zu bewältigen. Andererseits ließ sich eine Revision des Zolltarifs nutzen, um der Landwirtschaft entgegenzukommen. Darüber hinaus hoffte vor allem Miquel auf eine Kooperation, eine „Sammlung“ von Agrariern und Industriellen, wie sie 1878/79 entstanden war. Das erwies sich als Fehlkalkulation. Denn die Zollfrage milderte die Gegensätze nicht, sondern verschärfte sie. Nur mit Mühe konnte Bülow einen Kompromiß finden und im Reichstag mit Hilfe des Zentrums durchsetzen. Der Tarif kam den agrarischen Interessen entgegen, wenn auch nicht in dem Ausmaß, wie es die Landwirtschaft geforderte hatte. Als Ausgleich für die hohen, die Konsumenten belastenden Zölle flossen, so wollte es das Zentrum, die Mehreinnahmen in eine Witwen- und Waisenversicherung.

Schlüsselstellung des Zentrums

Die Kompromisse in der Flotten- und Zollfrage sowie der wilhelminische Imperialismus, der mit äußeren Erfolgen blendete, stabilisierten die Innenpolitik. Dieser lag ein labiler Konsens zugrunde, der im Reichstag von Konservativen, Nationalliberalen und ganz wesentlich vom Zentrum getragen wurde. Reichsleitung wie Zentrumsfraktion zogen aus der engen Kooperation Nutzen. Brachte sie jener eine solide Mehrheit im Parlament, gewann diese an politischer Macht. Das zeigte sich in der Sozialpolitik, die Posadowsky als Staatssekretär des Inneren nach der Jahrhundertwende wieder in Bewegung brachte. Obwohl nicht nur das Zentrum, sondern auch Teile der Nationalliberalen und der öffentlichen Meinung auf Sozialreform drängten, blieb die Initiative der Regierung hinter dem Anlauf zurück, den der „neue Kurs" unternommen hatte. Ferner erreichte das Zentrum, daß die letzten Reste des Kulturkampfs beseitigt wurden. Schon der Widerstand, auf den solche Zugeständnisse im protestantischen Bürgertum stießen, bereitete der Regierung Schwierigkeiten. Außenpolitische Mißerfolge kamen hinzu. Obendrein trübte sich das Verhältnis zwischen Kaiser und Kanzler, so daß die Gegner Bülows über den Hof und die Kabinette wieder an Einfluß gewannen. Sie hielten ihm vor, er kämpfe nicht entschieden genug gegen die Sozialdemokratie und arbeite zu eng mit dem Zentrum zusammen. Auch hier wuchs, formuliert von der „zentrumsdemokratischen" Richtung, der Widerstand gegen die Kooperation mit der Regierung und zwang die Parteiführung, auf Distanz zu gehen.

Politik gegen das Zentrum und „Bülow-Block"

An der Jahreswende 1906/07 änderte Bülow abrupt den Kurs, um seine angeschlagene Stellung zu festigen und sich vom Zentrum unabhängig zu machen. Nachdem der Kanzler den Reichstag aufgelöst und mit nationalen, antisozialistischen und antikatholischen Parolen einen polarisierenden Wahlkampf geführt hatte, drängte er Konservative, Rechts- und Linksliberale, im „Bülow-Block" zusammenzuarbeiten. Während sich die Konservativen dazu nur widerstrebend bereit fanden, sahen die Linksliberalen eine Chance, politisch wieder handlungsfähig zu werden, und die Nationalliberalen wollten als Mittler zwischen rechts und links die Rolle des Zentrums übernehmen. Bewähren mußte sich der Block im Reichstag. In nationalen Fragen gab es keine Probleme. Beim Reichsvereinsgesetz fand sich ein Kompromiß, der das Vereins- und Versammlungsrecht liberalisierte. Unmöglich war es hingegen, sich über die Reform des preußischen Dreiklassenwahlrechts und eine Sanierung der Finanzen zu verständigen.

Die Staatskrise von 1908/09: „Daily-Telegraph-Affäre"

Hielt der Block einstweilen, lag das teils am Zentrum, das zu keinem Konsens fand, wie er aufzubrechen wäre, teils an der „Daily-Telegraph-Affäre", die alle anderen innenpolitischen Fragen überschattete. Ein törichtes Interview, das Wilhelm II. der Londoner Zeitung gegeben hatte, löste 1908 die schwerste Krise des Kaiserreichs aus. Über sie ging das Vertrauensverhältnis zwischen Wilhelm II. und Bülow zu Bruch. Der Kanzler trat nämlich, um sich selbst zu verteidigen, vor dem Reichstag nur verhalten für den Kaiser ein, nötigte ihn gar zu erklären, er werde künftig die verfassungsmäßigen Verantwortlichkeiten wahren. Damit erreichte Bülow, daß sich der Entrüstungssturm über das „persönliche Regiment" legte und er vorerst im Amt blieb, vergab aber die Chance, die Stellung des Reichskanzlers in der Monarchie zu stärken. Auch Parteien und Parlament konnten und wollten deren Schwäche nicht zu einer Verfassungsreform nutzen. Zwar verlangten Sozialdemokratie, Freisinn und Zentrum, die Verantwortlichkeit des Kanzlers präziser zu fassen. Doch waren sie uneins, wie das geschehen sollte, so daß ihr Vorstoß im Sand verlief.

Reichsfinanzreform

Weltpolitik und Flottenbau taugten zwar vorübergehend zur innenpolitischen Stabilisierung. Bald traten aber ihre negativen Folgen hervor. Sie bündelten sich einem Hohlspiegel gleich in den Reichsfinanzen. Denn die Frage, wer die Kosten von Expansion und Aufrüstung zu tragen habe, löste heftige Verteilungskämpfe aus, die in der Reichsfinanzreform 1908/09 gipfelten. Im Zentrum setzten sich nach langem Schwanken jene Kräfte durch, die den Bülow-Block aufsprengen wollten, indem sie mit den Konservativen zusammengingen. Das gab jenen die Möglichkeit, aus dem Block auszuscheren und so zu verhindern, daß sich die innenpolitische Machtverteilung weiter zu ihren Lasten verschob. Die neue Mehrheit ersetzte nämlich den Reformvorschlag der Regierung durch ein Paket von Gesetzen, die nicht den agrarischen Besitz, sondern das mobile Kapital belasteten und deshalb heftige Proteste wirtschaftsbürgerlicher Kreise auslösten. So zerbrach über der Reichsfinanzreform nicht nur der Bülow-Block; auch die Frontstellung zwischen ländlich-agrarischer und städtisch-industrieller Welt verschärfte sich.

Parteien nach der Staatskrise: Konservative und Zentrum

Seit 1909 arbeiteten Konservative und Zentrum im „schwarzblauen Block" zusammen. Die Deutschkonservativen hatten kaum eine andere Wahl. Zwar versuchte vor allem die Jungkonservative Bewegung, den Weg ins parteipolitische Abseits zu verhindern. Doch war die Chance gering, daß sich diese zu einer Volkspartei wandelte. So suchten die Konservativen immer kompromißloser ihr Heil darin, angestammte Positionen zu verteidigen, zunehmend gegen die Regierung, mehr und mehr gemeinsam mit der „neuen" Rechten. Trotz der Radikalisierung konservativer Politik hielt das Zentrum unter dem Einfluß seines rechten Flügels bis 1912/13 an einer Kooperation fest. Denn die Konservativen hatten der Partei aus der politischen Isolierung herausgeholfen, und die Distanz zu den Liberalen war durch die Finanzreform gewachsen. Auch verloren die „Zentrumsdemokraten" im „Zentrumsstreit", der um den konfessionellen oder nichtkonfessionellen Charakter der Partei ging, weiter an Gewicht.

Liberale

Stärker als Konservative und Zentrum kamen die liberalen Parteien in Bewegung. Die Nationalliberalen setzten sich deutlicher von den Konservativen ab, rückten etwas nach links, was die innerparteilichen Spannungen verschärfte. Denn der rechte, in Preußen und im Abgeordnetenhaus einflußreiche Flügel wollte die Verbindung zu Konservativen und Zentrum nicht verlieren; der Mitte, stark in der Reichstagsfraktion, ging es darum, die Partei zusammen- und nach allen Seiten offenzuhalten; ihr linker Flügel, zumal die aktiven Jungliberalen, suchte ein Bündnis mit den Freisinnigen. Diese schlossen sich, auch weil der Bülow-Block ihre Reformhoffnungen enttäuscht hatte, 1910 zur Fortschrittlichen Volkspartei zusammen, die einen entschiedenen Kurs gegen rechts steuerte. Doch blieb strittig, wie weit mit den Sozialdemokraten zusammengearbeitet und die Kooperation von rechten und linken Liberalen mit der Sozialdemokratie in Baden, die „Großblockpolitik", auf das Reich übertragen werden sollte.

Sozialdemokratie

Die Sozialdemokratie war uneins, wie sie organisatorische Stärke, Wahlerfolge und parlamentarischen Einfluß in politische Erfolge ummünzen könnte. Während die Parteimehrheit, die Zentristen, weiterhin nach Karl Kautskys Vorstellung revolutionäre Theorie und Rhetorik mit praktischer Reformarbeit verbinden und auf den Zusammenbruch des Kaiserreichs warten wollte, setzte die radikale Linke um Rosa Luxemburg darauf, die Massen durch große Streiks zu mobilisieren und so jene Revolution vorzubereiten, die das herrschende System, wie man glaubte, hinwegfegen würde. Der rechte, reformistische Flügel drängte dagegen auf konkrete Reformen, mehr und mehr gemeinsam mit den linken Liberalen. Um die Einheit der Partei zu erhalten, verfolgte die Parteiführung um August Bebel eine Linie, die sich mit jener der Zentristen deckte. Das Dilemma, Unterschiedliches gleichzeitig zu wollen, löste sie damit nicht.

Halbherzige Reformen

Angesichts der schwierigen parteipolitischen Konstellation bemühte sich die neue Reichsleitung unter Bethmann Hollweg, Konservative, Zentrum und Nationalliberale durch behutsame Reformen wieder zusammenzuführen, den Veränderungsdruck aufzufangen, der von der Linken ausging, und so das politische System zu festigen. Um zu verhindern, daß Reichstag und Parteien an Macht gewannen, wollte der Kanzler die Initiative nicht aus der Hand geben und vor allem nicht dem Parlament überlassen. Auf dieser Linie lag die moderate Reform des preußischen Dreiklassenwahlrechts, welche die Regierung 1910 in

Angriff nahm. Sie scheiterte am Widerstand der Konservativen. Das zweite größere Vorhaben, eine Verfassung für Elsaß-Lothringen, gelang zwar, doch weder in der geplanten Form noch mit der vorgesehenen Mehrheit. Auf anderen Feldern der Innenpolitik wich die Reichsleitung einer Auseinandersetzung von vornherein aus. So liefen nur in der Sozialpolitik vorsichtige Reformen weiter, bei klarer Abgrenzung von der Sozialdemokratie, aber ohne die Arbeiterbewegung durch schärfere gesetzliche Maßnahmen zu bekämpfen.

Reichstagswahlen von 1912

Da die Regierung nur halbherzige Reformen wagte, deren Grenzen letztlich die Konservativen zogen, oder strittige Fragen aufschob, weil die Ruhe im Inneren Vorrang hatte, war das Kaiserreich schon vor 1912 nur noch schwer zu regieren. Nach den Wahlen, die zu starken Mandatsverlusten der konservativen Parteien und des Zentrums, aber auch der National- und Linksliberalen, dagegen zu großen Gewinnen der Sozialdemokraten geführt hatten, ließ sich noch schwieriger regieren. Denn der Reichstag war in seiner neuen Zusammensetzung kaum handlungsfähig. Die Parteien des schwarz-blauen Blocks hatten die Mehrheit verloren; eine andere war nicht in Sicht, insofern auch schwer zu bilden, als die Sozialdemokraten mit 110 Abgeordneten die stärkste Fraktion stellten.

Zusammenrücken von „neuer" und „alter" Rechten

Die politische Rechte sah sich durch die Wahl in die Defensive gedrängt und rückte zusammen. Außerhalb des Parlaments fand die „neue" Rechte starken Zulauf. Ihren Kern bildeten Agitationsverbände wie der Alldeutsche Verband oder der Deutsche Wehrverein. Um sie herum gruppierten sich weitere Massenorganisationen, etwa der Deutsche Flottenverein, sowie eine Reihe industrieller, agrarischer und mittelständischer Interessenverbände. Sie riefen 1913 das „Kartell der Schaffenden Stände" ins Leben und bekundeten damit ihre Absicht, künftig enger zu kooperieren. Dabei ging es, unterschiedlich in Form und Ton, gegen die Politik der Regierung. Hatten „neue" und „alte" Rechte lange auf Distanz gehalten, verstärkten jetzt besonders Alldeutsche und Deutschkonservative ihre Kontakte. Auch wenn die Rechte zusammenrückte, zu einem geschlossenen politischen Lager formierte sie sich nicht. Zu groß waren die Unterschiede zwischen jenen, die den Status quo verteidigten, anderen, die ihn nach rückwärts revidieren wollten, und solchen, die einen radikalen Umbau im völkischen Sinn anstrebten.

Umrisse einer Reformmehrheit

Nach der Reichstagswahl zeichneten sich die Umrisse einer Reformmehrheit ab. Das Zentrum ging auf Distanz zu den Konservativen, rückte mehr in die Mitte und näher an die Nationalliberalen heran, die sich unter dem Druck des rechten Flügels und nach heftigen innerparteilichen Auseinandersetzungen wieder stärker nach links abgrenzten. Beide Parteien unterstützten eine entschieden nationalistische, rüstungsfreundliche Politik, forderten mehr Rechte für den Reichstag, wollten aber keine Demokratisierung. So blieb ihre Bereitschaft gering, sich nach links zu öffnen. Gegen eine Kooperation mit den Sozialdemokraten gab es in beiden Parteien ebenso große Widerstände wie in der Sozialdemokratie gegen ein Zusammengehen mit Zentrum und Nationalliberalen. Die linken Liberalen bemühten sich, Brücken zu schlagen, was wenig half. So war eine Koalition aller Reformkräfte unter Einschluß der Sozialdemokratie rein rechnerisch möglich, wegen innerer Widersprüche und Einwänden auf beiden Seiten politisch aber nicht realisierbar, selbst wenn einzelne Gesetze mit einer solchen Mehrheit zustandekamen.

„Politik der Diagonale“

Die Reichstagswahlen engten nicht zuletzt den Handlungsspielraum der Reichsleitung weiter ein. Einerseits konnte und wollte Bethmann Hollweg nicht offen gegen die Konservativen Politik machen, da sie noch immer über beträchtlichen Einfluß im preußischen Abgeordnetenhaus, in Bürokratie und Militär sowie am Hof und beim Kaiser verfügten. Andererseits kam er an den Mehrheitsverhältnissen im Reichstag und den auf stärkere Mitsprache drängenden Parteien nicht vorbei. Deshalb zog sich der Kanzler auf eine „Politik der Diagonale“ zurück. Sie folgte keiner mittleren Linie zwischen rechts und links, nicht einmal einer reformkonservativen, wie sie Bethmann Hollweg vorschweben mochte, lief vielmehr auf eine Politik des „Durchwurstelns und des Zeitgewinns“ (W. J. Mommsen) hinaus. So war die innere Entwicklung nach 1912 nicht völlig, aber doch weitgehend blokkiert. Am wenigsten bewegte sich in der Sozialpolitik, am meisten bei der Flotten- und Heeresrüstung. Diese zeigte, wie stark sich neben der Flottenbegeisterung seit der Jahrhundertwende ein bürgerlicher Militarismus entwickelt hatte, der in der öffentlichen Meinung, in Verbänden und Parteien sowie im Reichstag über festen Rückhalt verfügte und oft entschiedener als die Reichsleitung für Aufrüstung eintrat. So stimmte das Parlament mit einer Mehrheit, die von den Konservativen bis zu den linken Liberalen reichte, der Wehrvorlage zu, die den Rückstand in der Heeresrüstung beseitigen wollte. Auf die Vorschläge der Reichsleitung, wie diese zu finanzieren sei, ließ sich der Reichstag aber nicht ein, setzte vielmehr gegen den Widerstand der Konservativen mit einer Mehrheit nicht nur aus Zentrum und Liberalen, sondern auch, was neu war, der Sozialdemokraten eine andere Lösung durch.

Wachsender Machtanspruch des Reichstags

Über alledem wuchs der Machtanspruch des Reichstags. Da das Zentrum nicht mehr bremste, kam eine Mehrheit bis hin zu den Sozialdemokraten zustande, die für eine Stärkung des Parlaments eintrat. So griff der Reichstag nach den Wahlen von 1912 die Frage der Kanzlerverantwortlichkeit wieder auf. Auch änderte er seine Geschäftsordnung, ließ künftig im Anschluß an Interpellationen Anträge zu, die Vertrauens- oder Mißtrauensvoten ermöglichten. Als die Wehrvorlage diskutiert wurde, forderten die Parteien Militärreformen, die in den Bereich der Kommandogewalt eingriffen. Schließlich sprach der Reichstag in der „Zabern-Affäre" 1913, die sich an Übergriffen des Militärs in Elsaß-Lothringen entzündete, dem Reichskanzler allein gegen die Stimmen der Konservativen das Mißtrauen aus. Staatsrechtlich war das folgenlos, politisch nicht. Nach wie vor erhob das Parlament seinen Machtanspruch aber nur verhalten. Trat die Reichsleitung entschieden auf, steckte es zurück. Die Rechte des Parlaments nachdrücklicher auszubauen, waren die Parteien zu uneins, in sich und untereinander, hielten auch die Gegenkräfte für zu stark.

Reform und Blockade

So kennzeichnete eine Mischung von Reform und Blockade die innenpolitische Situation vor 1914. Gerade die halbherzigen, steckengebliebenen Reformen milderten, weil sie keine Seite zufriedenstellten, die Spannungen nicht, verschärften sie im Gegenteil und mit ihnen die Sperre im politischen System. Dieser weitgehende Immobilismus, die begrenzte Handlungsfähigkeit von Reichsleitung wie Reichstag und die wachsende Unzufriedenheit mit diesem Zustand scheinen die Bereitschaft gefördert zu haben, einen Krieg als Weg aus der Krise zu akzeptieren.

6. Das Kaiserreich im Weltkrieg

Internationale Krisen

Den Weg des Kaiserreichs in den Weltkrieg bestimmten äußere und innere Faktoren. Internationale Krisen sowie das Wettrüsten auf dem Land und zur See hatten die Spannungen in Europa verschärft. Frankreich, Rußland und Großbritannien waren enger zusammengerückt. Die Reichsleitung sah darin eine gezielte „Einkreisung", nicht die Reaktion auf ihre eigene „Weltpolitik" und den deutschen Flottenbau. Zwar versuchte sie, enger mit England zu kooperieren. Doch das ging nur auf einigen Gebieten, und es brauchte Zeit, ehe sich Vertrauen bildete. Besonders gefährlich erschien Rußland. Die Beziehung zum Zarenreich hatte sich laufend verschlechtert, und die Militärs meinten, wenn das Land rüste wie bisher, stehe in zwei bis drei Jahren der Angriff eines überlegenen Gegners ins Haus. Diese düstere Gegenwartsanalyse und Zukunftsprognose ließen die Reichsleitung an Österreich-Ungarn als einzig sicherem Verbündeten festhalten, dessen Stellung auf dem Balkan und in Europa es zu festigen gelte.

Innenpolitische Schwierigkeiten

Nicht minder kritisch sah es im Inneren aus. Bethmann Hollwegs „Politik der Diagonale" hatte sich festgefahren. Weit über die „neue" Rechte hinaus wuchs die Kritik an der Regierung, die darum dringend eines politischen Erfolgs bedurfte. Eine „Weltpolitik ohne Krieg" als Juniorpartner von Großbritannien erschien jedoch wenig spektakulär. Sie ließ sich auch der öffentlichen Meinung nur schwer vermitteln, zumal die nationalen Verbände diese auf eine entschiedenere Linie festzulegen suchten. Die Militärs drängten ebenfalls auf Krieg, bevor die russische Rüstung die deutsche Aufmarschplanung gefährdete, und ihrer Forderung vermochte die Regierung immer weniger entgegenzusetzen.

Optionen in der Juli-Krise

Die politische Konstellation des Sommers 1914 ließ Bethmann Hollweg eine riskante Strategie wählen, um größtmöglichen Nutzen aus der Julikrise zu ziehen. Ginge Österreich-Ungarn nach der Ermordung des Thronfolgers Franz Ferdinand, von der Reichsleitung gedrängt, militärisch gegen Serbien vor, gäbe es zwei mögliche Entwicklungen. Denkbar war erstens, daß sich ein österreichisch-serbischer Krieg lokalisieren und politisch ausbeuten ließ. Wich Rußland auf dem Balkan zurück, weil es keinen Krieg riskieren wollte und seine Verbündeten ihm nicht beispringen mochten, festigte sich die Stellung der Habsburgermonarchie, wurde die Entente geschwächt, vielleicht sogar aufgebrochen. Denkbar war zweitens, daß Rußland, von den Ententestaaten bestärkt, in der Serbienfrage nicht nachgab und so das Reich vor die Alternative Rückzug oder Krieg stellte. Dann wollte Bethmann Hollweg, wie es die Militärs verlangten, den scheinbar unvermeidlichen Krieg unter den als günstig eingeschätzten Bedingungen des Jahres 1914 führen.

Verhängnisvolles „brinkmanship"

Die Reichsleitung bereitete also nicht von langer Hand einen Krieg um die Vorherrschaft Deutschlands vor. Aber sie betrieb ein verhängnisvolles „brinkmanship", das geradewegs auf einen diplomatischen Erfolg oder einen europäischen Krieg zusteuerte, Rußland die Entscheidung zuschob und andere politische Optionen in der fatalistischen Einstellung, ein Krieg werde ohnehin kommen, nicht auslotete. So eskalierte der Konflikt und geriet außer Kontrolle. Viel zu spät begann Bethmann Hollweg, nach einer diplomatischen Lösung zu suchen. Da die Eigendynamik militärischer Aufmarschplanung einer solchen kaum Chancen ließ, konzentrierte sich die Reichsleitung am Ende darauf, nach außen wie nach innen möglichst günstige Voraussetzungen für einen Krieg zu schaffen.

Auf dem Weg zum „totalen" Krieg

Von August 1914 bis November 1918 stand das Kaiserreich im Zeichen des militärischen Geschehens. Der Krieg begann als „europäischer Normalkrieg im Geist und Stil des 19. Jahrhunderts und wandelte sich in einen Kriegstyp, der bereits wesentliche Züge des Totalen Krieges" (Th. SCHIEDER) aufwies. Er mobilisierte nicht nur Massen von Menschen und brachte millionenfach die Erfahrung von Tod oder Verwundung. Auch die Kriegsführung wandelte sich durch den Stellungs- und Grabenkampf sowie neuartige, zur Massenvernichtung geeignete Waffen. Diese technisierten und mechanisierten den Kampf, veränderten Organisation wie Führung militärischer Einheiten, zwangen die Soldaten unter die Disziplin wachsender Kriegsmaschinerien. Nicht zuletzt nötigten die unerwartet lange Dauer, die Intensität des Kriegs und die Dimensionen, in die er ausgriff, den Staat dazu, Wirtschaft und Gesellschaft stärker in Dienst zu nehmen als bei früheren militärischen Konflikten.

Von der Friedens- zur Kriegswirtschaft

Die Umstellung der liberalen Markt- auf eine staatlich gelenkte Kriegswirtschaft begann im Herbst 1914, vorangetrieben durch ökonomische Anreize und Eingriffe des Staats. Diese beschränkten sich anfangs darauf, den Mangel an Rohstoffen und Nahrungsmitteln zu verwalten. Dazu entstand im preußischen Kriegsministerium eine Rohstoffabteilung, die mit Hilfe zahlreicher Kriegsgesellschaften rüstungswichtige Rohstoffe beschaffte und den Unternehmen zuteilte. Um die Bevölkerung mit Nahrungsmitteln zu versorgen, wurde schrittweise und planlos ein schlecht funktionierender Erfassungs-, Verteilungs- und Rationierungsapparat aufgebaut. Nach den Materialschlachten von 1916 dehnten sich die staatlichen Interventionen aus. Nur so ließ sich das „Hindenburg-Programm" verwirklichen, das die Herstellung von Waffen und Munition drastisch steigern wollte. So bewirtschaftete das neu errichtete Kriegsamt, bei dem alle rüstungswirtschaftlichen Kompetenzen zusammenliefen, nicht mehr nur Rohstoffe, sondern subventionierte auch die Rüstungsindustrie und verfügte Investitionskontrollen wie Betriebsstillegungen. Den Mangel an Arbeitskräften sollte das „Gesetz über den vaterländischen Hilfsdienst" beseitigen, das Ende 1916 eine Arbeitspflicht für Männer bis zum sechzigsten Lebensjahr einführte. Der Erfolg blieb gering. Ebenso wenig gelang es, das Bewirtschaftungssystem durch die Einrichtung eines Kriegsernährungsamts zu effektivieren und die Nahrungsmittel gerechter zu verteilen. Die Mobilisierung für den Krieg verwandelte die Wirtschaft in eine Kriegswirtschaft. Zwar blieb es beim privaten Besitz an Produktionsmitteln; doch wuchs der Einfluß des Staats, und die Märkte veränderten sich durch öffentliche Eingriffe und die gigantische Nachfrage des Militärs. Das führte zu immer größeren Schieflagen, machte die Kriegswirtschaft zu einer „Form des volkswirtschaftlichen Selbstmordes" (G. D. FELDMAN).

Verschärfung alter und Entstehung neuer sozialer Konflikte

Nicht nur der Wirtschaft, auch der Gesellschaft gegenüber stieß die Fähigkeit des Staats, kriegsbedingte Probleme zu bewältigen, bald an Grenzen. Der materiellen Verarmung, die rasch, fühlbar und ungleichmäßig voranschritt, ließ sich kaum steuern. Zwar wurden die Sozialleistungen ausgeweitet, vor allem für Familien, deren Ernährer Kriegsdienst leisteten. Doch milderten solche Maßnahmen die wachsenden sozialen Spannungen nicht. So wuchsen die Gegensätze zwischen Arbeitern und Unternehmern, polarisierte sich wohl auch der Mittelstand, verarmten große Teile des Bildungsbürgertums, besonders höhere Beamte und Freiberufler. Materiell und sozial schlechter standen sich ferner mittlere und niedere Beamte, die meisten Angestellten sowie viele Handwerker und Einzelhändler. Obendrein brachen Konfliktlinien auf, die quer zu den sozialen Schichten verliefen: zwischen „Front“ und „Heimat“, Männern und Frauen, Produzenten und Konsumenten. Was sich veränderte, registrierte die Kriegsgesellschaft genau. Jede Gruppe meinte, am härtesten betroffen zu sein, und empfand die Verteilung der Last als ungerecht. Verantwortlich dafür wurde der Staat gemacht; auf ihn schlugen die wachsenden Spannungen zurück.

Monarchischer Staat und Krieg

Der Krieg lastete immer schwerer auf dem monarchischen Staat, veränderte Fronten, Machtverteilung und Themen der Innenpolitik. Zu Kriegsbeginn hatte es noch anders ausgesehen. Zwar gab es im August 1914 nicht den rauschhaften Aufbruch der einigen Nation in den Krieg. Denn das „Augusterlebnis“ wurde in Literatur und Publizistik, von Intellektuellen und Professoren stilisiert, zu den „Ideen von 1914“ ausgebaut und umgedeutet. Diese unterlegten dem Krieg einen Sinn, indem sie dessen Anfang gleich einem Ursprungsmythos beschworen. Tatsächlich war die Kriegsbegeisterung in der Bevölkerung unterschiedlich weit verbreitet, situationsabhängig und schichtenspezifisch. Bildungsbürgerliche Kreise begrüßten oft enthusiastisch den Krieg, während bei den Arbeitern in großen Städten, zumal dort, wo die Sozialdemokratie dominierte, Sorge und Niedergeschlagenheit herrschten; auch in ländlichen Gegenden reagierte die Bevölkerung verhalten.

„Augusterlebnis“ und „Burgfrieden“

Dennoch reihten sich Parteien und Verbände, protestantische wie katholische Kirche, Wissenschaft und Kunst in die Kriegsnation ein. Selbst die Sozialdemokraten unterstützten den „Burgfrieden“, da das Reich in ihren Augen einen berechtigten Verteidigungskrieg gegen das reaktionäre zaristische Rußland führte. Vorrang hatte deshalb die Nation. Diese Entscheidung schien die Arbeiterschaft mitzutragen, zumal die Gewerkschaften sie nachhaltig bejahten. Hinzu kam die Sorge der Funktionäre, die Arbeiterorganisationen könnten wie zur Zeit des Sozialistengesetzes zerschlagen werden. Schließlich hoffte man auf eine

Integration in die Nation, aber auch auf entschiedene Reformen, auf Parlamentarisierung, Demokratisierung und sozialpolitischen Fortschritt.

Verschiebung der inneren Machtverteilung: Militär

Brachen „Augusterlebnis“ und „Burgfrieden“ die überkommenen politischen Frontlinien auf, wandelte sich durch die fortschreitende Militarisierung die innere Machtverteilung im Kaiserreich. Mit der Erklärung des Kriegszustands ging die vollziehende Gewalt an die Stellvertretenden Kommandierenden Generale der Armeekorpsbereiche über. Als Militärbefehlshaber erhielten sie weite Kompetenzen, ein ausgedehntes Verordnungsrecht und nicht zuletzt Weisungsbefugnis gegenüber der Zivilverwaltung. Das führte zu ständigen Konflikten, da die Vorstellungen der Militärs und der Zivilisten hart aufeinanderstießen. Auch mangelte es an Einheitlichkeit, da allein der Kaiser den Befehlshabern Weisungen erteilen konnte. Zentrale Militärbehörden sollten helfen, den Kriegszustand gleichförmiger und wirksamer zu organisieren. Davon profitierte der preußische Kriegsminister, mehr noch der Generalstab des Feldheeres, besonders die dritte Oberste Heeresleitung unter Hindenburg und Ludendorff. Sie besaß breiten Rückhalt in Heer und Bevölkerung, füllte das Machtvakuum aus, das mit dem Rückzug des Kaisers von wichtigen Entscheidungen entstanden war, und versuchte, Politik, Wirtschaft und Gesellschaft militärischen Interessen unterzuordnen.

Reichstag

Anders als das Militär verlor der Reichstag nach Kriegsausbruch zunächst an Bedeutung. Er hatte in Erwartung eines kurzen Konflikts dem Bundesrat Teile sciner Gesetzgebungskompetenz übertragen und darauf verzichtet, über die großen politischen Fragen zu debattieren, die der Krieg aufwarf. Auch trat das Parlament nur noch selten zusammen. Je länger die Kämpfe währten, desto stärker schaltete sich der Reichstag aber wieder in den politischen Entscheidungsprozeß ein. Er mußte nicht nur periodisch den Kriegskrediten zustimmen, sondern entwickelte sich auch zu einem wichtigen Diskussionsforum. So wurde Ende 1916 der Haushalts- in den Hauptausschuß umgewandelt. Er tagte regelmäßig und war klein genug, um effizient arbeiten sowie von der Reichsleitung Rechenschaft fordern zu können.

Reichsleitung

Die Macht von Militär und Parlament wuchs auf Kosten der zivilen Reichsleitung. Zu Kriegsbeginn verfügte Bethmann Hollweg über eine Machtfülle wie kaum ein Kanzler vor ihm. Da der „Burgfrieden“ seinen Handlungsspielraum gegenüber Parlament und Öffentlichkeit erweiterte, wollte er ihn möglichst lange erhalten. Das erwies sich als schwierig. Denn alle Spannungen und Konflikte, die im „Burgfrieden“ aufgehoben schienen, bestanden fort, ja, verschärften sich noch. Zu regelrechten Sprengsätzen entwickelten sich Kriegsziel- und Reformfrage.

Sprengsätze des „Burgfriedens“: Kriegszieldiskussion

Obwohl eine öffentliche Diskussion der Kriegsziele bis November 1916 verboten war, gewann sie an Eigendynamik und politischer Brisanz. Dabei lassen sich drei Richtungen ausmachen. Da gab es zuerst, am einflußreichsten, die entschiedenen Annexionisten. Sie forderten ausgreifende Gebietsgewinne eher im Westen oder mehr im Osten und wollten die politische wie wirtschaftliche Hegemonie auf dem Kontinent, die für viele als Basis stärkerer, gegen Großbritannien gerichteter Expansion nach Übersee dienen sollte. Zu ihnen zählten eine Reihe von Unternehmern, besonders Schwerindustrielle, Professoren und Intellektuelle, radikale Nationalisten um den Alldeutschen Verband, Nationalliberale, Frei- und Deutschkonservative, eine Mehrheit des Zentrums, auch einige Linksliberale und Sozialdemokraten. Von ihnen setzten sich später kleinere Gruppen von Professoren, Beamten und Industriellen ab, die für weniger weitgehende Kriegsziele eintraten. Gegen jede Annexion sprach sich die große Mehrheit der Linksliberalen, vor allem aber der Sozialdemokraten aus, da sich Gebietsforderungen mit einem Verteidigungskrieg, wie ihn das Reich zu führen vorgab, nicht in Einklang bringen ließen. Gegenüber der anschwellenden Kriegszieldiskussion fand die Reichsleitung zu keiner klaren Linie. Weder konnte Bethmann Hollweg die Debatte durch Zensur unterbinden, noch wollte er die Forderungen dämpfen, damit keine Zweifel am deutschen Sieg aufkämen. Offiziell legte sich der Kanzler auf keine konkreten Kriegsziele fest. Doch scheint für ihn eine Rückkehr zum Vorkriegszustand kaum vorstellbar gewesen zu sein, während er die Lage seit Herbst 1914 realistisch genug einschätzte, um noch ausufernde Kriegsziele zu formulieren. Konnte der Kanzler anfangs den Dissens in der Kriegszielfrage überspielen, verselbständigte sich die Diskussion im Sommer 1916.

Innere Reformen

Außer der Kriegsziel- sorgte die Reformfrage für Zündstoff. Sozialdemokratie und Gewerkschaften erwarteten eine Änderung des Dreiklassenwahlrechts in Preußen und eine Parlamentarisierung des Reichs. Dagegen wollte die Rechte innerhalb wie außerhalb der Parlamente ihre politische und soziale Machtposition gerade mit Hilfe eines siegreichen Kriegs behaupten. Um diesen Gegensatz zu überbrücken, kündigte die Reichsleitung Reformen für die Zeit nach dem Krieg an. Diese Politik der „Neuorientierung“ stellte aber niemand zufrieden. War die Linke nicht bereit, einen Wechsel auf die Zukunft zu ziehen, fürchtete die Rechte, Bethmann Hollweg könne noch während des Kriegs mit Reformen beginnen. Darum verhärteten sich die Fronten, als die

Reichsleitung Anfang 1917 in Aussicht nahm, das preußische Wahlrecht zu ändern. Einerseits stieß der Kanzler in Herren- und Abgeordnetenhaus, im Staatsministerium und bei der Obersten Heeresleitung, beim Kaiser und dessen Umgebung auf Widerstand; andererseits rückten die Befürworter der Reformen zusammen und setzten im Reichstag einen Verfassungsausschuß durch, der darüber beriet, wie die Rechte des Parlaments zu erweitern wären.

Kanzler, Reformmehrheit, Heeresleitung

Die Gegensätze eskalierten im Sommer 1917. Da sich Reform- und Kriegszielfrage nicht länger blockierten, kamen die parteipolitischen Fronten in Bewegung. Bislang hatte das Zentrum mit Konservativen und Nationalliberalen die „Kriegszielmehrheit" gebildet, einen Siegfrieden und umfangreiche Annexionen gefordert. Nun näherte es sich Linksliberalen und Sozialdemokraten, die auf einen Verständigungsfrieden drängten, und signalisierte Entgegenkommen bei Wahlrecht wie Parlamentarisierung. Das machte den Weg für eine Parteienkoalition frei, die vom Zentrum über die Linksliberalen bis zur Sozialdemokratie reichte, zeitweilig sogar die Nationalliberalen einschloß. Die neue Mehrheit, instabil und in vielem uneins, drängte auf eine Friedensresolution des Reichstags und verlangte eine Parlamentarisierung, nicht zuletzt um die Reichsleitung auf ihren Kurs festlegen zu können. Als größtes Hindernis galt ihr Bethmann Hollweg. Die Vorstöße der Parteien überschnitten sich mit dem Versuch konservativer Kräfte und der Obersten Heeresleitung, den Reichskanzler zu stürzen, da er in ihren Augen zu wenig auf einen Siegfrieden und zu sehr auf Reformen setzte. So bewirkten Heeresleitung und Reichstag aus unterschiedlichen Motiven gemeinsam den Sturz Bethmann Hollwegs. Beide profitierten auch von ihm, die Heeresleitung freilich mehr als das Parlament, da sie mit Georg Michaelis den neuen Kanzler bestimmte. Doch war der Reichstag als Machtfaktor nicht mehr zu umgehen. Bereits im November 1917 stürzte die Reformmehrheit den ihr mißliebigen Kanzler, zwang seinem Nachfolger, Georg Graf Hertling, ein fertiges Programm auf und brachte Vertrauensleute in exekutive Schlüsselstellungen.

Polarisierung und Radikalisierung

Im letzten Kriegsjahr schritten innere Polarisierung und politische Radikalisierung voran. Mit der Spaltung der Sozialdemokratie sagte sich ein Teil der Arbeiterbewegung endgültig vom Kriegskonsens los. Von Anfang an hatte es eine innerparteiliche Opposition gegen die Politik des „Burgfriedens" gegeben, die den imperialistischen Charakter des Kriegs betonte. Wie mit ihr umzugehen sei, war in der Partei strittig. Deren rechter, nationaler und reformistischer Flügel drängte auf Trennung; die starke Mitte und der linke Flügel hielten dagegen an der

Einheit der Partei fest. 1916, die Opposition war inzwischen gewachsen und verweigerte offen ihre Zustimmung zu den Kriegskrediten, ließ sich der Gegensatz nicht länger überbrücken. Zuerst ging mit der Sozialdemokratischen Arbeitsgemeinschaft ein Teil der Fraktion eigene Wege. Dann verhärteten sich die Positionen im Streit um Vereine und Zeitungen. Die Gründung der Unabhängigen Sozialdemokratischen Partei Deutschlands, die Vertreter der linken Parteimitte, pazifistisch eingestellte Revisionisten und die radikal-linke Spartakus-Gruppe um Rosa Luxemburg zusammenführte, besiegelte schließlich im April 1917 den Bruch zwischen Unabhängigen und Mehrheitssozialdemokraten. Auch außerhalb der Arbeiterbewegung nahm die Polarisierung zu. Einerseits schloß sich im Herbst 1917 die nationale Rechte in der Deutschen Vaterlandspartei zusammen, die für einen Siegfrieden, ultraannexionistische Kriegsziele und gegen Reformen eintrat. Andererseits schufen sich der linke Flügel des Zentrums, Fortschrittsliberale und rechte Sozialdemokraten sowie die großen Gewerkschaftsverbände im Volksbund für Freiheit und Vaterland eine Plattform für ihre Politik der Verständigung und Reform.

Kriegsmüdigkeit in der „Heimat" und an der Front

Daß wachsende Teile der Bevölkerung dem Staat ihre Loyalität zu entziehen begannen, zeigten Hungerunruhen und Teuerungskrawalle, die im Herbst 1915 einsetzten. Getragen von Frauen und Jugendlichen richteten sie sich gegen unzureichende Lebensmittelversorgung, ungerechte Güterverteilung und den wachsenden Schwarzmarkt. Wenig später streikten die ersten Arbeiter in der Rüstungsindustrie. Seit Ausbruch der russischen Revolution im Oktober 1917 wuchs allenthalben die Stimmung gegen den Krieg, politisierte sich die Protestbewegung, griffen die Streiks auf das ganze Reichsgebiet aus. Ihren Höhepunkt erreichten sie im Januar 1918. Mehr als eine Million Menschen legten die Arbeit nieder, die meisten Rüstungsbetriebe standen still. Doch war die Streikwelle nur der spektakuläre Ausbruch wachsender Protestneigung. Sie zeigte sich bei Frauen stärker als bei Männern, in den Städten eher als auf dem Land, in der Arbeiterschaft, gerade der unorganisierten, mehr als in Mittelstand oder Bildungsbürgertum. Im Heer wuchs ebenfalls die Kriegsmüdigkeit, nahmen seit Frühjahr 1918 Gehorsamsverweigerungen und Desertionen zu.

Waffenstillstand

Bis Ende September 1918 hielt die Oberste Heeresleitung an der Fiktion eines deutschen Siegs fest. Dann vollzog sie eine Kehrtwende, verlangte von der Reichsleitung, ein Waffenstillstands- und Friedensangebot an den amerikanischen Präsidenten Wilson zu richten. Die Forderung wirkte wie ein Schock. Zwar wußte man um die schlechte militärische Lage, doch hatten die Militärs ihr ganzes Ausmaß zu verschleiern gewußt. Der Notenwechsel, der dem Waffenstillstandsgesuch folgte und sich bis Anfang November hinzog, zerstörte jede Hoffnung auf eine mäßigende Rolle Wilsons. Da dieser nicht nur dem deutschen Friedenswillen mißtraute, sondern auch unter Druck seiner Verbündeten geriet, verlangte er von Note zu Note größere Vorleistungen, forderte am Ende, das Reich solle bedingungslos kapitulieren und sein politisches System ändern.

Parlamentarisierung des Kaiserreichs

Die Parlamentarisierung hatte seit dem Vorstoß der Reformparteien im Herbst 1917 kaum Fortschritte gemacht, da die Oberste Heeresleitung nicht nur alle Friedensinitiativen, sondern auch jede innere Reform blockierte. Der Kanzler, eingespannt zwischen militärischer Führung und Reichstag, zögerte, und die Mehrheitsparteien waren sich nicht einig genug, um weitergehende Verfassungsreformen durchzusetzen. Erst im September 1918 machten sie, koordiniert durch den Interfraktionellen Ausschuß, gegen den Kanzler Front, verlangten einen Regierungswechsel, wollten dabei führende Abgeordnete berücksichtigt wissen und drängten sogar auf eine Parlamentarisierung. Ihr Vorstoß überschnitt sich mit jenem der Heeresleitung. Sie forderte nämlich nicht nur einen Waffenstillstand, sondern auch eine neue Regierung mit Vertretern der Reichstagsmehrheit. Diese, nicht die militärische Führung, sollten die Verantwortung für Niederlage und Friedensschluß übernehmen. Zusammen entfalteten die Initiativen von Mehrheitsparteien und Oberster Heeresleitung sowie der Druck Wilsons unvorhergesehene Wirkungen. So entschieden die Parteien nach dem Rücktritt Hertlings allein über die Besetzung der Reichsämter und beanspruchten auch, den neuen Reichskanzler zu bestimmen. Nur weil sie keinen geeigneten Kandidaten präsentieren konnten, fiel die Entscheidung auf den Prinzen Max von Baden. Viel Spielraum ließ man ihm nicht, da die Führer der Mehrheitsparteien in die Regierung eintraten, das engere, sog. „Kriegskabinett" dominierten. Die Oktoberreformen schrieben die neue Machtverteilung fest. Mit großer Mehrheit änderte das Parlament die Reichsverfassung, machte das Kaiserreich zu einer parlamentarischen Monarchie. Künftig benötigten Reichskanzler wie Staatssekretäre das Vertrauen des Reichstags. Abgeordnete, die in die Regierung einrückten, behielten ihr Mandat. Die Verantwortlichkeit des Kanzlers wurde auf politisch wichtige Entscheidungen des Kaisers im Rahmen der Kommandogewalt ausgedehnt. In Preußen beschloß man, das Dreiklassenwahlrecht abzuschaffen.

Von den Oktoberreformen zur Novemberrevolution

Wesentliche Forderungen der Mehrheitsparteien waren damit erfüllt. Doch hielten die Oktoberreformen, unter Zeitdruck improvisiert, vieles in der Schwebe. Auch war schwer abzusehen, ob die Parlamentarisierung sich tatsächlich durchsetzen, der Kaiser sie akzeptieren, die militärische der zivilen Führung folgen würde. Zweifel weckten die Reise Wilhelms II. ins Große Hauptquartier nach Spa, mit der er sich dem Einfluß der Reichsleitung entzog, oder der Flottenvorstoß in die Nordsee, dem diese nicht zugestimmt hatte. Vor allem aber kamen die Oktoberreformen zu spät, brachten keinen wirklichen Neuanfang, schon gar nicht im Bewußtsein der Bevölkerung. So hielten sie den Verfall der Legitimität der Monarchie nicht auf. Dieser hatte sich, als die militärische Niederlage bekannt geworden war, dramatisch beschleunigt, zumal der Waffenstillstand bis zum 11. November auf sich warten ließ und der Kaiser als größtes Hindernis für den Frieden erschien. So wollte die revolutionäre Bewegung, die Anfang November von der Flottenrebellion in Kiel ausging und sich rasch ausbreitete, vor allem den Krieg beenden und die alten Gewalten entmachten. Nirgendwo stieß die Revolution auf Widerstand.

II. Grundprobleme und Tendenzen der Forschung

1. Kaiserreich-Deutung und Sonderwegs-These

Bedeutung der Sonderwegs-These

Die Debatte darüber, wie das Kaiserreich zu beurteilen, somit der deutsche Nationalstaat in die Geschichte einzuordnen sei, war von Anfang an und ist teilweise bis heute mit der These vom „deutschen Sonderweg“ verknüpft, die einen spezifischen, positiv oder negativ vom Westen abweichenden Entwicklungspfad Deutschlands in die Moderne behauptet [B. FAULENBACH, „Deutscher Sonderweg“, in: Aus Politik und Zeitgeschichte B 33/1981, 3–21]. So steht die Epoche des Deutschen Reichs von 1871 als Umbruchszeit von der alten zur modernen Welt nicht nur im Zentrum der These vom Sonderweg; der Streit um diesen Kernbegriff historischer Interpretation, geschichtlichen Bewußtseins und nationaler Identität hat auch die Kontroverse um die Deutung des Kaiserreichs begleitet, immer wieder politisch aufgeladen und wissenschaftlich ertragreich gemacht. Die Sonderwegs-Debatte lief in vier Phasen ab.

Vier Phasen der Sonderwegs-Debatte

Erste Phase: positive Sonderwegs-These

Bis 1945, in einer ersten Phase, entstand und überwog mit durchaus wechselndem Inhalt eine positive Vorstellung von der besonderen deutschen Entwicklung. Sie ging aus der Debatte hervor, in der die liberale und nationale Bewegung ihr Bild vom künftigen Nationalstaat entwarf und darüber nachdachte, wie er zu erreichen sei. Dabei gewannen die „borussischen“ Historiker seit 1850 an Deutungsmacht. Sie wiesen Preußen die Aufgabe zu, mit machtstaatlichen Mitteln die nationale Einheit zu schaffen, und strichen die Stärken der Hohenzollern-Monarchie heraus, um deren geschichtliche Mission zu rechtfertigen [W. HARDTWIG, Von Preußens Aufgabe in Deutschland zu Deutschlands Aufgabe in der Welt, in: 108: 103–160]. Je entschiedener sich nach 1871 gegen katholisch-großdeutsche, konservative oder marxistische Deutungen eine national-liberale Interpretation der Reichsgründung und des Kaiserreichs durchsetzte [48: E. FEHRENBACH, Reichsgründung], die im kleindeutschen Nationalstaat den Zenit preußisch-deutscher Geschichte erblickte [einflußreich die Deutung von: 91: H.

von Sybel, Begründung], desto mehr verdichteten sich solche Gedanken zu einem Bündel von Überlegenheitsvorstellungen. Diese gingen in vielerlei Varianten davon aus, daß die deutsche von der westeuropäischen Entwicklung nicht nur abweiche, sondern sie auch in den Schatten stelle. Beweise solcher Überlegenheit fanden sich scheinbar viele, nicht zuletzt auf dem Gebiet der Kultur; aber auch Deutschlands Weg in die Moderne, der industrielle Dynamik im Gehäuse eines Obrigkeitsstaats entfesselte, galt als vorbildhaft. In dieser Ideologisierung des „deutschen Sonderwegs" trafen sich national-liberale Historiker, auch wenn ihr Kaiserreich-Bild ansonsten alles andere als einheitlich ausfiel [53: N. Hammerstein (Hrsg.), Geschichtswissenschaft]. Die Sonderwegsideologie gipfelte in den „Ideen von 1914" [W. J. Mommsen, Der Geist von 1914: Das Programm eines politischen „Sonderwegs" der Deutschen, in: 72: 407–421], die den Ersten Weltkrieg als Kampf gegensätzlicher Systeme interpretierten und mit dem sicher erwarteten deutschen Sieg eine neue Epoche anbrechen sahen, bestimmt nicht mehr durch die „Ideen von 1789", sondern die „deutsche Freiheit".

National-liberale Interpretation des Kaiserreichs

Zuspitzung in den „Ideen von 1914"

Nach dem Zusammenbruch des Kaiserreichs, des „Sinnzentrums der Sonderwegsideologie" (B. Faulenbach), stand diese weiterhin als deutungsmächtiges Geschichtsbild bereit [47: B. Faulenbach, Ideologie]. Die Mehrheit national-konservativer Historiker, unter ihnen E. Marcks [66: Aufstieg] oder A. Wahl [93: Geschichte], hielt gerade angesichts von Kriegsniederlage und Ende des monarchischen Systems, Versailler Vertrag und ungeliebter Republik an der Vorstellung vom überlegenen deutschen Weg fest. Sie führten das Kaiserreich gegen die Weimarer Republik ins Feld, sahen Deutschlands Zukunft darin, jenes wiederherzustellen. Immerhin begannen einige wie F. Meinecke oder H. Oncken, die These vom „deutschen Sonderweg" vorsichtig zu relativieren. Sie hoben nach wie vor die Errungenschaften der spezifischen deutschen Entwicklung hervor, die es zu bewahren gelte, übersahen aber nicht mehr die Schattenseiten des Kaiserreichs. Eine Minderheit liberal-demokratischer, prorepublikanischer Historiker, nicht zufällig Außenseiter der Zunft, zeichnete bei allen Unterschieden ein anderes, dunkleres Bild vom kleindeutschen Nationalstaat, indem sie ihn an westlichen Demokratien maß. So begannen etwa J. Ziekursch [98: Geschichte], A. Rosenberg [84: Entstehung] oder E. Kehr [363: Schlachtflottenbau; 60: Ders., Primat] die Sonderwegs-These umzukehren, statt der positiven die negativen Seiten der deutschen Entwicklung hervorzuheben.

Deutungsmächtiges Geschichtsbild in der Weimarer Republik

Relativierung und Umdeutung

„Drittes Reich"

Für eine solche Deutung von Sonderweg und Kaiserreich war im „Dritten Reich" kein Raum. Die meisten Historiker interpretierten das

Reich von 1871 weiterhin in der Tradition national-konservativer Geschichtsschreibung. Freilich verschoben sich, nicht erst seit 1933, die Akzente, weil die autoritäre Struktur des Kaiserreichs nach dem „Führerprinzip" umgedeutet wurde oder eine „gesamtdeutsche" Geschichtskonzeption nach vorn drängte. Diese wollte das deutsche Volk in allen seinen staatlich-politischen Gebilden betrachten und öffnete sich einer nationalsozialistisch infizierten „Volksgeschichte" mit ihren inhaltlichen Erweiterungen, aber auch methodischen Neuansätzen [77: W. OBERKROME, Volksgeschichte]. In alledem zeigte sich, wie anfällig national-konservative Historiker für die NS-Ideologie waren. Bei fließenden Übergängen, die im einzelnen genau zu bestimmen wären, wurde das Kaiserreich von nationalsozialistischen Historikern noch stärker um-, ja, fehlgedeutet. Dabei spielte die Vorstellung von der Einmaligkeit deutscher Entwicklung, jetzt rassistisch gewendet, eine zentrale Rolle. Denn sie verband das Kaiserreich mit dem „Dritten Reich", wies diesem die Aufgabe zu, zum Abschluß zu bringen, was jenes unvollendet gelassen hätte. Nur außerhalb Deutschlands, in der Emigration, lebte eine vornehmlich von liberalen Historikern gepflegte kritische Sicht von Kaiserreich und Sonderweg fort.

Zweite Phase: negative Sonderwegs-These

Nach 1945, in einer zweiten Phase, trat mit der Diskussion um die Ursachen der „deutschen Katastrophe" (F. MEINECKE) an die Stelle der durch Diktatur, Weltkrieg und Völkermord endgültig diskreditierten positiven Sonderwegs-These eine negative, kritische Variante. Sie suchte eine Antwort auf die brennende Frage, warum sich in Deutschland, anders als in den Industriestaaten des Westens, der Faschismus in seiner radikalsten Form hatte durchsetzten können. Viele einst positiv bewertete Abweichungen vom Pfad westlicher Gesellschaften wurden nun als Aspekte einer Fehlentwicklung beurteilt, die den Nationalsozialismus ermöglichte und in ihn einmündete.

„Irrwege" deutscher Geschichte

Doch führte die Suche nach „Irrwegen" deutscher Geschichte wohl in der ost-, nicht aber in der westdeutschen Historiographie zu einer anderen Kaiserreich-Interpretation [42: A. DORPALEN, History; 50: A. FISCHER/G. HEYDEMANN (Hrsg.), Geschichtswissenschaft], da der „starke(n) moralische(n) Besinnungsphase" [87: W. SCHULZE, Geschichtswissenschaft, 304] und der Absetzung von nationalsozialistischen Fehlinterpretationen keine inhaltliche und methodische Neuorientierung folgte [86: E. SCHULIN (Hrsg.), Geschichtswissenschaft]. So hielten die meisten bundesdeutschen Historiker, wenn sich manche auch wie TH. SCHIEDER [118: Kaiserreich] kritischeren Ansätzen vorsichtig öffneten und Strukturschwächen des Kaiserreichs einräumten, bis in die sechziger Jahre an der überkommenen nationalen Kaiserreich-Deutung fest, indem sie den

Bruch zwischen der preußisch-deutschen Geschichte mit dem Nationalstaat als ihrem Höhepunkt und dem „Dritten Reich" betonten [63: H. LEHMANN/J. VAN HORN MELTON (Hrsg.), Paths]. Die Debatten um das Kaiserreich spielten sich deshalb, obwohl sie manches in Fluß brachten, durchweg auf bekannten Feldern ab. Selbst die „Fischer-Kontroverse" [vgl. S. 96ff.], die Anfang der sechziger Jahre begann, stand mit der Frage nach der deutschen Kriegsschuld einerseits noch in solcher Tradition. Da F. Fischer aber zugleich nach der Kontinuität vom Kaiserreich zum „Dritten Reich" und nach den gesellschaftlichen Grundlagen des deutschen Expansionsstrebens fragte, stieß er andererseits eine Umorientierung der Kaiserreich-Forschung an.

Bedeutung der „Fischer-Kontroverse"

Revision der Kaiserreich-Deutung

Unterschiedliche Entwicklungslinien liefen jetzt zusammen: Akzentverschiebungen in der bisherigen Forschung zum Kaiserreich, die nicht zu unterschätzen sind; wachsendes Interesse an einer sozialhistorischen Betrachtung von Geschichte; die lange, nicht erst mit Ziekursch und Kehr beginnende Tradition kritischer Deutung des Kaiserreichs, die in der Bundesrepublik der sechziger Jahre wieder attraktiv wurde; aber auch der wachsende zeitliche Abstand. Das alles verband sich zu einer Kaiserreich-Interpretation, die methodisch einer politischen Sozialgeschichte und dem Primat der Innenpolitik verpflichtet war, inhaltlich die Schattenseiten des Reichs von 1871 engagiert herausstrich und ihren interpretatorischen Flucht- wie politisch-pädagogischen Ansatzpunkt in einer kritischen Variante der Sonderwegs-These fand [59: G. G. IGGERS, Geschichtswissenschaft, 97ff.; 58: DERS., Geschichtswissenschaft, 54ff.].

WEHLERS (erste) Interpretation des Kaiserreichs

Die neue Sehweise war alles andere als einheitlich. Doch folgten viele Historiker H.-U. WEHLERS einflußreicher Deutung [95: Kaiserreich], daß in der fehlenden Synchronisation wirtschaftlicher, sozialer und politischer Entwicklung der entscheidende Defekt des Kaiserreichs zu suchen sei. Denn mit der Industrialisierung habe zwar die sozioökonomische Modernisierung Fortschritte gemacht, nicht aber, im Unterschied zu westlichen Industriestaaten, die Demokratisierung und Parlamentarisierung des politischen Systems. Diese Interpretation, die auf „Krisenherde des Kaiserreichs" [96] abstellte, bündelte verschiedene Argumente für den Sonderweg und goß sie in neue, der anglo-amerikanischen Modernisierungstheorie [97: Modernisierungstheorie] entlehnte Begriffe, die auf eine strukturell-funktionale Analyse des Kaiserreichs zielten. Es ging freilich nicht um eine erfolgreiche, sondern bestenfalls um eine halb gelungene, „partielle" Modernisierung. Als entscheidende Ursachen galten die gescheiterte „bürgerliche Revolution" von 1848/49, aber auch die Niederlage im preußischen Verfassungskonflikt oder Bismarcks „Reichsgründung von oben", die Bürgertum wie Liberalismus geschwächt, um die Vorherrschaft in Gesellschaft und Politik gebracht hätten. Statt dessen konnten die traditionellen Eliten, vor allem preußische Bürokraten, Offiziere oder ostelbische Junker, indem sie das Bürgertum „feudalisierten" und „militarisierten" oder sich erfolgreich repressiver und manipulativer Herrschaftstechniken bedienten, politische Reformen verhindern und so ihre Machtpositionen im Kaiserreich, ja, über 1918 hinaus verteidigen. So entstand eine eigentümliche, gleichermaßen lähmende wie hochbrisante Mischung von Altem und Neuem. Sie wirkte trotz des Einschnitts, den die Revolution von 1918/19 bedeutete, nach dem Zusammenbruch des Kaiserreichs fort, belastete die Weimarer Republik und ermöglichte in der Krise der Zwischenkriegszeit den Aufstieg des Nationalsozialismus. Dieser „Weg in die Katastrophe des deutschen Faschismus" ist für WEHLER ohne eine „kritische Analyse" der „historischen Bürde, die namentlich im Kaiserreich immer schwerer geworden ist" [95: Kaiserreich, 12], nicht zu erhellen.

Konkurrierende Kaiserreich-Deutungen

Die neue Interpretation, provozierend und methodisch innovativ, beflügelte die Forschung. Denn sie maß in der Tradition kritischer Historiographie die Vergangenheit mit dem Maßstab der Gegenwart, öffnete sich den systematischen Sozialwissenschaften und sah im Vergleich den methodischen Königsweg. So entstand eine Reihe von Arbeiten zur inneren Geschichte des Reichs von 1871, die der neuen Deutung einen festen Platz unter den Kaiserreich-Interpretationen sicherten. Doch entwickelte sich diese nicht zur vorherrschenden Sicht, wurde nur von außen als „new orthodoxy" (J. J. SHEEHAN) wahrgenommen. Denn andere Deutungen des Kaiserreichs blieben einflußreich [vgl. die Darstellung in Handbüchern: 38: K. E. BORN, Reichsgründung; 39: W. BUSSMANN, Zeitalter; wichtig außerdem: 147: E. R. HUBER, Verfassungsgeschichte]. Auch gab es von Anfang an massiven Widerspruch gegen die neue Sehweise [mit der einschlägigen Literatur: 69: R. MOELLER, Kaiserreich; 82: J. RETALLACK, History; 64: C. LORENZ, Good]. Moniert wurde einmal die Einseitigkeit ihres Kaiserreich-Bildes. Kontinuitätsthese, „kritisch" parteinehmende Perspektive und strukturanalytisch-funktionaler Ansatz verleiteten dazu, meinte TH. NIPPERDEY [Wehlers „Kaiserreich". Eine kritische Auseinandersetzung, in: 75: 360–389], die Einheit der herrschenden Eliten überzubetonen, die Leistungen des Kaiserreichs zu unterschätzen und den Wandel seines politischen Systems zu vernachlässigen. Bemängelt wurde zudem von J. J. SHEEHAN [88: History] die nationalstaatliche Perspektive, und eine Gruppe englischer Historiker um R. J. Evans beanstandete die

Sicht „von oben“. Das Kaiserreich käme zu sehr vom staatlich-politischen Zentrum, von Preußen her und unter dem Gesichtspunkt in den Blick, mit welchen manipulativen Herrschaftstechniken die alten Eliten ihre Macht verteidigt hätten [vgl. S. 82f.]. Bedenken rief nicht zuletzt hervor, daß das Kaiserreich im Rahmen einer kritisch gewendeten Sonderwegs-Interpretation gedeutet wurde.

Dritte Phase: wachsende Kritik an der negativen Sonderwegs-These

So geriet seit den späten siebziger Jahren, in einer dritten Phase, die These vom negativen „deutschen Sonderweg“ zunehmend in die Kritik. Diese kam von jenen, die aus der geographischen Lage des Kaiserreichs in der Mitte Europas die Notwendigkeit eines „deutschen Eigenwegs“ ableiteten und die Sonderwegs-These geohistorisch umdeuteten [56: K. HILDEBRAND, Eigenweg; 90: M. STÜRMER, Reich]. Gewichtiger waren TH. NIPPERDEYS Einwände [1933 und die Kontinuität der deutschen Geschichte, in: 76: 225–248]. Er warnte davor, das Kaiserreich auf die Vorgeschichte des „Dritten Reichs“ zu reduzieren. Das sei einseitig, nähme der Epoche ihren Eigenwert, verfehle deren komplexe Wirklichkeit und schneide die Offenheit der Entwicklung ab. Es gäbe viele Kontinuitäten in der deutschen Geschichte; die Linie, die auf „1933“ zulaufe, sei weder die einzige noch mit wachsendem zeitlichen Abstand die allein legitime. Fand Nipperdey, indem er an historistische Grundeinsichten erinnerte, vor allem in der Geschichtswissenschaft Beachtung, stieß die Kritik von D. BLACKBOURN und G. ELEY [36: Peculiarities; ähnliche Argumentation in: 34: D. BLACKBOURN, Populists; 44: G. ELEY, Unification; vgl. auch: 45: R. J. EVANS, Rethinking] auf breitere Resonanz. Die Vorstellung einer spezifischen deutschen Entwicklung setze die einer „normalen“ voraus; eine solche gäbe es historisch aber nicht. Deutschlands Weg in die Moderne werde vielmehr an der Norm eines idealisierten, wissenschaftlich überholten anglo-amerikanischen Modells gemessen. Vergleiche man präzise, lasse sich kein Sonderweg der Deutschen ausmachen. Das gelte zumal für die Annahme, Industrialisierung und Parlamentarisierung, ja, Demokratisierung müßten parallel verlaufen, das wirtschaftlich erfolgreiche Bürgertum durch eine Revolution auch zur herrschenden Klasse aufsteigen. Ihr liege ein verfehlter Begriff von „bürgerlicher Revolution“ zugrunde, der über dem Scheitern von 1848/49 die Erfolge des Bürgertums auf anderen Feldern als der Politik, kurz: die soziokulturelle „Verbürgerlichung“ des Kaiserreichs übersehe. Damit stelle sich auch das Problem der Kontinuität anders, müßten das Scheitern Weimars und der Aufstieg des Nationalsozialismus nicht aus dem Fortwirken vormoderner Traditionen erklärt werden, sondern aus den Konflikten, die eine rasche Modernisierung hervorgerufen habe.

Neuorientierungen in der Forschung

Die Verfechter der Sonderwegs-These verteidigten diese zwar mit bedenkenswerten Argumenten in einer von Polemik nicht freien Debatte, die Vorstellung von einem besonderen deutschen Weg verlor jedoch an Plausibilität [Zusammenfassung der Argumente: 41: Sonderweg; 52: H. GREBING, Sonderweg]. In die gleiche Richtung wirkte die Skepsis gegenüber der Modernisierungstheorie, zumal gegenüber dem linearen Entwicklungsdenken und dem normativen Modell der westlichen Moderne, ja, der modernen Welt schlechthin, wie sie in der Diskussion über Postmoderne hervortrat. Hinzu kam der Zweifel an einer Geschichtsschreibung, die als „Große Erzählung" historischen Makro-Entwürfen folgte. Damit verband sich die Neubeurteilung nicht nur von Nach- und Vorgeschichte, sondern auch des Kaiserreichs selbst. So erschien die Weimarer Republik in anderem Licht, sah man sie mit D. J. K. PEUKERT [Die Weimarer Republik. Frankfurt (1987) 5. Aufl. 1995] als „Krisenzeit der klassischen Moderne" und ihre Probleme nicht mehr als Erbe des Deutschen Reichs von 1871, sondern in den „Spannungsfeldern der gesellschaftlichen Modernisierung" nach 1918. Ebenso wandelte sich das Bild der Revolution 1848/49, wurden deren zukunftsweisende Ergebnisse gegenüber den Niederlagen betont [zusammenfassend: 49: E. FEHRENBACH, Verfassungsstaat]; und ähnlich erging es den fünfziger und sechziger Jahren des 19. Jahrhunderts, die aus dem Schattendasein, lediglich „Reichsgründungszeit" zu sein, heraustraten und zu einer Zeit im „Aufbruch" (W. SIEMANN), ja, als „zweite Phase der ‚Doppelrevolution'" zu einer der „wichtigsten Epochen der neueren deutschen Geschichte" [94: H.-U. WEHLER, Gesellschaftsgeschichte, 449] aufstiegen. Neuere Interpretationen des Kaiserreichs hoben nicht zuletzt unter dem Eindruck einer intensiven vergleichenden, die deutschen Besonderheiten relativierenden Bürgertumsforschung [Zwischenbilanz mit Literatur: J. KOCKA, Das europäische Muster und der deutsche Fall, in: ders. (Hrsg.), Bürgertum im 19. Jahrhundert. Bd. 1. 2. Aufl. Göttingen 1995, 9–84] seit Mitte der achtziger Jahre Bürgerlichkeit und Modernität des Reichs von 1871 hervor, vorsichtig schon H.-U. WEHLER [Wie „bürgerlich" war das Kaiserreich? in: ders., Aus der Geschichte lernen? München 1988, 243–280], entschiedener TH. NIPPERDEY [War die wilhelminische Gesellschaft eine Untertanen-Gesellschaft? in: 76: 208–224] und, wobei sie über das Ziel hinausschossen, einige amerikanische Historiker [80: J. REMAK/ J. DUKES (Hrsg.), Germany]. Anregend wirkte nicht zuletzt die „Doppelgesichtsthese" D. LANGEWIESCHES, der auf die „vielen Gesichter" des Kaiserreichs hinwies, eine Vielgestaltigkeit, die „nicht auf ‚klare' Linien vereinfacht werden" dürfe [62: (Hrsg.), Ploetz, 13 f.].

Vierte Phase: Modifizierung und Differenzierung der Sonderwegs-These

Die Umakzentuierungen führten, in einer vierten Phase, dazu, daß die Positionen modifiziert und differenziert wurden, sich darüber die Kaiserreich-Deutungen annäherten, abweichende Standpunkte aber bestehen blieben [Zusammenfassung der Argumente: J. KOCKA, Deutsche Geschichte vor Hitler, in: 61: 101–113]. Diesen Stand der Sonderwegs-Debatte spiegeln nicht nur die knappen Synthesen von D. HERTZ-EICHENRODE [54 und 55: Geschichte], H.-P. ULLMANN [92: Kaiserreich] und W. LOTH [65: Kaiserreich], sondern auch die drei in den neunziger Jahren erschienenen voluminösen Überblicksdarstellungen von Nipperdey, Mommsen und Wehler wider.

NIPPERDEYS Kaiserreich

NIPPERDEY [74: Geschichte, Bd. 2] weist die Vorstellung von einem „deutschen Sonderweg" und einer Fehlentwicklung des Kaiserreichs entschieden zurück. Sein „historischer Ort" bestimme sich „durch alle Vorgeschichten und Kontinuitäten hindurch" als „aufhaltsame, gebremste und widersprüchliche Modernisierung, als Zwiespalt der Modernität". Damit sei die „deutsche Geschichte stärker in die westeuropäischen Entwicklungen eingebettet, als Nahperspektiven und die auf einen deutschen ‚Sonderweg' konzentrierte Nabelschau" glauben machten. Obwohl die Geschichte des Kaiserreichs eine „gemeineuropäische Normalität" sei, laste auf ihr aber der „spezifisch deutsche(n) Problemdruck der Verspätung", der sich aus der Häufung von Aufgaben ergab, die es gleichzeitig zu bewältigen galt. Gerade das half dem „Obrigkeitsstaat", sich bis 1918 gegenüber der vordringenden „Bürgergesellschaft" zu behaupten. Insoweit war das Erbe des Kaiserreichs ambivalent, der weitere Weg offen [ebd., 878, 891–893].

MOMMSENS Kaiserreich

Im Unterschied dazu verteidigt W. J. MOMMSEN [73: Ringen; 70: Bürgerstolz] die Vorstellung vom „deutschen Sonderweg". Er betont zwar die „fortschrittlichen Züge" des Kaiserreichs und sein „reiches Erbe" auf wirtschaftlichem, kulturellem und wissenschaftlichem Gebiet; da jedoch „eine rechtzeitige Anpassung des politischen Systems an die Erfordernisse einer fortgeschrittenen Industriegesellschaft" nicht erfolgte, blieben gewichtige Probleme ungelöst, und von diesen „historischen Vorbelastungen" konnte sich die Weimarer Republik, die „endgültige Zerfallsphase des Kaiserreiches", nicht freimachen [73: Ringen, 31].

WEHLERS (zweites) Kaiserreich

Nuancierter setzt sich WEHLER [94: Gesellschaftsgeschichte] mit den Kritikern der Sonderwegs-These auseinander. Wohl hält er daran fest, daß „1933" erklärungsbedürftig und als Fluchtpunkt der Interpretation legitim sei, deshalb gemeineuropäische Züge wie deutsche Spezifika des Modernisierungsprozesses in ihrem Wechselspiel vergleichend untersucht werden müßten, um die Sonderbedingungen der Entwicklung in Deutschland hervortreten zu lassen. Doch relativiert er manches Element der bisherigen Sonderwegs-Interpretation, spricht statt von „Sonderweg" meist nur noch von „Sonderbedingungen" und bestimmt diese zeitlich wie inhaltlich anders. So entstanden die „wichtigsten Bedingungen für einen deutschen ‚Sonderweg' in die Moderne, den es vorher so nicht gegeben hat", erst in der zweiten Phase der „Doppelrevolution", also den sechziger und siebziger Jahren des 19. Jahrhunderts. Sie sind zum einen in den sich überlagernden „komplizierten Modernisierungsaufgaben", zum anderen darin zu sehen, daß sich „die politische Verfassung für eine liberale und demokratische Lösung der anstehenden Probleme nicht durchsetzen konnte" [ebd., 470, 1295, 1284, 1292].

Anglo-amerikanische Forschung

Im Unterschied zur deutschen hat sich, bei gegenläufiger Tendenz etwa in der Darstellung von V. BERGHAHN [33: Germany] oder P. PULZER [79: Germany], ein Teil der anglo-amerikanischen Kaiserreich-Forschung in den neunziger Jahren von der Vorstellung eines besonderen deutschen Wegs verabschiedet, hält den heuristischen Wert des Konzepts für erschöpft und mißt der Sonderwegs-Debatte nur noch wenig Bedeutung bei [vgl. 67: G. MARTEL (Hrsg.), Germany; 40: R. CHICKERING (Hrsg.), Germany; 43: G. ELEY (Hrsg.), Society; 35: D. BLACKBOURN, History]: „its time has passed", meint J. RETALLACK [81: Germany] lakonisch; R. CHICKERING fragt rhetorisch, ob die Darstellungen von Nipperdey, Mommsen und Wehler „nicht ihre besten Dienste als Abschlußberichte für einen wissenschaftlichen Diskurs leisten, der in der letzten Zeit der Erschöpfung seiner leitenden Fragestellung entgegenläuft" [Drei Gesichter des Kaiserreiches, in: NPL 41 (1996) 364–375, Zit. 372]; und M. GEYER/K. H. JARAUSCH vermuten, neue Perspektiven, Methoden und Themen hätten sich der Geschichtswissenschaft erst dadurch eröffnet, daß „German historians in the United States treated the *Sonderweg* controversy much as American industry used deregulation" [The Future of the German Past, in: GerStRev 18 (1995) 229–259, Zit. 240].

„Deutscher Sonderweg" in kulturgeschichtlicher Perspektive

Auch unter deutschen Historikern entzieht die Kritik an der Sozialgeschichte, vorgetragen unter dem Banner von Kulturgeschichte, so Unterschiedliches darunter verstanden wird, der Sonderwegs-Debatte zunehmend den Boden: einmal weil sie Kategorien wie Modernität, Struktur und Prozeß oder Klasse, in denen über den „deutschen Sonderweg" diskutiert worden ist, wenn nicht für wissenschaftlich obsolet, so doch für dringend erweiterungsbedürftig erklärt; zum anderen weil ihr die Debatte über einen „deutschen Sonderweg" nur als Facette einer nicht minder problematischen Sehweise erscheint, die auf den in welthistorischer Perspektive „westlichen Sonderweg" zentriert ist und diesen, ohne die eigene Standortgebundenheit zu reflektieren, zum Normalweg überhöht [Stand der Diskussion: W. HARDTWIG/H.-U. WEHLER (Hrsg.), Kulturgeschichte Heute. Göttingen 1996; TH. MERGEL/TH. WELSKOPP (Hrsg.), Geschichte zwischen Kultur und Gesellschaft. München 1997]. Zugleich zeigen komparatistische Studien, die nicht mehr ganze Staaten einander gegenüberstellen, sondern nur noch einzelne Aspekte vergleichen, wie problematisch es ist, das auf verschiedenen Feldern ganz unterschiedliche Wechselspiel gemeineuropäischer Entwicklungen und deutscher Spezifika zu nationalen Sonderwegen oder gar einem „deutschen Sonderweg" zu verdichten.

2. Bismarck und der Staat des Kaiserreichs

Kaiserreich-Forschung und Bismarck-Problem

Die Frage, wie stark Bismarck die Struktur des Deutschen Reichs bestimmt und der Politik in den 1870er und 1880er Jahren seinen Stempel aufgedrückt hat, steht im Mittelpunkt der Forschung zum frühen Kaiserreich. Schon an Periodisierung und Epochenbezeichnung läßt sich das ablesen. Selbst neuesten Gesamtdarstellungen gilt 1890 weiterhin als Zäsur deutscher Geschichte, und nicht minder selbstverständlich sprechen sie von „Bismarckzeit" [74: TH. NIPPERDEY, Geschichte, Bd. 2, 359] oder „Bismarckära" [94: H.-U. WEHLER, Gesellschaftsgeschichte, 849]. So hängen die wesentlichen Kontroversen in der Forschung am „Problem Bismarck".

Die Debatte der fünfziger Jahre

Bismarck zu beurteilen wurde nach 1945 zum Problem, denn die nationalstaatliche Ordnung, die sich mit seinem Namen verbindet, war fragwürdig geworden, und das Handeln „großer Männer" büßte an Faszination ein. Die Debatte um Bismarck, Teil jener über die „Krise des Nationalstaats" und den „deutschen Sonderweg", entzündete sich an zwei Biographien. Während der hochkonservative A. O. MEYER [158: Bismarck] in einem „Paradestück nationaler Hagiographie" [170: H.-G. ZMARZLIK, Bismarckbild, 22] die Bismarck-Orthodoxie, die mit M. LENZ [153: Geschichte] und E. MARCKS [157: Bismarck] begonnen hatte, auf einen späten Höhepunkt führte, ging E. EYCK [132: Bismarck] aus linksliberaler Sicht mit Bismarcks machiavellistischer Politik ins Gericht: Sie habe eine nationale Einigung auf friedlichem Weg und die Entwicklung des Reichs in freiheitlicher Form unterbunden. Die Bismarck-Debatte der fünfziger Jahre [140: L. GALL (Hrsg.), Bismarck-Problem; 143: H. HALLMANN (Hrsg.), Revision] hielt auf Distanz zu Meyer, stärker aber noch zu Eyck und bekräftigte so einerseits die mehrheitlich konservative Deutung Bismarcks, ausgewogener zwar, aber weithin positiv, wie sie W. BUSSMANN [39: Zeitalter] oder W. MOMMSEN [159: Bismarck] formulierten; andererseits bereitete die Kontroverse auf längere Sicht eine „tiefgreifende Revision des Bismarckbildes" vor [139: L. GALL, Bismarck, 152].

Revision des Bismarck-Bildes

Eine jüngere Historikergeneration, der das Kaiserreich Geschichte geworden war, begann in den sechziger Jahren, Bismarck umzudeuten. „Bismarck-the-good-genius", meint O. PFLANZE, sei durch „Bismarck-the-bad-genius" [162: Bismarck, Bd. 1, XXVII] ersetzt worden. Tatsächlich stellten Historiker wie H. BÖHME [356: Deutschlands Weg] und H. ROSENBERG [368: Depression], H.-U. WEHLER [168: Bismarck] oder M. STÜRMER [315: Regierung] die vorherrschende Bismarck-Deutung in mancher Hinsicht auf den Kopf. Doch blieb, obwohl es ihnen um politisch-soziale Strukturen und Prozesse sowie die Wechselbeziehung von Wirtschaft und Staat ging, eine merkwürdige, ins Negative gewendete Faszination für Bismarck. Er habe in drei Einigungskriegen ein anachronistisches Staatsgebilde geschaffen und durch ingeniöse Herrschaftstechniken integriert, sich damit den politischen und sozialen Folgen der Industrialisierung entgegengestellt und so jene Disparität zu verantworten, welche die Sonderwegs-These als spezifisch deutsche Fehlentwicklung ausmacht.

GALLS Bismarck-Biographie

Bismarck so zu sehen, überschätze die Möglichkeiten eines einzelnen, den Gang der Geschichte zu beeinflussen, kritisierte L. GALL [138: Bismarck]. Er betrachtete darum sein situationsabhängiges Handeln und maß dessen Spielraum aus. Dieser war beträchtlich, solange Bismarck um der eigenen und Preußens Macht willen gemeinsam mit der nationalen und liberalen Bewegung, also keineswegs gegen die Kräfte der Zeit, in einer „Revolution von oben" sowohl den National- als auch einen „modernen, bürokratisch-zentralisierten Anstaltsstaat" schuf. Aus dem „weißen Revolutionär", der rückwärtsgewandte Ziele mit Mitteln durchsetzte, die gegen seine Absicht der Moderne den Weg ebneten, wurde vollends seit 1878/79 ein „Zauberlehrling", vergeblich bemüht, in aller Veränderung jene politische Konstellation zu bewahren, der er seinen Erfolg verdankte. So sei Bismarck zwar „an entscheidender Stelle zum Mitschöpfer" des modernen Deutschland geworden, aber da gescheitert, wo er sich „auf das zähe Festhalten an dem einmal Erreichten konzentriert" habe [ebd., 380, 400, 729, 727].

ENGELBERGS Bismarck-Interpretation

Das von Gall gezeichnete Bild wurde von späteren Bismarck-Biographien anders schattiert. Bei E. ENGELBERG [130 und 131: Bismarck] verbinden sich ein „leicht resignierender Spätmarxismus und eine gleichsam linksborussische Sicht der deutschen Reichsgründung" [H. SEIER, Bismarck und der „Strom der Zeit", in: HZ 256 (1993) 689–709,

Zit. 691 f.]. Er entwirft ein weniger ambivalentes, für die von ihm eingenommene „Gegenposition" erstaunlich positives Portrait Bismarcks. Dieser habe „durch seine Revolution von oben nicht allein das nationalstaatliche Testament der deutschen Revolution von 1848/49" vollstreckt, sondern sich auch „im Strom der allgemeinen Geschichte seiner Zeit" bewegt. Erst die Nachfahren, der Wilhelminismus und das ihn tragende Bürgertum, hätten sein Erbe „vertan" [130: E. ENGELBERG, Bismarck, 648 f.].

PFLANZES Bismarck-Deutung

Entschiedener setzt sich O. PFLANZE [162: Bismarck] von Galls Bismarck-Interpretation ab. Zwar lotet auch er das Spannungsfeld zwischen überindividuellen Strukturen und Prozessen sowie dem Handeln Bismarcks aus, kommt aber, zumal die 1870er und 1880er Jahre bei ihm größere Aufmerksamkeit finden, zu abweichenden Ergebnissen. Einmal wird die These relativiert, Bismarck sei ein „weißer Revolutionär" gewesen, habe er doch in der langen preußischen Tradition der „Revolution von oben" gestanden. Zum anderen mißt Pflanze Bismarcks Handeln größere, ja, richtungweisende Bedeutung bei. Schließlich spürt seine Biographie penibel dessen physisch-psychischem Befinden nach, mit dem Ergebnis, daß Bismarck nicht erneut zu einer Heldenfigur gerät. So ergibt sich eine Deutung, die sein politisches Gewicht höher, die Persönlichkeit aber kritischer einschätzt und der These vom „deutschen Sonderweg" nicht fernsteht.

Forschungen zum Bismarck-Mythos

Was bei GALL [138: Bismarck, 709 ff.] und PFLANZE [162: Bismarck, Bd. 3, 407 ff., 447 ff.] anklingt, hat in letzter Zeit wachsendes Interesse gefunden: der Bismarck-Mythos als Teil des deutschen Nationalmythos [124: W. WÜLFING/K. BRUNS/R. PARR, Mythologie] und zentrales Element politischer Kultur der Deutschen [155: L. MACHTAN (Hrsg.), Bismarck]. Bismarcks Mythisierung gründete in Popularität wie Prestige des Reichsgründers und knüpfte nach 1890 an die Selbstinszenierung des „Kanzlers ohne Amt" an [144: M. HANK]. Seine Steigerung zu einer massenwirksamen, überzeitlichen Leitgestalt, die unterschiedliche Weltbilder vermitteln und an sich binden konnte [161: R. PARR, „Seelen"], schritt in den 1890er Jahren, besonders nach 1898 rasch voran, organisatorisch von Verbänden der entstehenden „neuen" Rechten, sozial von Teilen des höheren, aber auch des kleinen Bürgertums getragen, vom wachsenden Krisengefühl begünstigt und in zahlreichen Medien [145: H.-W. HEDINGER, Bismarck-Denkmäler] verbreitet. Der Bismarck-Mythos, den Historiker mit schufen und von dem Elemente in ihr Bismarck-Bild eingingen [W. HARDTWIG, Erinnerung, Wissenschaft, Mythos. Nationale Geschichtsbilder und politische Symbole in der Reichsgründungsära und im Kaiserreich: in: 108: 224–263;

167: M. STÜRMER, Bismarck-Mythos], war folgenreich, weil er mächtige nationale Wünsche bewegte und auf eine Führerfigur hin ausrichtete.

Bismarck und das frühe Kaiserreich

Das „Problem Bismarck", das sich für K. BARKIN [Bismarck in a Postmodern World, in: GerStRev 18 (1995) 240–251] in der Postmoderne zu verflüchtigen droht, umgreift die zentralen Kontroversen zur Geschichte des frühen Kaiserreichs: die Debatte über die Reichsverfassung, das Herrschaftssystem mit seinen Machtzentren und wichtige politische Entscheidungssituationen wie die „konservative Wende" 1878/79.

Entstehung der Reichsverfassung

Die Reichsverfassung entstand, fußte sie doch auf jener des Norddeutschen Bundes von 1867, gleichsam vor der Gründung des Deutschen Reichs. Strittig ist Bismarcks Anteil, namentlich die Frage, wie weit er seine Vorstellungen gegenüber den Nationalliberalen durchsetzen konnte. Denn je nachdem, ob der von ihnen dominierte Reichstag, den K. E. POLLMANN [301: Parlamentarismus] untersucht hat, Entscheidendes an den Entwürfen zu ändern vermochte oder nicht, erscheint die Konstitution in unterschiedlichem Licht. Behauptet E. R. HUBER [148: Reichsverfassung, 172], diese habe „den fundamentalen Verfassungsmaximen des nationalen Liberalismus" entsprochen, sei also „der Sache nach nichts anderes als ein nachträglicher Sieg der Verfassungsideen von 1848/49" gewesen, folgt die Forschung durchweg O. BECKER [353: Ringen], der den Einfluß der Nationalliberalen restriktiv interpretiert. GALL meint gar, Bismarck habe sich nur auf einen ihm genehmen Weg drängen lassen, die Verfassung sei darum „in ihren wichtigsten Punkten nicht ein Kompromiß, sondern ein eindeutiger Triumph" für ihn gewesen [138: Bismarck, 389]. Das geht W. J. MOMMSEN [73: Ringen, 184 ff.] zu weit. Er deutet das Verfassungswerk als Kompromiß, freilich zwischen ungleichen Partnern. Dieser bestand auch darin, vieles offenzulassen. So habe die Verfassung als „System umgangener Entscheidungen" dem „dilatorischen Herrschaftskompromiß zwischen den traditionellen Herrschaftseliten und dem aufsteigenden Bürgertum" entsprochen [Die Verfassung des Deutschen Reiches von 1871 als dilatorischer Herrschaftskompromiß, in: 72: 39–65, Zit. 58, 60]. Darum war sie offen für Entwicklungen, und diese konnten entweder zur Parlamentarisierung, zur Steigerung der autoritären Elemente oder zur Blockade führen [65: W. LOTH, Kaiserreich, 41 ff.].

Kontroverse über das Reich als konstitutionelle Monarchie

Strittig wie die Entstehung ist die Einordnung der Verfassung. Huber und Böckenförde zählten sie zum Typ der deutschen konstitutionellen Monarchie, den sie verschieden beurteilen. E. R. HUBER [147: Verfassungsgeschichte, Bd. 3 und 4] sieht im „deutschen Konstitutionalismus" eine geglückte Synthese von Absolutismus und Parlamentarismus, „eine selbständige politische Form". E.-W. BÖCKENFÖRDE [125: Verfassungstyp, 161] widerspricht: Die konstitutionelle Monarchie habe die gegensätzlichen Verfassungsprinzipien nicht „einer höheren Einheit" einfügen können, vielmehr als „Übergangs- und Zwischenzustand" von der Monarchie zur Demokratie führen müssen. Daß das Reich, ob eigenständige Verfassungs- oder Übergangsform, unbesehen der konstitutionellen Monarchie zuzurechnen sei, bezweifelt H. BOLDT. Einen „die Zeiten überdauernden Konstitutionalismus" anzunehmen, verdecke den tiefgreifenden Wandel, den das allgemeine Wahlrecht ausgelöst habe [128: Konstitutionalismus und Bismarckreich, 134]. Auch sei das Kaiserreich nicht „einfach eine konstitutionelle Monarchie im Großen". Denn der Kaiser stieg zwar zu einem „Reichsmonarchen" auf; „Träger der gesamten Staatsgewalt" wie die „konstitutionellen Monarchen deutscher Prägung" wurde er aber nicht [127: Verfassungsgeschichte, 174]. Wegen solcher Besonderheiten, vor allem der eigentümlichen Mischung vorwärts- und rückwärtsweisender Elemente, bezeichnet W. J. MOMMSEN [73: Ringen, 340] die Reichsverfassung mit M. Weber als „halbkonstitutionelle Verfassung". Für L. GALL [138: Bismarck, 389 f.] entzieht sie sich gar, weil ganz auf Bismarck und die Machtkonstellation der Reichsgründungszeit zugeschnitten, jeder Systematisierung nach den klassischen Verfassungskategorien.

Machtzentren im Herrschaftssystem

Das Herrschaftssystem des Kaiserreichs allein unter verfassungsgeschichtlichem Aspekt zu betrachten, wird diesem nicht gerecht, selbst wenn man mit E.-W. BÖCKENFÖRDE unter „Verfassung" die „politisch-soziale Bauform einer Zeit" versteht [(Hrsg.), Moderne deutsche Verfassungsgeschichte (1815–1918). 2. Aufl. Königstein 1981, 11]. Weiter führt es, wozu sozialwissenschaftliche Analysen wie die M. MANNS [339: Sources] anregen, die einzelnen Machtzentren und deren Ressourcen, auch Konflikte und Koalitionen zwischen ihnen zu untersuchen. So kommen Reichskanzler und Kaiser, Bürokratie und Militär, Reichstag und Parteien sowie die Bundesstaaten in den Blick.

Reichskanzler

Worauf jenseits persönlicher Fähigkeit die Macht Bismarcks als Reichskanzler beruhte, ist umstritten. M. STÜRMER [315: Regierung] sprach von „cäsaristischer Herrschaft", H.-U. WEHLER [168: Bismarck, 180 ff., 454 ff.; 95: Kaiserreich, 63 ff.] bemühte die Bonapartismustheorie. Sie geht auf K. Marx' Schrift „Der 18. Brumaire des Louis Bonaparte" zurück und davon aus, daß in einer Zeit labilen Klassengleichgewichts die Exekutive, voran ein Politiker, der moderne, manipulative Herrschaftsmethoden einzusetzen versteht, relativ autonom handeln kann. So richtete sich der Blick auf Bismarcks Herrschaftstechniken [ebd., 96 ff.]: etwa die „negative Integration", von W. SAUER [Das Pro-

WEHLERS Bonapartismus-These

blem des deutschen Nationalstaates, in: 37: 448–479, Zit. 468] als Strategie beschrieben, die Mehrheit gegen eine Minderheit zu führen und beide so einem „freilich fragwürdigen Integrationsprozeß" auszusetzen; oder die „Sammlungspolitik", die für E. Kehr [363: Schlachtflottenbau] und D. Stegmann [278: Erben] eine das Reich tragende Koalition von Großgrundbesitz und Schwerindustrie, alten und neuen Eliten schuf, zusammengehalten durch das Interesse an Schutzzoll und Unterdrückung der Arbeiterbewegung; schließlich den „Sozialimperialismus" [168: H.-U. Wehler, Bismarck], der wirtschaftliche Schwierigkeiten, soziale Spannungen und Legitimationsprobleme des politischen Systems durch imperialistische Expansion nach außen abzuleiten versuchte.

Kritik an der „bonapartistischen" Interpretation

Zwei berechtigte Einwände gab es gegen diese „bonapartistische" Deutung: Erstens bezweifelte L. Gall [141: Bismarck], daß sich die Bonapartismustheorie auf das Kaiserreich übertragen lasse. Die sozialen Konfliktlinien verliefen hier anders als im nachrevolutionären Frankreich Napoleons III., und der Reichskanzler sei kein Autokrat, sondern von einem Monarchen eigenen Rechts abhängig gewesen. So läßt sich allenfalls mit E. Fehrenbach [134: Bonapartismus] argumentieren, Bismarck habe bonapartistische Herrschaftstechniken angewandt, nicht aber seine Herrschaft als bonapartistische Diktatur interpretieren. Wehler [94: Gesellschaftsgeschichte, 363 ff.] hat das akzeptiert und als neues Erklärungsmodell Webers Idealtyp der „charismatischen Herrschaft" vorgeschlagen. Eine solche entsteht, wenn ein befähigter Politiker existentielle Krisen bewältigt, dadurch hohes Ansehen, überzeugte Anhänger und eine ökonomische Basis gewinnt, die seine Herrschaft tragen; sie vergeht durch Tod, Ausbleiben von Erfolg oder Überleitung in eine andere Herrschaftsform. Daß sich dieses Modell sinnvoll auf Bismarck anwenden läßt, bezweifelt nicht nur L. Gall [Deutschlands Weg in die Moderne. Wehlers dritter Band einer „Deutschen Gesellschaftsgeschichte", in: HZ 236 (1996) 133–141]. So überzeugt noch am ehesten, die herausragende Stellung des Kanzlers mit dem labilen Gleichgewicht von aufsteigendem Bürgertum und traditionellen Führungsschichten zu erklären, das es Bismarck erlaubte, sich selbst als Vermittler und seine Politik als eine des Kompromisses zu präsentieren [138: Bismarck, 173 ff., 381 ff., 724 ff.].

Einwände gegen die Analyse der Herrschaftstechniken

Zweitens ist schon von Gall [ebd., 526 ff.], besonders aber von Pflanze [zuletzt in: 162: Bismarck, Bd. 2 und 3] und ihm folgend von Th. Nipperdey [74: Geschichte, Bd. 2, 359 ff.] die Analyse Bismarckscher Herrschaftstechnik kritisiert worden. Sie geschähe mit Modellen, die ihre heuristische Funktion eingebüßt und keine solide empirische

Grundlage hätten, Bismarcks vielschichtige Motive auf einen, den taktischen Aspekt reduzierten, einander widersprächen und den Eindruck erweckten, es handle sich um die „Herrschaftstechnik eines Genies“ [163: O. PFLANZE, Herrschaftstechnik, 595]. So berechtigt diese Kritik ist, hat sie doch nicht dazu geführt, daß die Herrschaftspraxis im frühen Kaiserreich, zu der Bismarcks manipulative, an Massenemotionen appellierende Politik wesentlich gehörte, systematisch untersucht worden wäre. Um die kritisierten Modelle zu differenzieren oder zu überholen, müßten aber die anderen Machtzentren mit in den Blick kommen.

Kaiser Wilhelm I.

Das politische Gewicht Kaiser Wilhelm I. darf nicht unterschätzt werden, auch wenn bislang eine überzeugende Studie fehlt, die seine Rolle im Herrschaftssystem bestimmt. Versuche, ihn gegenüber Bismarck aufzuwerten, blieben kurzlebig. So urteilen E. MARCKS [156: Kaiser], F. HERRE [146: Kaiser] und K. H. BÖRNER [126: Wilhelm], obwohl ihre Biographien von verschiedenen Positionen aus geschrieben sind, ähnlich über Wilhelm I. Er habe seine kaiserlichen Aufgaben pflichtbewußt erfüllt und an Popularität gewonnen, dem Kanzler weiten Spielraum gelassen und sich bei Konflikten ihm, dem überlegenen Politiker, gebeugt, dabei aber als König des Hegemonialstaats Preußen und aufgrund seiner verfassungsrechtlichen Kompetenzen im Reich die letzte Entscheidung in Grundsatz-, Militär- und Personalfragen beansprucht, so eine „Vetoposition“ in der Reichspolitik eingenommen und deshalb „einen nicht zu umgehenden Machtfaktor“ [94: H.-U. WEHLER, Gesellschaftsgeschichte, 855] dargestellt.

Bürokratie

Die Bürokratie, als Instrument wie Träger von Herrschaft eine Säule des Obrigkeitsstaats, ist in institutioneller Hinsicht auf den Ebenen von Reich [197: R. MORSEY, Reichsverwaltung] und Einzelstaaten [191: K. G. A. JESERICH/H. POHL/G.-C. v. UNRUH, Verwaltungsgeschichte], Verwaltungsbezirken [180: TH. ELLWEIN, Staat] und Kommunen [grundlegend: 185: H. HEFFTER, Selbstverwaltung; die Ergebnisse der Stadtgeschichtsforschung zusammenfassend: 194: R. KRABBE, Stadt; 340: J. REULECKE, Geschichte] noch am besten erforscht. Studien zur Beamtenschaft etwa von H. HATTENHAUER [184: Geschichte] und B. WUNDER [208: Geschichte] oder zur Rolle des Adels in der Verwaltung [186: H. HENNING, Beamtenschaft; regionaler Ansatz: 171: K. ADAMY/K. HÜBENER (Hrsg.), Adel] erweitern die Verwaltungs- in Richtung Sozialgeschichte; TH. ORMOND [199: Richterwürde] und R. JESSEN [192: Polizei] dehnen sie auf Justiz und Polizei aus; T. SÜLE analysiert, wie die Bürokratie in Aufbau und Arbeitsweise, Selbst- und Fremdwahrnehmung, insgesamt durch „Fortentwicklung und Stillstand“ auf die entstehende Industriegesellschaft reagiert hat [205: Bürokratietradi-

Debatte über das Verhältnis von Bürokratie und Gesellschaft

tion, 252]. Strittig ist in der Forschung das Verhältnis von Bürokratie und Gesellschaft. Bis in die sechziger Jahre galt die Verwaltung durchweg in Hegelscher Tradition als unabhängig von gesellschaftlichen Interessen. Darin lag für jene, die O. HINTZE [188: Beamtenstand] folgten, die Stärke preußischer Administration. Beamte adeliger wie bürgerlicher Herkunft seien zu einer angesehenen, sich selbst ergänzenden Funktionselite zusammengewachsen, die effizient das allgemeine Wohl verfolgt habe. Andere, die sich auf M. WEBER [318: Parlament] beriefen, betonten ebenfalls die Unabhängigkeit der Verwaltung, auch wenn sie darin eine Schwäche sahen, weil die Bürokratie zu viel Macht behalten und so eine Demokratisierung habe verhindern können. Statt der Autonomie wurde seit den sechziger Jahren in Marxscher Tradition die Abhängigkeit der Verwaltung von dominierenden gesellschaftlichen Interessen herausgestellt. Danach besorgte diese vorrangig das Geschäft der konservativen preußischen Junker, weil bei der Rekrutierung auf entsprechende Herkunft und Gesinnung geachtet, durch Puttkamers Säuberung in den 1880er Jahren das antiliberale Element gestärkt und von agrarischen Interessenverbänden wirksam Druck ausgeübt worden sei [198: L. W. MUNCY, Junker; 183: J. R. GILLIS, Aristocracy; E. KEHR, Das soziale System der Reaktion in Preußen unter dem Ministerium Puttkamer, in: 60: 64–86]. In jüngster Zeit gibt es Stimmen, die im Kaiserreich nicht einen „Junker-“, sondern einen „Industriestaat“ sehen wollen [346: G. STEINMETZ, Regulating]. Die Debatte über Bürokratie und Gesellschaft, die an jene über den Charakter des Staats anschließt [339: M. MANN, Sources; D. GRIMM (Hrsg.), Staatsaufgaben. Baden-Baden 1994], hat dazu angeregt, staats- und gesellschaftszentrierte Ansätze zu verbinden, die Administration nicht mehr als Einheit zu sehen, sondern zwischen Reichs-, preußischer und nichtpreußischer, höherer und niederer, Hoheits- und Leistungsverwaltung zu unterscheiden, nach dem Einfluß von Herkunft, Ausbildung und Position auf das Handeln administrativer Eliten zu fragen sowie deren Konflikte in Entscheidungsprozessen zu untersuchen [174: G. BONHAM, Ideology].

Militär

Neben der Bürokratie gilt das Militär als zweite Säule des Obrigkeitsstaats. Welche Rolle es im Kaiserreich spielte, ist vor allem unter dem Aspekt des „Militarismus“ [Begriff: 173: V. R. BERGHAHN (Hrsg.), Militarismus; 172: DERS., Militarism] diskutiert worden.

Militarismus-Debatte

Mit einem engen, „politischen“ Militarismus-Begriff gab G. RITTER [Das Problem des Militarismus in Deutschland, in: HZ 177 (1954) 21–48; 201: Staatskunst] in den fünfziger Jahren die Richtung vor: Habe sich Bismarck gegen die Vorstellung der Militärs im Krieg von 1870/71 [zuletzt: 364: E. KOLB, Weg] oder deren Präventivkriegsforderung [176:

K. CANIS, Bismarck] durchsetzen können, sei der Primat der Politik nach 1890 verlorengegangen, wie der Schlieffen-Plan [175: A. BUCHOLZ, Moltke] zeige. „Militarismus“ und „Staatsräson“ derart zu trennen, hatte schon L. DEHIO als künstlich kritisiert und auf die „200jährige militaristische Politik“ Preußen-Deutschlands verwiesen [Um den deutschen Militarismus, in: HZ 180 (1955) 43–64, Zit. 63]. Doch erst seit den sechziger Jahren setzte sich ein weiter, „sozialer“ Militarismus-Begriff durch, dem nicht das Verhältnis von ziviler und militärischer Führung, sondern die gesellschaftliche Grundlage des Militarismus als Problem galt. So entstand, im Anschluß an Arbeiten von G. CRAIG [177: Armee] oder M. MESSERSCHMIDT [195: Geschichte; 196: Militär] und mit unterschiedlichen Akzenten [202: B. F. SCHULTE, Armee], das Bild einer Armee, die vorindustrielle, aristokratische und autoritäre Werte verkörperte und als militärische Kampf- und Drohinstitution wie als politischer Machtfaktor die Stellung der alten Eliten festigte und eine Demokratisierung verhinderte. Studien zur Sozialgeschichte des Militärs [179: K. DEMETER, Offizierskorps; 189: H. H. HOFMANN (Hrsg.), Offizierskorps; 178: W. DEIST, Militär; 200: H. OSTERTAG, Bildung; 187: H. H. HERWIG, Elitekorps] schienen diesen Befund zu erhärten, überwog doch im Offizierskorps bei wachsender Selbstrekrutierung der Adel, wenngleich mit erheblichen Unterschieden nach Region und Rang, Waffenart und Truppenteil sowie insgesamt abnehmender Tendenz. Zugleich kam in den Blick, daß Allgemeine Wehrpflicht, Einjährigenprivileg und Reserveoffizierswesen [E. KEHR, Zur Genesis des Königlich Preußischen Reserveoffiziers, in: 60: 53–63; 193: H. JOHN, Reserveoffizierskorps], Militärfeiern sowie die zahlreichen mitgliederstarken Kriegervereine [266: TH. ROHKRÄMER, Militarismus] nicht nur Militär und Gesellschaft zusammenbanden, sondern dem zivilen Leben auch militärische Denkmuster und Verhaltensweisen einschliffen, damit zum „Defizit an Bürgerlichkeit“ sowie zum „militärischen Bestandteil des deutschen ‚Sonderwegs‘“ [94: H.-U. WEHLER, Gesellschaftsgeschichte, 881] beitrugen.

Rückwärtsgewandter Militarismus

Moderner, bürgerlicher Militarismus

Die These vom rückwärtsgewandten Militarismus blieb nicht unwidersprochen. S. FÖRSTER [359: Militarismus] machte einen „‚doppelten‘ Militarismus“ aus: Neben den traditionellen, preußisch-konservativen, von vorindustriellen Eliten getragenen und auf Status-quo-Sicherung zielenden Militarismus sei in den neunziger Jahren ein moderner, bürgerlicher Militarismus getreten, sowohl gegen die alten Eliten als auch gegen die Regierung und nicht zuletzt aggressiv nach außen gerichtet, von Agitationsverbänden, zunehmend auch von Nationalliberalen verfochten, im kleinen wie mittleren Bürgertum verankert.

G. Eley [Army, State and Civil Society, in: 44: 85–109] oder D. E. Showalter [203: Army; 204: Soldiers] hoben auf Professionalität, technische Modernität und die sozial integrierende Funktion der Armee, besonders der Wehrpflicht ab. Das Gewicht des Adels im Offizierskorps wurde ebenso relativiert wie dessen Homogenität [206: U. Trumpener, Junkers; 190: D. J. Hughes, King's Finest], die Stiftung einer militärischen Tradition mit stark „feudalem" Einschlag gerade unter Wilhelm II. als Mittel interpretiert, eine unter innerem wie äußerem Druck sich wandelnde Armee zusammenzuhalten und deren Position in einer entstehenden Industriegesellschaft zu wahren [182: M. Geyer, Past]. Schließlich versuchte M. Geyer [360: Rüstungspolitik], die Militärs als treibende wie getriebene Kraft in einem gesellschaftlich organisierten, zunehmend eigendynamischen Prozeß der Produktion von Gewalt durch Rüstung zu begreifen. Unbestritten blieb darüber die These einer besonders starken Militarisierung, die in komparativen Analysen zu erhärten wäre [207: J. Vogel, Nationen; 181: U. Frevert (Hrsg.), Militär].

Reichstag: schwaches oder einflußreiches Parlament?

Reichstag und politische Parteien finden sich als Machtfaktoren unterschiedlich gewichtet. Kaiserreich-Interpretationen, etwa die H.-U. Wehlers [95: Kaiserreich], oder M. Stürmers [315: Regierung] und H.-J. Puhles [303: Parlament] Parlamentsanalysen aus den siebziger Jahren sprechen spätestens für die Zeit ab 1878/79 von einem schwachen Reichstag, den Bismarcks plebiszitäre Herrschaftstechniken, vorparlamentarische Koalitionen und einflußreiche Interessenverbände an den Rand des politischen Entscheidungsprozesses gedrängt hätten. Zwar steht der Band über den Reichstag im „Handbuch der Geschichte des Parlamentarismus" noch aus, der G. A. Ritters Ansatz folgt [306: (Hrsg.), Gesellschaft; 307: (Hrsg.), Regierung], also nicht allein die parlamentarische Praxis, sondern auch die „Verbindung der Institution des Parlaments mit der Sozialstruktur der im Parlament repräsentierten Gesellschaft" und außerdem das Machtdreieck von Regierung, Bürokratie und Parlament untersucht [Entwicklungsprobleme des deutschen Parlamentarismus, in: 306: 11–54, Zit. 19]. Doch hat sich auch so das Bild des Reichstags seit den achtziger Jahren gewandelt. Seine Macht werde unterschätzt, meint K. v. Zwehl [320: Verhältnis, Zit. 96], habe er sich doch selbst in den „schwächsten Zeiten" als „eigenständiger Faktor der Gesetzgebung" behaupten und sein Gewicht nach 1900 gegenüber der Reichsleitung und dem Bundesrat „erheblich" ausbauen können [zur Parlamentarisierungs-Debatte S. 89 f.]. Auch neuere Gesamtdarstellungen messen dem Reichstag mehr Gewicht bei: am wenigsten Wehler [94: Gesellschaftsgeschichte, 864 ff.] und Mommsen

[73: Ringen, 348 f.], am stärksten NIPPERDEY [74: Geschichte, Bd. 2, 102 ff.].

Parteien: Kontroverse über das politische Gewicht

Die Parteien beurteilte die Forschung zeitweise sehr unterschiedlich [Bibliographie: 284: H.-P. ULLMANN, Bibliographie; Einführung und Überblick: 262: G. A. RITTER (Hrsg.), Parteien; 263: DERS., Parteien; aus marxistischer Sicht, aber unentbehrlich: 223: D. FRICKE (Hrsg.), Parteien; 224: DERS. (Hrsg.), Lexikon]. Während sie für E. R. HUBER [147: Verfassungsgeschichte, Bd. 3, 781] „zur maßgeblichen Bestimmungsmacht im gesellschaftlichen und staatlichen Leben" aufstiegen, wurden die Parteien für H.-U. WEHLER [95: Kaiserreich, 79] im „Vorhof der Macht" gefangengehalten. Inzwischen hat sich eine ausgewogenere Sicht durchgesetzt. Sie hebt einerseits mit G. A. RITTER auf Problemzonen ab wie die Auffächerung zu einem Fünfparteiensystem, die Prägung durch konstitutionelle Monarchie, Regionalisierung und Wahlrecht oder die sozialmoralische Fragmentierung [263: Parteien], billigt andererseits, so TH. NIPPERDEY, den Parteien erheblichen Einfluß auf das politische Leben zu [74: Geschichte, Bd. 2, 311 ff., 514 ff.].

Erforschung des Fünfparteiensystems

Das deutsche Fünfparteiensystem, das sich bis zum frühen Kaiserreich ausdifferenziert hatte, wurde seit den fünfziger Jahren in mehreren Schritten erforscht: Ging es zuerst um Programm und Ideologie, kamen dann, angestoßen von TH. NIPPERDEY, die organisatorischen Strukturen in den Blick [251: Grundprobleme; 252: Organisation]. Das führte in einem dritten Schritt zu den soziokulturellen Grundlagen der Parteien.

LEPSIUS' „sozialmoralische Milieus"

Das Parteiensystem wurzele, so der richtungweisende Beitrag von M. R. LEPSIUS, in vier „sozialmoralischen Milieus", gebildet „durch eine Koinzidenz mehrerer Strukturdimensionen wie Religion, regionale Tradition, wirtschaftliche Lage, kulturelle Orientierung, schichtspezifische Zusammensetzung der intermediären Gruppen" [242: Parteiensystem, 64]: dem agrarisch-protestantischen Milieu der Konservativen, dem städtisch-bürgerlich-protestantischen der Liberalen, jenem der Sozialdemokraten, das die städtisch-protestantische Arbeiterschaft umfaßte, und dem katholischen des Zentrums. Das Milieukonzept nimmt einerseits den Cleavage-Ansatz auf, der Parteiensysteme durch die Gegensätze von Stadt und Land, Kapital und Arbeit, Staat und Kirche, Zentrum und Peripherie strukturiert sieht; es geht andererseits aber davon aus, daß diese Konflikte nicht unmittelbar, sondern erst dann parteibildend wirken, wenn sie gedeutet, mithin kulturell überformt werden.

Kritik am Milieu-Konzept

Kritiker meinen, Lepsius lasse die Milieus als zu homogen und zu statisch erscheinen, vernachlässige Überschneidungen, Mehrfachloyalitäten oder Sozialisationsinstanzen wie Schule und Militär. Auch K. ROHE [309: Wahlen] sieht Grenzen des Milieu-Konzepts und stellt ihm deshalb den Begriff des „politischen Lagers" zur Seite, das sich durch Abgrenzung konstituiert, mehrere Milieus umfassen und Bewegungen zwischen ihnen erklären kann. So bestanden im Kaiserreich ein regionalisiertes Fünfparteien- und nationalisiertes Drei-Lager-System nebeneinander. Man kann Rohe insoweit folgen, als er ein katholisches und ein sozialistisches Lager unterscheidet. Doch ist sein Versuch problematisch, Konservative und Liberale trotz aller Differenzen zu einem „nationalen" Lager zusammenzufassen. Aus der Diskussion über „sozialmoralische Milieus" sind jene Neuansätze hervorgegangen, welche die Parteienforschung seit den achtziger Jahren bestimmen: zum einen das wachsende Interesse für die Region, das die Parteien nicht nur in unterschiedlichen politisch-kulturellen Traditionsräumen verankert, sondern auch versucht, ihre Politik im nationalen Rahmen von der Region her zu erklären, indem sie als Vermittlungsglieder zwischen verschiedenen Ebenen des politischen Systems begriffen werden; zum anderen die Einbeziehung der kulturellen Dimension, mit der sich die Parteien- der Politischen Kulturforschung [K. ROHE, Politische Kultur und ihre Analyse, in: HZ 250 (1990) 321–346] öffnet; schließlich eine Verknüpfung von Parteien- und Wahlgeschichte [zur Wahlforschung vgl. S. 83ff.].

Neuansätze der Parteienforschung

Mit den Schwerpunkten der Parteienforschung verschob sich die Beurteilung einzelner Parteien. Das gilt schon für die Liberalen. Ihre Geschichte wurde bis in die siebziger Jahre nach dem „historistisch-rechtsliberalen Modell" als eine solche pragmatischer Anpassung oder, häufiger, nach dem „westeuropäisch-linksliberalen" als eine von Schwäche und Versagen geschrieben [275: H. SEIER, Liberalismus, 133], und darin sah man einen wesentlichen Aspekt des „deutschen Sonderwegs". So hätten die liberalen Parteien, meinte etwa F. C. SELL [276: Tragödie] in seiner einflußreichen, geistesgeschichtlichen Deutung, vor dem Machtstaat kapituliert, ihre Ideale verraten und dadurch schuldhaft nicht nur den eigenen Niedergang herbeigeführt, sondern auch dabei versagt, das politische System des Kaiserreichs zu parlamentarisieren und die deutsche Gesellschaft zu demokratisieren. Die Kritik an dieser Interpretation, die zunehmend sozialgeschichtlich argumentierte, besonders nach dem gesellschaftlichen Substrat des Liberalismus fragte, bündelte zuerst J. J. SHEEHAN. Er spricht weiterhin, wobei die späten 1870er Jahre die Wende markieren, von Versagen und Niedergang, sieht den Grund aber nicht mehr im „Mangel an moralischer Standfestigkeit", sondern im begrenzten Spielraum der Liberalen [277: Liberalismus, 9]. Einen Schritt weiter geht D. LANGEWIESCHE [240: Liberalismus]. Ihm erscheinen die liberalen Parteien, deren je-

Wandel in der Interpretation einzelner Parteien: Liberale

weilige Handlungschancen er bestimmt, bis in die späten 1870er Jahre als einflußreiche, den Ausbau des Reichs mitgestaltende politische Kraft. Danach verloren sie zwar an Bedeutung. Aber es handelte sich mehr um Normalisierung als um Niedergang, büßten die Liberalen doch nur die „parteiengeschichtliche Ausnahmesituation in der nationalstaatlichen Formierungsphase" ein [ebd., 136]. Auch die konfessionelle Spaltung, das Vordringen sozialer und wirtschaftlicher Themen in der Politik sowie die „Mischung aus blockierter Parlamentarisierung und gesellschaftlicher Fundamentalpolitisierung" ließen den liberalen Parteien weniger Entwicklungschancen als in anderen europäischen Staaten [(Hrsg.), Liberalismus im 19. Jahrhundert. Göttingen 1988, 15]. Dennoch blieben diese wegen ihres milieuübergreifenden Anspruchs und trotz parteipolitischer Auffächerung [Aufwertung der Nationalliberalen bei: 255: K. H. POHL, Nationalliberalen; Überblick über die Linksliberalen nur aus marxistischer Sicht: 274: G. SEEBER, Bebel] schon im Reich eine wichtige politische Größe, mehr noch in den Einzelstaaten, am stärksten aber in den Kommunen. Hier lag für die Liberalen ein wichtiges Handlungsfeld, das sie gleichermaßen durch Wahlrechtsbeschränkung verteidigten wie reformerisch gestalteten [im Anschluß an Sheehan und Langewiesche der Forschungsbericht von: K. H. POHL, Liberalismus und Bürgertum 1880–1918, in: 225: 231–291]. So stößt die Geschichte des Liberalismus in Region [schon: 290: D. S. WHITE, Party; jetzt: 235: K. H. JARAUSCH/L. E. JONES (Hrsg.), Search; 226: L. GALL/D. LANGEWIESCHE (Hrsg.), Liberalismus] und Stadt, verknüpft zumal mit der Bürgertumsforschung [zu Frankfurt etwa: 267: R. ROTH, Stadt], in letzter Zeit auf wachsendes Interesse.

Zentrum

Die Beurteilung des Zentrums [knapper Überblick: 244: E. LÖNNE, Katholizismus] wandelte sich ebenfalls in der Forschung. Hatte K. BACHEM [211: Vorgeschichte] gegen die zeitgenössische nationalliberale Interpretation des Zentrums als einer klerikalen, konfessionell-katholischen und ultramontanen Partei in den zwanziger Jahren deren interkonfessionelle, nationale, dem Reich gegenüber loyale Haltung betont, hatte K. BUCHHEIM [217: Geschichte] nach 1945 in ihr eine katholische Volkspartei mit demokratischer Tendenz gesehen, und hatte mancher kritische Kaiserreich-Interpret in den sechziger und siebziger Jahren, hierin mit Forschern aus der DDR einig, das Zentrum zu den konservativen und systemstabilisierenden Kräften gerechnet, führen neuere Arbeiten die Partei nicht nur aus dem Schatten der Forschung heraus, sondern analysieren auch differenzierter, meist mit sozial-, aber auch kulturgeschichtlichem Blick, Struktur und Politik der Partei [Forschungsüberblick: M. L. ANDERSON, Piety and Politics, in: JMH 63

(1991) 681–716]. Strittig bleibt, wie diese zu beurteilen sei [212: J. BECKER (Hrsg.), Minderheit]. Folgt man ANDERSON, betrieb das Zentrum unter Windthorsts Führung im frühen Kaiserreich „am konsequentesten von allen Parteien liberale Politik sowohl im preußischen wie im Reichsparlament" [210: Windthorst, 7]. Gegen eine Deutung des Zentrums als moderne, liberale, nichtkonfessionelle Partei sind aus unterschiedlicher Perspektive Bedenken geäußert worden. So sieht J. BECKER im Zentrum eine „von christlicher Weltanschauung getragene politische Partei" [Die deutsche Zentrumspartei im Bismarckreich, in: 212: 9–45, Zit. 44], und C. WEBER charakterisiert diese mit Blick auf die erste Reichstagswahl von 1871 als „‚eine starke, enggeschlossene Phalanx' der ultramontanen Mehrheit der deutschen Katholiken" [317].

Konservative

Die Geschichte des Konservativismus [knapper Überblick: 268: A. SCHILDT, Konservatismus] stand seit den sechziger Jahren zunehmend unter dem Einfluß der Sonderwegs-These. So wurde der Konservativismus vornehmlich negativ interpretiert, nämlich durch das, was er verhindert habe, und die konservativen Parteien, zumal die Deutschkonservativen, galten als Träger jener Defensivstrategie, mit deren Hilfe die herrschenden Eliten ihre Vormacht in Staat und Gesellschaft zu verteidigen versuchten. Diese Sicht wandelt sich seit den achtziger Jahren. Neuere Arbeiten [279: D. STEGMANN/B.-J. WENDT/P.-C. WITT (Hrsg.), Konservatismus; 236: L. E. JONES/J. RETALLACK (Hrsg.), Reform] bemühen sich um ein facettenreicheres, weniger preußenzentriertes Bild des Konservativismus und der konservativen Parteien. Das gilt etwa für J. N. RETALLACKS [259: Notables] Studie, die den konflikthaften Übergang der Deutschkonservativen von der Honoratioren- zur Massenpolitik, die Rolle der Partei im politischen System des Kaiserreichs sowie ihre innere Fraktionierung und regionale Verankerung untersucht.

Sozialdemokratie

Konzentrierte sich die Forschung zur Sozialdemokratie zunächst auf Entstehung und Ausbreitung sozialistischer Ideen, die zentrale Parteiorganisation und die Politik der SPD, gewannen später erst sozial- und dann kultur-, alltags- sowie geschlechtergeschichtliche Ansätze an Gewicht [Forschungsstand: 280: K. TENFELDE (Hrsg.), Arbeiter; neueste Überblicke: 228: H. GREBING, Arbeiterbewegung; 231: D. GROH/P. BRANDT, Gesellen]. Arbeiterbewegungs- und Arbeitergeschichte zu verknüpfen, erwies sich als schwierig, gelang bis jetzt nur in regional- oder lokalhistorischen Studien [Von der angekündigten Gesamtdarstellung von Arbeiterschaft und Arbeiterbewegung im Kaiserreich ist der erste Band erschienen, der sich mit der Sozialgeschichte der Arbeiter beschäftigt: 265: G. A. RITTER/K. TENFELDE, Arbeiter]. Neuere Forschungen nehmen deshalb die Rahmenbedingungen für Aufstieg und Ausbreitung der SPD, Wähler und Mitglieder der Partei sowie ihre regionale und lokale Aktivität stärker in den Blick [261: G. A. RITTER (Hrsg.), Aufstieg; jetzt zu Sachsen: 229: H. GREBING/H. MOMMSEN/K. RUDOLPH (Hrsg.), Demokratie]. J. KOCKA plädiert dafür, eine Brücke zwischen Arbeiter- und Bürgergeschichte zu schlagen [Arbeiterbewegung in der Bürgergesellschaft, in: GG 20 (1994) 487–496].

Föderale Machtzentren

Über den zentralen dürfen die Bundesstaaten als föderale Machtzentren nicht vergessen werden. Da Preußen [104: O. BÜSCH (Hrsg.), Handbuch] seit 1871 als mächtigster Einzelstaat den Föderalismus und zugleich als Hegemonialstaat das Funktionieren des Reichs sicherte, sich an Preußen und seiner Deutung zudem immer neue Kontroversen entzündeten [102: D. BLASIUS (Hrsg.), Preußen; 105: O. BÜSCH (Hrsg.), Preußenbild], wurde besonders das „Problem Preußen und Reich" diskutiert [109: O. HAUSER (Hrsg.), Preußen; 110: DERS. (Hrsg.), Problematik]. Das Reich sei „verpreußt" worden, meinten im positiven Sinn die Vertreter der „borussischen Schule", aber auch, vorsichtiger, jene Historiker, die mit F. HARTUNG das Reich von Preußen abhängig sahen, sowie nicht zuletzt, jetzt negativ gewendet, die Preußenkritiker der sechziger und siebziger Jahre [116: H.-J. PUHLE/H.-U. WEHLER (Hrsg.), Preußen]. Andere wie K. E. BORN [103: Preußen] oder TH. NIPPERDEY [Der Föderalismus in der deutschen Geschichte, in: 76: 71–131] stellten ein Übergewicht Preußens im frühen Kaiserreich, danach eine „Verreichung" fest, vorangetrieben durch die wachsenden Aufgaben des Zentralstaats, getragen von Bürokratie, Parlament und Kaiser. Erweitert man die rechtlich-institutionelle Perspektive [W. J. MOMMSEN, Preußisches Staatsbewußtsein und deutsche Reichsidee, in: 72: 66–85], läßt sich eher von einem Spannungsverhältnis sprechen, das immer schwerer auszutarieren war: Preußen geriet zwar ins Schlepptau des Reichs, verzögerte aber, nicht zuletzt durch das Dreiklassenwahlrecht, einem Treibanker gleich dessen politische Modernisierung.

Preußen

Mittel- und Kleinstaaten

Außer Preußen sind die Mittel- und Kleinstaaten zu beachten. Dabei geht es der neueren Forschung weniger um deren marginale, durch den Bundesrat vermittelte Rolle im Reich [vgl. H. FENSKE, Reich, Bundesrat und Einzelstaaten 1867 bis 1914, in: Der Staat 13 (1974) 265–279], mehr schon um das weite Feld der Landespolitik [Überblick mit Literatur zu Baden und Württemberg: 119: H. SCHWARZMAIER (Hrsg.), Handbuch; zu Bayern: 121: M. SPINDLER (Hrsg.), Handbuch]. Vor allem aber thematisiert sie die spannungsreiche Beziehung zwischen Peripherie und Zentrum, zwischen fortbestehenden regionalen Traditionen und politischen Kulturen einerseits, voranschreitender „innerer

Nationsbildung" andererseits [grundlegend: 118: TH. SCHIEDER, Kaiserreich].

„Innere" Nationsbildung

Auf welchen Ebenen letztere zu untersuchen wäre, hat J. KOCKA [Das Problem der Nation in der deutschen Geschichte 1870–1945, in: 61: 82–100] skizziert: Es gehe um innere Staatsbildung, vor allem Ausbau der Verwaltung und Ausdehnung der Staatstätigkeit, um politische Mobilisierung und Entregionalisierung bzw. Entlokalisierung, schließlich um Abbau sozialer Konflikte und Konsensbildung im nationalen Rahmen. In den letzten Jahren wurden besonders der Nationalismus [Forschungsstand: 114: D. LANGEWIESCHE, Nation; Einführung: 100: P. ALTER, Nationalismus; 123: H. A. WINKLER (Hrsg.), Nationalismus; Überblick: 74: TH. NIPPERDEY, Geschichte, Bd. 2, 250ff., 595ff.; 94: H.-U. WEHLER, Gesellschaftsgeschichte, 938ff., 1067ff.] und seine Verbreitung in verschiedenen Teilen der Bevölkerung betrachtet. Zu dieser „Nationalisierung der Massen" [115: G. L. MOSSE] trugen Schule und Heer, später Kolonien und Flotte bei, aber auch – ein expandierendes Forschungsfeld – nationale Mythen, Symbole und Emotionen [111: H. HATTENHAUER, Nationalsymbole; 107: E. FRANÇOIS/H. SIEGRIST/J. VOGEL (Hrsg.), Nation], Feste [zuletzt: 113: M. HETTLING/P. NOLTE (Hrsg.), Feste; 117: F. SCHELLACK, Nationalfeiertage] und Denkmäler [grundlegend: TH. NIPPERDEY, Nationalidee und Nationaldenkmal in Deutschland im 19. Jahrhundert, in: 75: 133–173; jetzt: 122: C. TACKE, Denkmal; 99: R. ALINGS, Monument], in denen sich die Nation, vielfältig wie sie war und sich sah, zugleich darstellte und ihrer Identität vergewisserte. So entstand langsam eine nationale Gesellschaft, die aber konfessionell [120: H. W. SMITH, Nationalism], sozial und nicht zuletzt regional segmentiert blieb [101: C. APPLEGATE, Nation; 106: A. CONFINO, Nation].

Innenpoltische Entscheidungssituationen: „konservative Wende"

Wie die einzelnen Machtzentren im Herrschaftssystem des frühen Kaiserreichs zusammenwirkten, zeigen Entscheidungssituationen wie die „konservative Wende". Den kritischen Neuinterpreten des Kaiserreichs in den sechziger und siebziger Jahren galt „1878/79" als Wendepunkt deutscher Geschichte, H. BÖHME gar als „zweite Reichsgründung" [37: Probleme; 356: Deutschlands Weg]. Bismarck habe unter dem Einfluß der „großen Depression" die Zusammenarbeit mit den Liberalen aufgekündigt, die Nationalliberale Partei über wirtschaftliche Fragen gespalten, so die Vorherrschaft des Liberalismus und mit ihr die Macht des Parlaments endgültig gebrochen, insgesamt die politische Modernisierung des Kaiserreichs abgeblockt. Statt dessen sei von ihm, gestützt auf eine neue Mehrheit im Reichstag, die Sammlung von Junkern und Schwerindustriellen sowie eine durch Puttkamer gesäuberte

Bürokratie, ein konservatives Regiment errichtet worden, das die Arbeiterbewegung unterdrückt, dem Staat zu Lasten der bürgerlichen Gesellschaft mit Protektionismus und Sozialversicherung ein Mehr an Aufgaben zugewiesen habe. Alles zusammengenommen, sei das Reich auf eine neue Grundlage gestellt worden, die den „deutschen Sonderweg" verstärkt habe.

Kritik an der These von der „zweiten Reichsgründung"

Dieser einflußreichen Interpretation sind seit den achtziger Jahren mehrere Argumente entgegengehalten worden. Auf Kritik stieß einmal das Konzept der „großen Depression". H. ROSENBERG [368: Depression] verstand darunter die Abschwungphase einer „langen" Konjunkturwelle von 1873 bis 1896, in der die Wirtschaft nur langsam wuchs, das Preisniveau sank und eine pessimistische Stimmung herrschte. Das alles habe nachhaltig auf die Politik eingewirkt, eine „konservative Wende" erst ermöglicht. Dagegen wurde eingewandt, es gäbe keine „langen" Konjunkturwellen, die Depression sei kein Produktions-, sondern ein Preisphänomen, auch keine einheitliche wirtschaftshistorische Epoche [334: V. HENTSCHEL, Wirtschaft]. Nicht zuletzt bleibe offen, wie sich die Krise in Politik umgesetzt habe [G. ELEY, Hans Rosenberg and the Great Depression of 1873–96, in: 44: 23–41]. Obwohl die Folgen der Gründerkrise unstrittig sind, rückten diese Einwände Wirtschaft und Politik zur Erklärung von „1878/79" auseinander. Sodann wurde die Rolle Bismarcks anders gesehen. Lange betonte die Forschung, erst voller Bewunderung, dann immer kritischer im Urteil, wie planvoll der Kanzler die „konservative Wende" ins Werk setzte. So kalkuliert könne er nicht gehandelt haben, monierte L. GALL [138: Bismarck]. „1878/79" sei das Ergebnis einer „Serie oft eher tastender Versuche" [ebd., 536] gewesen, die anstehenden Probleme zu lösen [vorsichtiger: 162: O. PFLANZE, Bismarck, Bd. 2, 281 ff.]. Besonders TH. NIPPERDEY [74: Geschichte, Bd. 2, 382 ff.] fächert die Motive, die Bismarck leiteten, stärker auf. Er mißt auch politischen Sachfragen, etwa der Finanzreform oder dem Übergang zum Protektionismus, wieder mehr Eigengewicht bei, sieht diese nicht nur als Vehikel einer Politik, die schutzzöllnerische Interessen mobilisierte, um die Nationalliberalen zu spalten und einen konservativen Umschwung zu bewirken. So nutzte Bismarck zwar die Probleme der Liberalen; daß ihre Politik, mit der Regierung ein weittragendes Reformprogramm zu verwirklichen und dabei den Reichstag zu stärken [G. SCHMIDT, Die Nationalliberalen – eine regierungsfähige Partei, in: 262: 208–223], 1878/79 scheiterte, lag aber nicht zuletzt an der nachlassenden Integrationskraft des Liberalismus. Außerdem wurde bezweifelt, daß „1878/79" zu einem konservativen Regiment führte, da das „Bündnis von Roggen und Eisen" wenig tragfähig [O. Pflanze, „Sammlungspolitik“ 1875–1886, in: 78: 155–193], die Puttkamersche Säuberung in ihrer Stoßrichtung antikatholisch, nicht antiliberal [352: M. L. Anderson/K. Barkin, Myth] und das Zentrum keine Bastion konservativer Politik gewesen sei [210: M. L. Anderson, Windthorst].

„1878/79“: Zäsur, aber keine Weichenstellung

Trägt man alle Einwände zusammen, erscheint „1878/79“ in anderem Licht: weiterhin als Zäsur und Rückschlag für die Nationalliberale Partei, den Liberalismus, ja, alle Reformkräfte im Kaiserreich, als Machtverlust auch für Reichstag und Parteien sowie als Gewinn für Regierung, Verwaltung, den Obrigkeitsstaat insgesamt; aber nicht als endgültige Weichenstellung für den Weg des Kaiserreichs [abwägend: 74: Th. Nipperdey, Geschichte, Bd. 2, 382 ff.].

Wandel von Staat und Politik

Wirkte die „konservative Wende“ fort, dann eher, weil sich mit ihr die Rolle des Staats zu wandeln begann. Zwar läßt sich vor 1914 nur bedingt von einem „Aufstieg des Interventionsstaats“ sprechen [H.-U. Wehler, Der Aufstieg des Organisierten Kapitalismus und Interventionsstaates in Deutschland, in: 350: 36–57; zu Vorsicht mahnend: 334: V. Hentschel, Wirtschaft], kaum von einem „Organisierten Kapitalismus“ [350: H. A. Winkler (Hrsg.), Kapitalismus] und sicher nicht von einem „staatsmonopolistischen Kapitalismus“ [323: D. Baudis/H. Nussbaum, Wirtschaft]. Doch nahm seit Ende der 1870er Jahre die staatlich-budgetäre gegenüber der gesellschaftlich-marktmäßigen Steuerung zu [335: H. Jäger, Geschichte]. Vieles wirkte auf verschiedenen Ebenen zusammen: eine expandierende und sich differenzierende Bürokratie, gerade durch Sozialversicherung oder Protektionismus zunehmende Staatsaufgaben und entsprechend wachsende öffentliche Haushalte [grundlegend: 332: W. Gerloff, Finanz- und Zollpolitik], aber auch ein gesteigerter Machtanspruch des Staats, wie er etwa im Kulturkampf oder Sozialistengesetz hervortrat. Dabei drängten einerseits gesellschaftliche Kräfte auf Intervention, andererseits trug, wie L. Gall [51: Europa, 141] betont, das „Machtinteresse des Staates und seiner unmittelbaren Träger“ dazu bei [vgl. die von P. B. Evans/D. Rueschemeyer/Th. Skocpol (Hrsg.), Bringing the State Back In. Cambridge 1985, ausgelöste Diskussion], daß sich „the boundaries of the political“ [C. S. Maier (Hrsg.), Changing Boundaries of the Political. Cambridge 1987] verschoben. Deshalb war der aufkommende Interventionsstaat, worauf ebenfalls Gall [331: Ausbildung] hinweist, in seinem „Mischungsverhältnis von Modernität und Traditionsbindung“ offen für Entwicklungen, konnte von verschiedenen politischen Kräften für unterschiedliche Zwecke in Dienst genommen werden.

Entfaltung moderner Staatlichkeit im frühen Kaiserreich

Betrachtet man die siebziger und achtziger Jahre weniger durch die Brille der „Bismarckzeit", mehr dagegen unter dem Gesichtspunkt, wie sich moderne Staatlichkeit als Teil „innerer Nationsbildung" entfaltete und welche politischen Kräfte diese Entwicklung vorantrieben, lassen sich eine stärkere Durchstaatlichung und ein beginnender Staatsinterventionismus feststellen. Die Folgen waren zweischneidig: Auf der einen Seite stabilisierte sich der Obrigkeitsstaat; andererseits sah er sich einer Gesellschaft gegenüber, die in Bewegung geriet und Steuerungsleistungen verlangte, die ihn zunehmend überforderten.

3. Politische Mobilisierung im wilhelminischen Obrigkeitsstaat

Aushöhlung des Obrigkeitsstaats

Die politische Mobilisierung, die im Jahrzehnt der Reichsgründung eingesetzt hatte und in den 1890er Jahren an Dynamik gewann, vollzog sich im Gehäuse des Obrigkeitsstaats, beseitigte diesen nicht, höhlte ihn aber aus. Je mehr die Fundamentalpolitisierung in den Blick der Forschung kommt, desto stärker ändert sich die Perspektive, unter der das Kaiserreich gesehen wird; auch System und Praxis politischer Herrschaft sowie die Krise des wilhelminischen Deutschland erscheinen in anderem Licht.

Erosion des politischen Systems von „oben"

Für viele Kaiserreich-Interpreten der sechziger und siebziger Jahre ging der Wandel des Herrschaftssystems, soweit es sich in ihren Augen überhaupt veränderte, nicht von „unten", von Mobilisierungsprozessen an der politischen Basis aus. Für sie wandelte sich, genauer: erodierte das politische System vielmehr von „oben" her, und Bismarcks Entlassung galt als Zäsur [95: H.-U. Wehler, Kaiserreich, 69 ff.; ähnlich: 94: Ders., Gesellschaftsgeschichte, 1000 ff.]. Diese Interpretation folgte älteren Deutungen, setzte jedoch einen anderen Akzent: Nicht mehr außenpolitische Mißerfolge, sondern Schwächen der Innenpolitik zählten. Bismarck sei es noch gelungen, die auseinanderstrebenden Machtzentren zu koordinieren, wenn auch mit abnehmendem Erfolg. Nach seiner Entlassung habe sich jedoch ein „Machtvakuum" aufgetan, das unterschiedliche politische Kräfte vergeblich auszufüllen versucht hätten: vom Kaiser über den Reichskanzler bis hin zu politisch verantwortlichen oder hinter den Kulissen agierenden „Schlüsselfiguren" am Hof, in Bürokratie und Militär, aus Wirtschaft und Interessenverbänden. Da sich die herrschenden Eliten einer Modernisierung, vor allem Parlamentarisierung des politischen Systems ver-

Wehler: Polykratie rivalisierender Machtzentren

weigert hätten, sei dieses in eine „Polykratie rivalisierender Machtzentren" zerfallen, unfähig zu einer planvollen und konsistenten Politik [95: DERS., Kaiserreich, 69].

Kontroverse über das „persönliche Regiment" Wilhelms II.

Gegen eine solche Deutung des wilhelminischen Herrschaftssystems wandte sich J. C. G. RÖHL: Man könne nicht „die Geschichte des Kaiserreichs ohne Kaiser, die des Wilhelminismus ohne Wilhelm" schreiben [Der „Königsmechanismus" im Kaiserreich, in: 165: 116–140, Zit. 117]. Deshalb rückte er den Kaiser ins Zentrum der Politik und fachte damit die Debatte um das „persönliche Regiment" erneut an. Ausgelöst hatte sie, nachdem schon die Zeitgenossen darüber gestritten hatten, E. EYCK [133: Regiment]. Er nahm den Anspruch Wilhelms II., selbst zu regieren, für die Wirklichkeit, sah darin eine Durchbrechung des konstitutionellen Systems und machte jene für die Fehler deutscher Politik vor 1914 verantwortlich. F. HARTUNG und besonders E. R. HUBER [147: Verfassungsgeschichte, Bd. 4, 329ff.] meinten dagegen, von einem „persönlichen Regiment" könne weder in Form einer „institutionalisierten", also planvollen und permanenten, noch „improvisierten", mithin regellosen und zufälligen Einmischung in die Regierungsgeschäfte die Rede sein. Es sei bloßer, wiewohl gefährlicher Schein gewesen.

RÖHL: „monarchozentrisches" Herrschaftssystem

Eben das bestritt RÖHL [165: Kaiser]. Dabei interessierte ihn nicht, ob sich der Kaiser an die Regeln des konstitutionellen Systems hielt; er fragte vielmehr, welchen Einfluß dieser besaß. Wilhelm und seine Berater, voran P. Graf zu Eulenburg [25: (Hrsg.), Korrespondenz], hätten darauf hingearbeitet, die Macht des Kaisers auszuweiten und ihm ergebene Personen in führende Positionen zu bringen [367: Germany]. So sei ein „monarchozentrisches", nach dem „Königsmechanismus" funktionierendes System entstanden. In ihm habe der Kaiser, gestützt auf einen Kreis Vertrauter [149: I. V. HULL, Entourage], vieles entscheiden können, hätten doch alle politischen Kräfte um seine Zustimmung werben müssen. Obwohl RÖHL versucht hat, den „Ort" Wilhelms II. im Herrschaftssystem zu bestimmen [164: (Hrsg.), Ort. Von der Wilhelm-Biographie liegt bisher nur der erste Band vor, der 1888 endet: 166: Wilhelm II.], hat sich seine Interpretation nicht durchgesetzt. Zu gewichtig ist der Einwand, er folge einem personalistischen Ansatz, der die Komplexität politischer Entscheidungsprozesse unter-, die Fähigkeit des Kaisers, sie zu steuern, überschätze [94: H.-U. WEHLER, Gesellschaftsgeschichte, 1016ff.].

Einfluß und Rolle des Kaisers

So wird man beim jetzigen Stand der Diskussion Wilhelm II. als einen politischen Akteur unter anderen sehen müssen, der häufig, aber planlos, mehr verhindernd als gestaltend und darum meist mit negativen Folgen besonders in die Flotten-, Heeres- und Außenpolitik eingriff oder durch Personalauswahl Einfluß ausübte [abwägend: 129: L. Cecil, Wilhelm II; und 160: W. J. Mommsen, Kaiser; knapp, mit marxistischem Ansatz: 142: W. Gutsche, Wilhelm II.]. In manchem steckte Wilhelm auch den Rahmen für das ab, was im Kaiserreich möglich war und was nicht. Denn das Kaisertum stieg, wie E. Fehrenbach gezeigt hat [135: Wandlungen], gerade in wilhelminischer Zeit zu einem Sinnbild der Nation auf. Diese sah sich in großen Teilen, das Bürgertum eingeschlossen, von Wilhelm II. repräsentiert und integriert, verstand er es doch, anders gedeutete oder neu erfundene Traditionen mit modernistischen Zügen zu verbinden, öffentlichkeitswirksam wie scheinbar omnipräsent in Szene zu setzen und so die Monarchie, ohne deren Herrschaftsanspruch preiszugeben, an den politischen Stil einer entstehenden Massengesellschaft heranzuführen [151: Th. A. Kohut, Wilhelm II].

Wandel des politischen Systems von „unten"

Daß die entscheidenden Änderungen im Herrschaftssystem von der Staatsspitze ausgegangen seien, wurde seit den späten siebziger Jahren in Zweifel gezogen. Einschneidender hätten sich die Mobilisierungsprozesse an der politischen Basis ausgewirkt. Sie waren von der Forschung untersucht, zuletzt aber als Ergebnis erfolgreicher Manipulation durch die herrschenden Eliten gedeutet worden. Diesen sei es gelungen, Teile der Bevölkerung als Hilfstruppen zu mobilisieren und so die eigene Herrschaft zu stabilisieren. Dieser „Manipulations-" hielten englische Historiker um R. J. Evans die „Selbstorganisations-These" entgegen [Zusammenfassung: 68: W. Mock, Manipulation]. Die Massen seien nicht einfach von den Eliten benutzt worden, sondern hätten eine höchst aktive Rolle beim Aufkommen moderner Politik gespielt. Wer das nicht wahrhaben wolle, überschätze die Wirksamkeit der „high politics", verkenne Bedeutung wie Dynamik der „grass roots of politics" und zeichne vom Kaiserreich das schiefe Bild eines „puppet theatre, with Junkers and industrialists pulling the strings, and middle and lower classes dancing jerkily across the stage of history" [46: R. J. Evans (Hrsg.), Society, 23]. Außer Arbeitern hätten sich ländliche, kleinbürgerliche und bürgerliche Kreise, mobilisiert durch nationale, konfessionelle oder ökonomische Fragen, organisiert und mehr politische Mitsprache verlangt. Ihr Protest habe sich, was ihm populistische Züge verlieh, vor allem gegen die Vorherrschaft der Honoratioren im politischen Raum gerichtet. Neue Führungsfiguren seien dadurch an die Spitze von Massenparteien und -verbänden gelangt und hätten in einer ungewohnten, demagogischen Sprache die Legitimität der überkommenen Honoratiorenpolitik bestritten [220: G. Eley, Reshaping; D.

BLACKBOURN, The Politics of Demagogy in Imperial Germany, in: 34: 217–245]. Das habe nicht nur den politischen Stil verändert; es seien auch andere politische Themen und neue Artikulationsformen wie Demonstrationen und Kundgebungen ins Spiel gekommen [243: TH. LINDENBERGER, Straßenpolitik].

Doppelgesicht der politischen Mobilisierung

Der Wandel des politischen Systems in den Jahrzehnten um 1900 sollte nicht alternativ entweder von „oben" oder von „unten" gesehen werden. Denn die herrschenden Eliten reagierten auf die Mobilisierung der Massen und versuchten, sich den Herausforderungen der aufkommenden Massenpolitik zu stellen. Deshalb hatte jene zwei Seiten, war gleichermaßen Politik der Massen wie Politik für die Massen. Selbst wenn man das Wechselspiel von „oben" und „unten" betont, ändert sich der Blick auf das späte Kaiserreich. Es erscheint dynamischer, wandlungsfähiger und ambivalenter. Denn die Fundamentalpolitisierung, die nicht zuletzt auf einer durch das Reichstagswahlrecht herbeigeführten „Teildemokratisierung" beruhte, nutzte emanzipatorischen Bewegungen ebenso wie demokratiefeindlichen, zielte deshalb nicht allein auf eine Parlamentarisierung des politischen Systems, geschweige denn eine Demokratisierung von Staat und Gesellschaft, vollzog sich zudem innerhalb sozialer Milieus und festigte sie dadurch.

Erweiterung und Umstrukturierung des politischen Raums

Wann – ob bereits in den 1870er oder erst in den 1890er Jahren – und wie sich durch den „Eintritt der ‚Masse' in die Politik" (H. ROSENBERG) System und Praxis politischer Herrschaft änderten, ist noch nicht gründlich erforscht [erste Übersicht: B. FAIRBAIRN, Political Mobilization, in: 40: 303–342; 295: L. E. JONES/J. RETALLACK (Hrsg.), Elections; 35: D. BLACKBOURN, History]. Doch erweiterte sich der politische Raum und wurde neu strukturiert: weil immer mehr Deutsche, vor allem Männer, aber auch Frauen, am politischen Geschehen, zumal an Wahlen, teilnahmen; weil mit Gewerkschaften, wirtschaftlichen und nationalen Verbänden neue Machtfaktoren entstanden, sich alte Machtzentren wie Parteien oder Parlamente veränderten und der politische Prozeß jetzt anders ablief als in der Zeit des frühen Kaiserreichs; schließlich weil die überkommene Grenze zwischen Staat und Gesellschaft verfloß, neue Themen Gegenstand von Politik wurden.

Wahlen

Nachhaltige Impulse gingen von den Wahlen aus, die als Indikator von Politisierung und Partizipation, aber auch als Vermittlungsmechanismus zwischen Gesellschaft und Politik seit den siebziger Jahren stärker in den Blick kamen. Das galt vor allem für die Wahlen zum Reichstag [Wahlergebnisse: 24: G. A. RITTER/M. NIEHUSS, Arbeitsbuch], während jene in Einzelstaaten [Preußen: 15: TH. KÜHNE, Handbuch] und Kommunen erst in letzter Zeit größere Beachtung finden.

Schwerpunkte der Forschung

Dabei zeigt die Wahlforschung drei Schwerpunkte [vgl. den Forschungsüberblick von: 297: DERS., Wahlrecht]. Da ist erstens die Analyse des Wahlsystems, besonders des Wahlrechts, um dessen Demokratisierung nicht im Reich, wohl aber in Staaten und Städten mit unterschiedlichem Erfolg gerungen wurde [S. LÄSSIG, Wahlrechtsreformen in den deutschen Einzelstaaten, in: 300: 127–169]. Einen zweiten Schwerpunkt bildet die Analyse des Wahlverhaltens, die, bei manchen Übergängen, zwei Ansätzen folgt. Auf der einen Seite gibt es sozialwissenschaftlich-quantifizierend ausgerichtete Arbeiten, die Methoden empirischer Wahlanalyse aufnehmen und das Wahlverhalten mit Hilfe von Aggregatdaten auf soziale, ökonomische und konfessionelle Faktoren zurückführen [zuletzt: 310: J. SCHMÄDECKE, Wählerbewegungen; 319: J. WINKLER, Sozialstruktur; 312: J. SPERBER, Voters]. Auf der anderen Seite stehen Studien, die an Cleavage-Theorie, Milieu-Konzept oder Politische Kulturforschung [vgl. S. 73] anknüpfen und, unterschiedlich akzentuiert, das Wahlverhalten nicht allein aus soziostrukturellen Faktoren ableiten, sondern deren kulturelle Deutung durch Öffentlichkeit, Mentalität, Lebensweise berücksichtigen und dabei vornehmlich auf regionale politische Traditionen abheben [309: K. ROHE, Wahlen]. Den dritten Schwerpunkt der Wahlforschung macht die Analyse von Wahlkämpfen aus: das Wechselspiel von Nationalisierung und Regionalismus [313: P. STEINBACH, Politisierung; 314: DERS., Zähmung], der Vergleich von Politikstilen [291: S. BENDIKAT, Wahlkämpfe] oder die Unterscheidung politischer Themen, etwa von „national" und „fairness issues" [293: B. FAIRBAIRN, Democracy].

Wahlforschung und Kaiserreich-Interpretation

Ob es gelingen wird, wie jüngst gefordert [vgl. die Beiträge in: 300: S. LÄSSIG/K. H. POHL/J. RETALLACK (Hrsg.), Modernisierung, und: 308: G. A. RITTER (Hrsg.), Wahlen], die drei Schwerpunke der Wahlforschung unter dem Dach von Wahlkultur zu einem Ansatz zusammenzuführen, der quantitative und qualitative Verfahren verbindet, muß sich erweisen. Doch diskutiert die Wahlforschung einige für die Interpretation des Kaiserreichs wichtige Aspekte. Einmal geht es angesichts des Kontrasts von relativ demokratischem Reichstagswahlrecht, dem von TH. KÜHNE untersuchten Dreiklassenwahlrecht [296] in Preußen und den Wahlrechtsreformen in anderen deutschen Staaten [Sachsen: 299: S. LÄSSIG, Wahlrechtskampf] um Faktoren, welche die politische Modernisierung hemmten oder förderten. Ferner finden sich widerstreitende Befunde zu Lepsius' Milieu-Konzept. Während die Arbeit von SCHMÄDECKE [310: Wählerbewegung] die soziokulturelle Fragmentierung des Parteiensystems bestätigt, betont SPERBER [312: Voters] im Anschluß an Eley und Blackbourn die Instabilität des Wählerverhaltens, sieht Wanderungen über Milieu-, nicht aber Konfessionsgrenzen hinweg. Schließlich geht es um die Bedeutung von Wahlen, besonders der Wahlpraxis für die politische Kultur des Kaiserreichs. Warum wählten immer mehr Deutsche, und weshalb wählten sie, wo doch der Einfluß des Reichstags begrenzt war? S. Suval [316: Politics] meint, daß sich der Zusammenhalt sozialer Gruppen durch affirmative Stimmabgabe festigte, M. L. Anderson [Voter, Junker, *Landrat*, Priest, in: AHR 98 (1993) 1448–1474], daß Wähler ihrem Protest gegen die herrschenden Eliten Ausdruck verliehen, und B. Fairbairn, daß in den Wahlen um Sitze, aber auch „for moral ascendency in the nation" gekämpft wurde [293: Democracy, 34].

Organisierte Interessen: Gewerkschaften

Nicht nur Wahlen, auch Formierung, Mobilisierung und Organisierung gesellschaftlicher Interessen trieben die Fundamentalpolitisierung voran und ließen zugleich neue Machtfaktoren entstehen. Zu diesen zählten die Gewerkschaften [Überblick: 271: K. Schönhoven, Gewerkschaften; 281: K. Tenfelde/K. Schönhoven/M. Schneider/D. J. K. Peukert, Geschichte], deren Erforschung in den fünfziger Jahren [260: G. A. Ritter, Arbeiterbewegung] begann. Zuerst interessierten die Organisation der Freien Gewerkschaften sowie ihr Verhältnis zu Sozialdemokratie und Staat. Dann, seit den siebziger Jahren, ging es darum [Ders., Der Durchbruch der Freien Gewerkschaften Deutschlands zur Massenbewegung im letzten Viertel des 19. Jahrhunderts, in: 83: 55–101], nicht nur die Geschichte der SPD, sondern auch jene der Gewerkschaften an die Sozialgeschichte der Arbeiter anzubinden, um in Arbeits- und Lebenswelt, Erfahrung und Verhalten der verschiedenen Arbeitergruppen Faktoren auszumachen, die eine gewerkschaftliche Organisierung förderten oder hemmten [209: W. Albrecht, Fachverein; 272: K. Schönhoven, Expansion; additiv-vergleichend: 249: W. J. Mommsen/H.-G. Husung (Hrsg.), Wege]. Arbeiterbewegungs- und Arbeitergeschichte zu verknüpfen, wurde in Regional-, Lokal- und Branchenstudien oder in der Analyse von Klassenbildungsprozessen versucht [erster Aufriß: 239: J. Kocka, Lohnarbeit; bisher erschienen: Ders., Arbeitsverhältnisse und Arbeiterexistenzen. Bonn 1990]. Nach der sozialistischen nahm sich die Forschung der christlichen, dann der liberalen Gewerkschaftsbewegung an [270: M. Schneider, Gewerkschaften; 222: H.-G. Fleck, Sozialliberalismus]. Zugleich begann sie, vermittelt über Studien zu Arbeitskämpfen [282: K. Tenfelde/H. Volkmann (Hrsg.), Streik; 216: F. Boll, Arbeitskämpfe] und Tarifverträgen [349: P. Ullmann, Tarifverträge], die Gewerkschaften als Teil der industriellen Beziehungen zu sehen [Th. Welskopp, Der Betrieb als soziales Handlungsfeld, in: GG 22 (1996) 118–142].

Interessenverbände

Neben den Gewerkschaften wurden, mit inspiriert von TH. NIPPERDEY [Interessenverbände und Parteien in Deutschland vor 1918, in: 75: 319–337], seit den späten sechziger Jahren die Interessenverbände gründlicher erforscht [Überblick: 287: H.-P. ULLMANN, Interessenverbände]. In den Blick kamen vor allem Industrie- [Centralverband deutscher Industrieller: 237: H. KAELBLE, Interessenpolitik; Bund der Industriellen: 285: H.-P. ULLMANN, Bund] und Agrarverbände [Bund der Landwirte: 256: H.-J. PUHLE, Interessenpolitik], Mittelstands- [227: R. GELLATELY, Politics; 288: S. VOLKOV, Rise] und Agitationsverbände [220: G. ELEY, Reshaping; 218: R. CHICKERING, Men; 219: M. S. COETZEE, League] sowie Koalitionen zwischen ihnen [247: S. MIELKE, Hansa-Bund; 278: D. STEGMANN, Erben]. Im Fortschreiten der Verbandsforschung [286: H.-P. ULLMANN, Interessen] stieß die Interpretation, besonders Agrar- und Agitationsverbände seien in manipulativer Absicht von herrschenden politischen Kräften gegründet worden, auf Kritik. Vielmehr ließ die Debatte um „Manipulation" oder „Selbstorganisation" auch hier das komplizierte Wechselspiel von „oben" und „unten" hervortreten. Das Urteil über die Macht der Verbände änderte sich ebenfalls. Neigte die Forschung anfangs dazu, jene zu überschätzen, verortet sie die organisierten Interessen jetzt differenzierter im politischen Raum. Auch die Funktion der Verbände wird anders gesehen. Galten sie zunächst nur als Organisationen, die den politischen Prozeß beeinflussen wollten, tauchte bald die Frage auf, ob die organisierten Interessen in das Herrschaftssystem „inkorporiert" waren, dieses insofern moderne, in die Zukunft weisende Strukturen hatte [214: S. BERGER (Hrsg.), Interests]. Unterschiedlich wird schließlich das Demokratisierungspotential der Verbände beurteilt. E. R. HUBER galten sie als Vorboten einer offenen, pluralistischen Gesellschaft [Das Verbandswesen des 19. Jahrhunderts und der Verfassungsstaat, in: DERS., Bewahrung und Wandel. Berlin 1975, 106–131], während H.-J. PUHLE [303: Parlament, 364] mit ihnen einen „antidemokratischen Pluralismus" heraufziehen sah. Dieser sei dem Obrigkeitsstaat zugute gekommen, da die Verbände gesellschaftliche Interessen gegen Parlament und Parteien mobilisiert hätten.

Parteien und Massenpolitik

Wie sich mit der Fundamentalpolitisierung die Rolle der Parteien [vgl. S. 72 ff.] im politischen System und Prozeß wandelte, ist in der Forschung umstritten. Einerseits läßt sich nicht übersehen, daß die Massenpolitik jene strukturellen Probleme verschärfte, mit denen die Parteien zu kämpfen hatten: von ihrer Stellung im konstitutionellen System über die starke regionale Ausrichtung bis hin zum Übergewicht weltanschaulich-programmatischer Fragen. So konnte die Regierung zeitweilig versuchen, die Parteien zu überspielen, indem sie bei „nationalen“ Wahlen in plebiszitärer Manier direkt an die Wähler appellierte oder für ihre Politik um Zustimmung von Interessenorganisationen und nationalen Verbänden warb [94: H.-U. WEHLER, Gesellschaftsgeschichte, 1038 ff.]. Andererseits ließen sich die Parteien auf längere Sicht nicht umgehen, weder durch die Regierung noch durch die Interessenverbände. Da sie die Mobilisierung kanalisieren, Wahlen erfolgreich führen, insgesamt den wachsenden Raum der Politik ausfüllen konnten, blieben die Parteien unentbehrliche Akteure im politischen Prozeß. Es gelang ihnen freilich unterschiedlich gut, sich der aufkommenden Massenpolitik nicht nur anzupassen, sondern diese auch mitzugestalten.

Sozialdemokratie

Am weitesten kam die Sozialdemokratie in Richtung Massenpartei voran. Grenzen und Chancen dieser Entwicklung werden kontrovers diskutiert [Vergleich mit der britischen Labour Party: 213: S. BERGER, Schwestern]. So fragt sich, ob die Sozialdemokraten am Vorabend des Kriegs in einer „Mobilisierungskrise“ [241: D. LEHNERT, Sozialdemokratie, 110] steckten, weil ihr traditionelles Rekrutierungsfeld ausgeschöpft war, oder ihnen, wie C. NONN [253: Verbraucherprotest, 240 ff.] argumentiert hat, durch Profilierung als „reformistische Verbraucherpartei“ bei den Wahlen ein Einbruch in Kreise von katholischen Arbeitern und „neuem“ Mittelstand gelang [ähnlich: 312: J. SPERBER, Voters, 35 ff.]. Strittig ist zudem, welche Handlungsoptionen die Sozialdemokratie besessen und ob sie diese genutzt hat. Darüber waren sich schon vor 1914 die drei Richtungen in der Partei uneins, und C. E. SCHORSKES [273: Spaltung] einflußreiche, aber nicht unwidersprochen gebliebene [vgl. S. 105] Deutung der Sozialdemokratie in der Vorkriegszeit sah in dieser Flügelbildung bereits die spätere Spaltung angelegt. Auch beurteilt die Forschung den Spielraum der Partei unterschiedlich. Betonen die einen im Anschluß an D. GROH den „revolutionären Attentismus“ [230: Integration], sehen andere Chancen für eine konstruktive Reformpolitik, zumal im Süden des Reichs sowie mehr auf regionaler und lokaler Ebene [254: K. H. POHL, Arbeiterbewegung]. Doch gelang es der Partei aufs Ganze gesehen nicht, aus der politischen Isolierung herauszufinden und ihr „Machtpotential für eine Demokratisierung des Deutschen Reichs und der deutschen Einzelstaaten zu mobilisieren“ [264: G. A. RITTER, Sozialdemokratie, 360]. Das war nicht zuletzt eine Folge der starken Gegenkräfte. Diese ließen, so die These D. GROHS [230: Integration], nur eine „negative“, durch Zwang und Anpassung bewirkte Integration zu. H. GREBING [228: Arbeiterbewegung, 126 ff.] sieht dagegen im Anschluß an G. A. RITTER Ansätze einer, wenn auch nicht kontinuierlich verlaufenden „positiven“ Integration.

Zentrum

Nicht nur die Sozialdemokratie, auch das Zentrum entwickelte sich in Richtung einer Massenpartei. Dazu trugen Vorfeldorganisationen wie der Volksverein für das katholische Deutschland [238: G. KLEIN], die Christlichen Gewerkschaften oder die Bauernvereine bei. Diese unterschiedlichen Richtungen zu integrieren, war schwierig [zu Württemberg: 215: D. BLACKBOURN, Class]. In W. LOTHS grundlegender Studie [246: Katholiken] erscheint die Partei deshalb in vier, mit verschiedenen „Sozialmilieus" verbundene politische Bewegungen gespalten: den konservativen Adel und die kirchliche Hierarchie, die agrarisch-mittelständischen „Populisten", das katholische Bürgertum und die christliche Arbeiterschaft. Das jeweilige Gewicht dieser Bewegungen und wechselnde Koalitionen zwischen ihnen bestimmten seit den 1890er Jahren den Kurs des Zentrums. So sieht Loth in der Partei, die zwischen Beharrung und Modernisierung schwankte, nicht nur einen Mikrokosmos des kaiserlichen Deutschland, sondern auch einen maßgeblichen Faktor in dessen politischem System.

Liberale

Die Liberalen taten sich schwerer mit der Massenpolitik als das Zentrum. Ob es ihnen gelang, sich dieser anzupassen und den Liberalismus „zukunftsfähig" zu machen [240: D. LANGEWIESCHE, Liberalismus, 219], wird in der Forschung verschieden beurteilt. Das gilt zum einen für die Öffnung zum Imperialismus [233: K. HOLL/G. LIST (Hrsg.), Liberalismus], bei der rechts- und linksliberale Parteien [245: I. S. LORENZ, Richter; 289: K. WEGNER, Barth; Überblick nur aus marxistischer Sicht: 221: L. ELM, Fortschritt] unterschiedlich weit gingen und die sie in verschiedene politische Konzepte einbanden. Stark wurde die liberale Erneuerung besonders von den „progressiven Imperialisten" (W. J. MOMMSEN) um M. Weber und F. Naumann angestoßen, die Expansion nach außen und politisch-soziale Reformen im Inneren verbinden wollten [248: W. J. MOMMSEN, Weber; 283: P. THEINER, Liberalismus]. Strittig ist zum anderen die Beurteilung des „Sozialliberalismus" [234: K. HOLL/G. TRAUTMANN/H. VORLÄNDER (Hrsg.), Liberalismus]. Ihm ging es darum, durch eine soziale und demokratische Politik die Arbeiterschaft anzusprechen und eine Koalition mit der Arbeiterbewegung anzubahnen. Doch entfaltete er sich weniger auf Reichs-, mehr auf kommunaler Ebene [vgl. S. 74] oder in Vereinen bürgerlicher Sozialreform [258: U. RATZ, Sozialreform].

Konservative

Die Konservativen fanden Anschluß an die Massenpolitik, so hat H.-J. PUHLE argumentiert, nicht zuletzt dank der engen Zusammenarbeit mit dem Bund der Landwirte. Dieser habe die Deutschkonservative Partei radikalisiert und auf die Vertretung agrarischer Interessen eingeschworen [256: Interessenpolitik]. Neuere Forschungen bestätigen, korrigieren – was den manipulativen Aspekt angeht – und differenzieren diese Interpretation [vgl. die Beiträge in: 236: L. E. JONES/J. RETALLACK (Hrsg.), Reform; 259: J. RETALLACK, Notables]. Sie gehen den unterschiedlichen Richtungen innerhalb der Deutschkonservativen nach, dem Versuch, die soziale Basis der Partei als Gegengewicht gegen die Agrarier zu erweitern, und der Beziehung zwischen „alter" und „neuer" Rechten, die sich im Umfeld von nationalen Verbänden und völkischer Bewegung formierte [218: R. CHICKERING, Men; 219: M. S. COETZEE, League; 257: U. PUSCHNER/W. SCHMITZ/J. H. ULBRICHT (Hrsg.), Handbuch].

Parlamente

Ähnlich kontrovers wie über die Rolle der Parteien wird über jene der Parlamente diskutiert. Bisher hat sich die Forschung auf den Reichstag [vgl. S. 71 f.] konzentriert, die Parlamente der Einzelstaaten dagegen eher am Rand behandelt. In jüngster Zeit wird das mit dem Argument kritisiert, hier sei ein Reformpotential vorhanden gewesen, das im Gesamtbild des Kaiserreichs nicht angemessen zur Geltung komme [J. RETALLACK, Liberals, Conservatives, and the Modernizing State, in: 43: 221–256]. Abgesehen davon, daß eine solche Deutung Preußen als Hemmschuh politischer Modernisierung nicht ausklammern dürfte, rechtfertigt sich der Blick auf den Reichstag wegen der Aufwertung des nationalen Parlaments, das von den wachsenden staatlichen Aufgaben ebenso profitierte wie vom Zwang, diese zu finanzieren. Doch gehen die Meinungen auseinander, ob mit ihr eine Parlamentarisierung oder gar Demokratisierung verbunden gewesen sei. Zeitweise neigte die Forschung dieser Ansicht zu. Meinte W. FRAUENDIENST, seit 1890 habe sich die im „Konstitutionalismus angelegte Entwicklung zum Parlamentarismus" beschleunigt [Demokratisierung des deutschen Konstitutionalismus in der Zeit Wilhelms II., in: ZgS 113 (1957) 721–746, Zit. 728], und sah E. R. HUBER das Kaiserreich seit 1909 „hart an der Schwelle des parlamentarischen Systems" [147: Verfassungsgeschichte, Bd. 4, 318], sprach M. RAUH [304: Föderalismus; 305: Parlamentarisierung] von einer „stillen Parlamentarisierung". So sei es im Zuge fortschreitender „Verreichung" seit den 1890er Jahren zu einer engeren Kooperation von Reichsleitung und Reichstag gekommen, der Bundesrat als wichtigstes Hemmnis einer Parlamentarisierung sei in den Hintergrund getreten und die Macht des Parlaments auf Kosten der Regierung gewachsen. Hand in Hand damit hätten Abgeordnete wie Fraktionen schrittweise parlamentarisches Verhalten, zumal die Bildung von Koalitionen eingeübt. Die „stille Parlamentarisierung", die ablief, ohne daß sich die Parteien dafür eingesetzt hätten, mündete am Ende des Weltkriegs in einen „manifesten Parlamentarismus".

Kontroverse über Parlamentarisierung und Demokratisierung

Kritik an der Parlamentarisierungs-These

Die These von der Parlamentarisierung stieß, gerade in der Variante Rauhs, auf heftigen Widerspruch. Kritiker meinten zum einen, sie unterstelle eine gradlinige Entwicklung, die nicht nachzuweisen sei, und unterschätze jene Hindernisse, die ihr im Weg gestanden hätten: von verfassungsrechtlichen Bestimmungen und eingeschliffenen Spielregeln des konstitutionellen Systems über die verbreitete Loyalität zur Monarchie bis zum föderalen Aufbau des Reichs, der den beharrenden Kräften besonders in Preußen nutzte; auch Wahlvorschriften wie das Dreiklassenwahlrecht oder die Einteilung der Reichstagswahlkreise, die den Status quo begünstigten. Zum anderen wurde bemängelt, besonders Rauh arbeite mit einem verkürzten Begriff von Parlamentarismus [320: K. v. ZWEHL, Verhältnis], trenne zudem nicht genau zwischen Parlamentarisierung einerseits und Demokratisierung des politischen Systems oder gar der deutschen Gesellschaft andererseits, Entwicklungen, die gerade nicht parallel verlaufen seien [298: D. LANGEWIESCHE, Kaiserreich]. Schließlich, hieß es, hätten wesentliche Voraussetzungen für eine Parlamentarisierung gefehlt: Die Mehrzahl der Parteien habe eine solche aus prinzipiellen oder pragmatischen Gründen nicht gewollt [zur Sozialdemokratie: 302: E. PRACHT, Parlamentarismus], parteiübergreifende Allianzen seien wegen der soziokulturellen Zerklüftung des Parteiensystems nur schwer aus eigener Kraft zu bilden gewesen [263: G. A. RITTER, Parteien, 85 ff.], und auch die geringe Homogenität der parlamentarischen Führungsgruppen, welche die Segmentierung von Gesellschaft und Parteien abbildete, habe sowohl stabile Koalitionen als auch ein geschlossenes, machtvolles Auftreten des Reichstags verhindert [292: H. BEST, Mandat]. So wurde er kein Gremium, „in which a head of steam built up for reform" [D. BLACKBOURN, New Legislatures: Germany, 1871–1914, in: HR 65 (1992) 201–214].

Stand der Diskussion: keine zwingende Entwicklung vom konstitutionellen zum parlamentarischen System

Gegen diese Einwände konnte sich die Parlamentarisierungsthese nicht behaupten. Die Forschung betont unter ihrem Einfluß zwar den Aufgaben- und Machtzuwachs des Reichstags, sieht auch Veränderungen, die in Richtung Parlamentarisierung wiesen, zumal die wachsende Abhängigkeit der Regierung vom Reichstag und besonders vom Zentrum, vermag in alledem aber keine Entwicklung zu erkennen, die schrittweise oder gar zwingend das konstitutionelle in ein parlamentarisches System überführt hätte.

Neue Inhalte der Politik

Nicht nur das politische System und der politische Prozeß wandelten sich im späten Kaiserreich, wie die wachsende Bedeutung von Wahlen und Interessenverbänden, Parteien oder Parlamenten zeigt; unter dem Einfluß der Fundamentalpolitisierung änderten sich auch die Inhalte von Politik. „Alte" Themen wie etwa die Rechtsvereinheitlichung durch ein Bürgerliches Gesetzbuch [362: M. F. JOHN, Politics] blieben zwar auf der Tagesordnung, aber „neue", bei denen es um die Verteilung staatlicher Leistungen oder Lasten ging, gewannen an öffentlicher Resonanz.

Sozialpolitik

Das galt schon für Fragen der Sozialpolitik. Die Anfänge des Wohlfahrts- oder Sozialstaats [Begriff: 341: G. A. RITTER, Sozialstaat; guter Überblick: 265: G. A. RITTER/K. TENFELDE, Arbeiter, 691 ff., und 94: H.-U. WEHLER, Gesellschaftsgeschichte, 1085 ff.] wurden lange Zeit allein mit der Sozialversicherung der achtziger Jahre [Überblick: 342: G. A. RITTER, Sozialversicherung; 333: V. HENTSCHEL, Geschichte; 347: F. TENNSTEDT, Sozialgeschichte; zuletzt: G. A. RITTER, Sozialpolitik im Zeitalter Bismarcks, in: HZ 265 (1997) 683–720], die oft mehr in vormodern-patriarchalischer Tradition [324: H. BECK, Origins], denn als Reaktion auf Probleme der industriellen Moderne gedeutet wurde [346: G. STEINMETZ, Regulating], ihrer Ausgestaltung bis zur Reichsversicherungsordnung von 1911 [343: K. ROTHER], der Angestelltenversicherung [326: B. BICHLER, Formierung] und dem Ausbau des Arbeiterschutzes [325: H.-J. v. BERLEPSCH, Kurs] in Zusammenhang gebracht. In letzter Zeit verlagert sich das Interesse von der zentralstaatlichen auf die regionale [329: E. FRIE, Wohlfahrtsstaat] und besonders die kommunale Ebene [338: D. LANGEWIESCHE, „Staat"], da sich in vielen Bereichen wie der Armenfürsorge [345: C. SACHSSE/F. TENNSTEDT, Geschichte], der Arbeitslosenversicherung [328: A. FAUST, Arbeitsmarktpolitik; 330: K. C. FÜHRER, Arbeitslosigkeit] oder dem Gesundheitswesen [Forschungsbericht: A. LABISCH/J. VÖGELE, Stadt und Gesundheit, in: AfS 37 (1998) 396–424] die Kommunen an die Spitze der Entwicklung setzten. Zugleich wird die Sozialpolitik unter anderen Blickwinkeln betrachtet, weniger unter klassentheoretischen [322: P. BALDWIN, Politics], mehr unter geschlechtergeschichtlichen [327: G. BOCK/P. THANE (Hrsg.), Maternity; 336: S. KOVEN/S. MICHEL (Hrsg.), Mothers] oder integrativen Ansätzen [G. ESPING-ANDERSEN, The Three Worlds of Welfare Capitalism. Cambridge 1990], und komparatistische Arbeiten werden wichtiger [Forschungsbericht: C. CONRAD, Wohlfahrtsstaaten im Vergleich, in: H.-G. HAUPT/J. KOCKA (Hrsg.), Geschichte und Vergleich. Frankfurt 1996, 155–180].

Handels- und Finanzpolitik

Auch Zolltarife und Handelsverträge gewannen, wie die Auseinandersetzung um die „Caprivi-Verträge" [374: R. WEITOWITZ, Politik] zeigt, politische Brisanz, konnten sich sogar zu regelrechten Sprengsätzen entwickeln. So gingen dem Zolltarif von 1902 mühsame, konfliktreiche Beratungen voraus [355: D. M. BLEYBERG, Government], und ihm folgte ein langer Streit um die ökonomischen und sozialen Folgen.

Beide sollten nicht überschätzt werden, meint V. HENTSCHEL [334: Wirtschaft]. Der Protektionismus und die Lebensmittelteuerung, die ihm zugeschrieben wurde, waren jedoch ein Politikum ersten Ranges. Denn sie fachten den Konflikt zwischen Produzenten und Konsumenten an [253: C. NONN, Verbraucherprotest]. Mit den Finanzreformen [351: P.-C. WITT, Finanzpolitik; 337: R. KROBOTH, Finanzpolitik] kam schließlich die Frage gerechter Steuerverteilung in die öffentliche Diskussion [348: H.-P. ULLMANN, Bürger]. Diese und andere Themen, in Presse und Verbänden, Parteien und Parlamenten debattiert, zeigten, daß immer größere, konkurrierende Ansprüche an den Staat herangetragen wurden, die auszugleichen seine Fähigkeit, zu steuern und Probleme zu lösen, überstieg.

Regierungs- oder Systemkrise im späten Kaiserreich?

An den Wandel von System und Praxis politischer Herrschaft sowie das Aufkommen neuer, kontroverser Themen in der Politik knüpft sich die Diskussion um die Krise des wilhelminischen Deutschland. Während die Wirtschaft seit den neunziger Jahren dank einer außergewöhnlichen „Prosperitätskonstellation" (M. GRABAS) boomte, sehen die meisten Historiker das Kaiserreich politisch in eine Krise steuern. Welcher Art diese war, ist umstritten. Manche deuten sie mit G. SCHMIDT [371: Parlamentarisierung] als eine zeitlich begrenzte Regierungskrise. So setzte für TH. NIPPERDEY [74: Geschichte, Bd. 2, 741 ff.] mit dem Bruch des Bülow-Blocks eine „wachsende Polarisierung" ein, die das Regieren erschwerte. Erst die Wahlen von 1912 lösten jedoch eine „stabile, nicht akute Krise" aus. Sowohl die Parteien im Parlament als auch Reichstag und Regierung hätten sich wechselseitig blockiert, so daß der politische Prozeß weitgehend zum Erliegen gekommen sei. Andere Kaiserreich-Interpreten sehen eine langwährende, eskalierende Systemkrise. In den neunziger Jahren, meint W. J. MOMMSEN, sei die strukturelle Schwäche des Verfassungs- und Herrschaftssystems „manifest", das Reich „ein nahezu unregierbares Gebilde" geworden. Darum erscheinen ihm die beiden Vorkriegsjahrzehnte als Zeit „latenter Krise" [Die latente Krise des Wilhelminischen Reiches, in: 72: 287–315, Zit. 293, 295; 71: Krise]. Auch H.-U. WEHLER spricht von „permanenter Staatskrise" [95: Kaiserreich, 69] oder „Dauerlabilität des politischen Systems" [94: Gesellschaftsgeschichte, Bd. 3, 1000 ff.]. So gesehen war die Innenpolitik der wilhelminischen Zeit reines Krisenmanagement, bei dem die politische Führung nacheinander vier verschiedene Lösungen verschliß.

Versuche zur Bewältigung der Systemkrise

Eine erste Variante zielte darauf ab, das politische System durch konservative Reformen behutsam zu modernisieren [365: P. LEIBENGUTH, Modernisierungskrisis; 366: J. A. NICHOLS, Germany]. Nachdem sie gescheitert war, sah es zeitweilig so aus, als käme im Schatten des „persönlichen Regiments" [367: J. C. G. Röhl, Germany] eine zweite Variante zum Zug, die auf Repression gegen die Sozialdemokratie und eine Entmachtung des Reichstags setzte, wenn nötig mit Hilfe eines Staatsstreichs. Dieser Weg konnte durch Zaudern und Vertagen abgewendet werden, freilich um den Preis wachsender politischer Labilität [137: J. D. Fraley, Government; auch: 375: E.-T. P. W. Wilke, Decadence]. Erst in den späten neunziger Jahren stabilisierte sich die innere Situation. Hierzu trug eine dritte Variante bei, die einen populären, prestigeträchtigen Imperialismus mit Kompromissen in der Flotten- und Zollfrage verband [154: K. A. Lerman, Chancellor; 136: G. Fesser, Reichskanzler].

Die Debatte über die „Sammlungspolitik"

Dahinter habe mit der „Sammlungspolitik" eine weitsichtige innenpolitische Krisenstrategie gestanden, war die Ansicht E. Kehrs [363: Schlachtflottenbau], D. Stegmanns [278: Erben] und nicht zuletzt H.-U. Wehlers [95: Kaiserreich]. Der Regierung sei es gelungen, die wichtigsten politischen Kräfte durch wechselseitige Zugeständnisse bei Flotte und Zöllen zusammenzuführen und so das System zu festigen. V. R. Berghahn [354: Tirpitz-Plan] sah in der „Sammlung" ebenfalls den Schlüssel zur Politik um 1900, wollte aber zwei Strategien unterschieden wissen: einerseits die nicht mehr zeitgemäße „kleine Sammlung" Miquels, die in Bismarckscher Tradition auf die Solidarität von Industrie und Landwirtschaft sowie den Kampf gegen die sozialistische Arbeiterbewegung setzte; andererseits die erfolgreiche „große Sammlung" von Bülow und Tirpitz, die durch Flotte, Weltpolitik und imperiales Kaisertum die wilhelminische Gesellschaft integrieren wollte. Solchen Konsens habe die „Sammlungspolitik" nie stiften können, lautete der Einwand, den englische Historiker um R. Evans und G. Eley gegen diese einflußreiche Interpretation erhoben. Für Eley [dezidiert gegen „Sammlungs"- wie „Manipulations"-These: 220: Reshaping; Sammlungspolitik, Social Imperialism and the Navy Law of 1898, in: 44: 110–153] hingen Flottenbau und Zolltarifrevision nicht nach Art einer „Do-ut-des-Politik" zusammen; es gab lediglich eine zufällige zeitliche Koinzidenz, und diese verringerte die Konflikte nicht, sondern verschärfte sie. Deshalb sei die „Sammlungspolitik" als langfristige, defensive Herrschaftsstrategie ungeeignet, überhaupt mehr Parole als Politik, mehr Wunsch als Wirklichkeit gewesen. Dem wird man zustimmen können [zu den Wahlen 1898 jetzt: 293: B. Fairbairn, Democracy], freilich daran festhalten müssen, daß die mühsam gefundenen Kompromisse in der Flotten- und Zollfrage, selbst wenn sie nicht als weitsichtige Krisenstrategie taugten, die wilhelminische Innenpolitik doch zeitweilig stabilisierten. Das war, meint W. LOTH [246: Katholiken, 61 ff.], ein Verdienst vor allem des Zentrums.

Flottenbau als Krisenstrategie

Nicht nur über die „Sammlungspolitik", auch über eine ihrer Komponenten, die Flotte, hat die Forschung debattiert. Die Frage, ob der Flottenrüstung als „Protoyp moderner Rüstungswettläufe" [1: V. R. BERGHAHN/W. DEIST (Hrsg.), Rüstung, 9] mit dem Tirpitz-Plan ein klar durchdachtes, planmäßig umgesetztes Konzept zugrundelag oder ob sie unter dem Einfluß außen- und militärpolitischer Entwicklungen stand, wird ebenso unterschiedlich beantwortet wie jene nach den Zielen des Flottenbaus. Gilt er den einen als innenpolitische Krisenstrategie, die den Einfluß des Reichstags zurückdrängen und mit Hilfe der Flotte als Integrationssymbol den Status quo erhalten wollte [354: V. R. BERGHAHN, Tirpitz-Plan, im Anschluß an Kehr und Wehler], betonen andere die machtpolitische Rolle, die ihr im Rahmen der Weltpolitik zugedacht war. Dabei wird übersehen, daß sich beim Flottenbau innen- und außenpolitische Ziele verflochten, ja, seine Attraktivität gerade darin bestand, in verschiedene politische Konzepte zu passen und sich obendrein mit wirtschaftlichen Interessen zu verbinden [357: M. EPKENHANS, Flottenrüstung].

Die Folgen der Staatskrise 1908/09

Flotte, Zölle und Weltpolitik als dritter Versuch, die „latente Krise" des Reichs zu bewältigen, sorgten zeitweilig für innenpolitische Stabilität, verloren aber zusehends an Wirkung und scheiterten mit dem Bülow-Block. Nur wenige Historiker, unter ihnen M. RAUH [304: Föderalismus], teilen die Meinung TH. ESCHENBURGS [358: Kaiserreich], die Blockpolitik habe das Kaiserreich an die Schwelle der Parlamentarisierung geführt. Den meisten gelten weder der Bülow-Block oder die Daily-Telegraph-Affäre und ihr Nachspiel im Reichstag noch die Entlassung des Reichskanzlers als Schritt in Richtung eines parlamentarischen Systems. Denn Bülow wollte den Status quo sichern und sich im Amt halten; die Parteien nutzten die Schwäche der Monarchie nicht zu einer Verfassungsreform [294: D. GROSSER, Konstitutionalismus]; der Reichskanzler stürzte vor allem, weil der Kaiser ihm sein Vertrauen entzog; und Konservativen wie Zentrum ging es, als sie den Block sprengten, mitnichten um ein parlamentarisches System. So schlug sich in der Staatskrise von 1908/09 nicht mehr, aber auch nicht weniger nieder als die wachsende Macht des Reichstags und der politischen Parteien. Diese ließ nur noch eine letzte, vierte Lösungsvariante zu, nämlich ein „Fortwursteln im Rahmen des bisherigen Systems" (W. J. MOMMSEN). Darauf lief im Kern die Politik Bethmann Hollwegs schon vor, besonders aber nach den Reichstagswahlen von 1912 hinaus [150:

K. JARAUSCH, Chancellor; zuletzt sehr positiv im Urteil: 169: G. WOLLSTEIN, Bethmann Hollweg].

Die Krise des späten Kaiserreichs als Transformationskrise

Die Kontroverse um die Deutung der Krise des späten Kaiserreichs als eine zeitlich begrenzte, 1909 und vollends 1912 einsetzende Regierungskrise oder als langwährende, eskalierende Systemkrise hat die Frage in den Hintergrund gedrängt, inwieweit die Führungsschwäche im späten Kaiserreich mit dem Wandel von Staat und Politik in einer entstehenden Industrienation zusammenhing [371: G. SCHMIDT, Parlamentarisierung], also eine Transformationskrise gewesen ist. Denn nicht nur in Deutschland stellte sich mit dem Aufstieg des Interventions- und Sozialstaats, den Anfängen moderner Massenpolitik oder der Pluralisierung politischer Machtzentren das Problem der Regierbarkeit. Dieses ist bis jetzt weder systematisch noch vergleichend untersucht worden [erste Ansätze: 303: H.-J. PUHLE, Parlament]. Doch ließe sich so entwirren, wieweit die nachlassende Fähigkeit, lange mitgeschleppte wie neu auftauchende Probleme zu bewältigen, mit Strukturschwächen von Herrschaftssystem und politischer Praxis zusammenhing oder auf Steuerungsprobleme zurückzuführen ist, die in dem Maße wuchsen, wie der Staat immer mehr Aufgaben an sich zog oder von der Gesellschaft übertragen bekam.

BERGHAHN: Kaiserreich in der „Sackgasse“

War die Krise des spätwilhelminischen Deutschland nicht nur eine Regierungs- oder System-, sondern auch eine Transformationskrise, ließe das ihre Folgen in anderem Licht erscheinen. Bis jetzt hat sich die Forschung auf die Frage konzentriert, ob das kaiserliche Deutschland vor 1914 in eine „Sackgasse“ (V. BERGHAHN) lief oder ihm Entwicklungsmöglichkeiten blieben. Jene, denen die Krise als Systemkrise gilt, neigen der ersten Interpretation zu. Für sie befand sich das Reich spätestens seit 1912 in einer Patt-Situation, die jeden politisch-gesellschaftlichen Fortschritt ausschloß. Zwei ungefähr gleich starke Lager aus Parteien, Verbänden und gesellschaftlichen Kräften, von denen das eine den Status quo bewahren, das andere ihn verändern wollte, standen einander gegenüber und blockierten sich entweder wechselseitig [70: W. J. MOMMSEN, Bürgerstolz, 401 ff.] oder trieben einander in eine immer schärfere Polarisierung hinein [278: D. STEGMANN, Erben; 369: K. SAUL, Staat].

SCHMIDT: „Konzeption der Mitte“

Andere, die in der Krise eine Regierungskrise sehen, meinen zwar, der politische Prozeß habe stagniert. Sie betonen aber mit G. SCHMIDT [370: Blockbildungen], die Machtblöcke seien nicht fest gefügt, vor allem nicht polarisiert, sondern offen für eine „Konzeption der Mitte“ gewesen. Auch wenn es sich bestenfalls um ein „Koalition im Werden“ handelte, bot sie doch die Chance, aus dem Immobilismus herauszuführen [für die Ebene der Verbände: 247: S. MIELKE, Hansa-Bund]. Denkbar erschien auf der einen Seite ein großer, liberal-sozialdemokratischer Block „von Bassermann bis Bebel" [361: B. HECKART]. Einen solchen gab es im Großherzogtum Baden, wo günstige Bedingungen für eine derartige Kooperation herrschten [373: J. THIEL, Großblockpolitik]. Möglich und realistischer war auf der anderen Seite, daß sich Nationalliberale und Zentrum zusammenfanden. Da linke und rechte Gruppierungen sowie die entstehende Mitte einander die Waage hielten, defensiv agierten, die Regierung keine Option wagte, herrschte zwar eine „stabile Krise", aber keine „ausweglose Situation" [371: G. SCHMIDT, Parlamentarisierung, 277 f.]. Allerdings standen finanz- und zollpolitische Entscheidungen an, die sich nicht aufschieben ließen. Sie drohten, die „stabile" in eine „offene und akute Krise" umschlagen zu lassen [74: TH. NIPPERDEY, Geschichte, Bd. 2, 755 ff.].

LOTH: „bürgerlicher Klassenstaat" mit „halbparlamentarischem" System

W. LOTH verbindet, indem er von einer Analyse der Zentrumspartei ausgeht, beide Interpretationen [246: Katholiken, 226 ff.; vorsichtiger: 65: Kaiserreich, 132 ff.]. Vor 1914, meint er, herrschte kein „Zustand völligen Immobilismus'"; vielmehr wurden die Gewichte neu austariert. Die „bürgerlichen Kräfte" griffen ähnlich wie im Zentrum „nach der Dominanz im politischen System", konnten aber, da sie uneins waren und zögernd vorgingen, die traditionellen Eliten nicht verdrängen. Damit blieb der „Kompromißcharakter des Bismarck-Regimes" erhalten, allerdings bei geändertem Vorzeichen. Nationalliberale und Zentrum setzten auf „ein parlamentarisches Regime", um ihre Vorherrschaft abzusichern. Während die Parlamentarisierung schwache Fortschritte machte, stagnierte die Demokratisierung. Die Kluft zwischen bürgerlichen Kräften und Arbeiterbewegung vertiefte sich wie im Gewerkschaftsstreit des Zentrums; eine breite Reformallianz mit der Sozialdemokratie, die das Kaiserreich stärker umgestaltet hätte, kam nicht zum Zug. So lief die Entwicklung, deren Hindernisse Loth unterschätzt, auf einen „bürgerlichen Klassenstaat" mit „halbparlamentarischem" System zu [ebd., 230 f., 228 f.]. Eine Antwort auf die Frage, ob eine reformerische Veränderung von Verfassung und Herrschaftssystem möglich gewesen wäre oder nicht, muß angesichts des Kriegs hypothetisch bleiben. Auch deshalb wird der Zusammenhang von innerer Krise und Kriegsausbruch verschieden interpretiert.

Innere Krise und Kriegsausbruch

Der Erforschung von Ursachen und Ausbruch des Kriegs gab F. FISCHER in den sechziger Jahren eine neue Richtung. Er machte gegen den breiten Konsens Front, alle Mächte seien in den Krieg „hineingeschlittert". In „Griff nach der Weltmacht" [391] untersuchte Fischer die deutschen Kriegsziele, verknüpfte sie mit der wilhelminischen Weltpolitik und schrieb der „Reichsführung den entscheidenden Teil der historischen Verantwortung für den Ausbruch des allgemeinen Krieges" zu [ebd., 82]. Sein Buch „Krieg der Illusionen" [392] sollte nachweisen, daß die politische und militärische Führung von 1911 an und vollends seit dem „Kriegsrat" im Dezember 1912 den Krieg planmäßig vorbereitete und im Juli 1914 auslöste. Aber es ging Fischer auch um die inneren Triebkräfte deutscher Expansionspolitik. Er sah sie vor allem in der sozialimperialistischen Strategie der herrschenden Eliten, gesellschaftliche Konflikte nach außen abzulenken, zuletzt, als die Spannungen zunahmen, auch mit dem Mittel eines Kriegs. Das warf die Frage der Kontinuität auf: der Großmachtpolitik wie der sie tragenden Machteliten.

Die „Fischer-Kontroverse"

F. Fischer löste, zumal mit der These vom deutschen Angriffskrieg, eine heftige Kontroverse aus [428: W. SCHIEDER (Hrsg.), Weltkrieg; 401: W. JÄGER, Forschung; 411: J. W. LANGDON, July 1914; H. W. KOCH (Hrsg.), The Origins of the First World War. London 1982]. Dabei entwickelte sich zwischen seiner Deutung des Kriegsausbruchs auf der einen Seite und den Verteidigern der bislang vorherrschenden Defensivkriegsthese auf der anderen [201: G. RITTER, Staatskunst, Bd. 3; 395: H. HERZFELD, Weltkrieg] eine dritte, vermittelnde Interpretation. Sie sprach von einem „Präventivkrieg" und meinte damit die begrenzte Offensive eines in die Defensive geratenen Staats [441: E. ZECHLIN, Krieg]. Belege schienen die Aufzeichnungen K. Riezlers zu bieten [7: K. D. ERDMANN (Hrsg.), Tagebücher; Streit um die Edition: B. SÖSEMANN, Die Tagebücher Kurt Riezlers, und K. D. ERDMANN, Zur Echtheit der Tagebücher Kurt Riezlers, in: HZ 236 (1983) 327–369 und 371–402]. Darauf baute A. HILLGRUBER seine „Theorie des kalkulierten Risikos" auf [397]. Gemeinsam ist diesen und den auf sie zurückgreifenden Deutungen des Kriegsausbruchs, daß sie die Außenpolitik als relativ eigenständigen Bereich begreifen.

Bedeutung innerer Faktoren

Doch war das nur die eine Interpretationslinie, die aus der „Fischer-Kontroverse" hervorging. Die andere lehnte zwar Fischers These vom Angriffskrieg ab und neigte der „Präventivkriegs"-Interpretation zu, folgte ihm aber insoweit, als sie die Bedeutung innerer Faktoren für den Kriegsausbruch stark herausstrich. So argumentierten zuerst V. BERGHAHN [378: Germany] und dann H.-U. WEHLER [95: Kaiserreich, 192 ff.], im Juli 1914 habe die politische und militärische Führung aus der inneren Krise des Kaiserreichs heraus die „Flucht nach vorn" in den Krieg angetreten. Sie stellten damit den Kriegsausbruch in die Kontinuität einer offensiven, sozialimperialistischen Außenpolitik. So gesehen war der Weltkrieg „nicht das Ergebnis langfristige Kriegsplanung", sondern der „‚Unfähigkeit‘ seiner Führungsschichten, mit den wachsenden Problemen einer sich rasch demokratisierenden Welt fertig zu werden“ [ebd., 199]. Diese Interpretation hat sich inzwischen als nicht haltbar, weil zu einseitig erwiesen [W. J. MOMMSEN, Innenpolitische Bestimmungsfaktoren der deutschen Außenpolitik vor 1914, in: 72: 316–357; 403: J. JOLL, Ursprünge], und selbst H.-U. WEHLER [94: Gesellschaftsgeschichte, 1152 ff.] ist etwas von ihr abgerückt.

Verzahnung innerer und äußerer Faktoren

Soweit das Pendel in der Kriegsursachenforschung nicht zugunsten außenpolitischer Erklärungsansätze zurückschwang [57: K. HILDEBRAND, Reich; 430: G. SCHÖLLGEN (Hrsg.), Flucht; R. J. W. EVANS/H. POGGE VON STRANDMANN (Hrsg.), The Coming of the First World War. Oxford 1988] fanden Interpretationen wie jene Mommsens wachsende Zustimmung, die sich bemühten, innere und äußere Faktoren miteinander zu verzahnen. Zwar spricht auch W. J. MOMMSEN von einer „Flucht nach vorn“, macht sie jedoch weniger an Defensivstrategien herrschender Eliten, mehr an Funktionsstörungen des „halbkonstitutionellen“ Verfassungs- und Herrschaftssystems fest [zuletzt: 70: Bürgerstolz]. Auf diese Weise bindet er den außenpolitischen Entscheidungsprozeß vor und während der Julikrise an innere Faktoren: angefangen von der Pattsituation im Reichstag, die der Aufrüstung Grenzen zog [390: N. FERGUSON, Finance], über den wachsenden Druck der zunehmend nationalistischen Öffentlichkeit [W. J. MOMMSEN, Der Topos vom unvermeidlichen Krieg, in: 72: 380–406], in der sich fatalistische Kriegserwartung mit freudiger Kriegsbejahung mischte [387: J. DÜLFFER/K. HOLL (Hrsg.), Bereit], bis hin zu den Koordinationsschwächen an der Staatsspitze, welche die Position der politischen gegenüber der militärischen Führung und deren Präventivkriegsforderungen schwächten. So erscheint die Risikopolitik Bethmann Hollwegs als eine Art „Kompromiß zwischen den verschiedenen Positionen innerhalb der engeren Führungsschicht des Deutschen Reiches“, ihr Scheitern als „Debakel einer Politik, die unter dem Einfluß der strukturellen Führungskrise des Reichs einen Ausweg gesucht hatte“ [70: W. J. MOMMSEN, Bürgerstolz, 546, 562]. Folgt man dieser Deutung, führte kein gerader Weg von der Krise in den Krieg; aber sie begünstigte eine Politik, die ihn riskierte.

4. Der Legitimitätsverfall im Krieg

Krieg und Obrigkeitsstaat

Im Weltkrieg verfiel die Legitimität des monarchischen Obrigkeitsstaats. Denn dieser konnte jenen kurzen und erfolgreichen Krieg nicht führen, den viele Deutsche im August 1914 euphorisch begrüßt hatten. Als sich statt dessen ein „totaler" Krieg abzeichnete, überforderte es ihn auch, militärische und zivile Gewalt zu koordinieren, die Wirtschaft für den Krieg zu mobilisieren oder die Konflikte in der Kriegsgesellschaft, um der Geschlossenheit nach außen willen, zu entschärfen. Schließlich konnte der Obrigkeitsstaat den Krieg politisch nicht meistern, zerfloß ihm der Konsens des „Burgfriedens", wurde er der Polarisierung und Radikalisierung im Inneren nicht Herr [Überblick: 414: W. MICHALKA (Hrsg.), Weltkrieg; 412: G. MAI, Ende; 384: R. CHICKERING, Germany; noch wichtig: 395: H. HERZFELD, Weltkrieg; 404: P. GRAF KIELMANSEGG, Deutschland].

Weltkriegsforschung und „Augusterlebnis"

Daß die Nation im August 1914 einig und begeistert in den Krieg aufgebrochen sei, bestreitet die neueste Forschung. So erschien das „Augusterlebnis" in einem anderen Licht, als sich die Forschung [G. KRUMEICH, Kriegsgeschichte im Wandel, in: 398: 11–24; B. THOSS, Der Erste Weltkrieg als Ereignis und Erlebnis, in: 414: 1012–1043] von militärischen, diplomatischen und politischen, zuletzt durch die „Fischer-Kontroverse" bestimmten Themen den wirtschaftlich-sozialen Fragen zuwandte [407: J. KOCKA, Klassengesellschaft; 388: G. D. FELDMAN, Armee] und besonders, als sie alltags- und erfahrungsgeschichtliche Themen aufgriff [„zivile" Alltagswelt: 435: V. ULLRICH, Kriegsalltag; 386: U. DANIEL, Arbeiterfrauen; Kriegserfahrungen der Soldaten: 398: G. HIRSCHFELD/G. KRUMEICH (Hrsg.), Keiner; 399: DIES./ D. LANGEWIESCHE/H.-P. ULLMANN (Hrsg.), Kriegserfahrungen; 442: B. ZIEMANN, Front]. Denn die publizierten, öffentlich diskutierten Sinndeutungen des Kriegs [416: W. J. MOMMSEN (Hrsg.), Kultur], die in den „Ideen von 1914" gipfelten, entsprachen keineswegs den Reaktionen der Bevölkerung [436: J. T. VERHEY, Spirit]. Diese wird man vielmehr im Zeitablauf, nach Stadt und Land sowie nicht zuletzt nach sozialen Schichten differenzieren, sich das „Augusterlebnis" insgesamt als widersprüchlich vorstellen müssen [393: C. GEINITZ, Kriegsfurcht; vergleichend: 422: TH. RAITHEL, „Wunder"].

Kontroverse über die „Burgfriedenspolitik" der Sozialdemokratie

Stand die Arbeiterschaft, zumal die sozialdemokratische, anders als das national gesinnte Bürgertum dem Krieg skeptisch bis ablehnend gegenüber, stellt sich erneut die Frage, warum die SPD-Reichstagsfraktion die Kriegführung und, was nicht notwendig dasselbe war, den

„Burgfrieden" bedingungslos unterstützte. Die Entscheidung der Partei wird kontrovers beurteilt, da mit ihr die Vorkriegspolitik der Sozialdemokratie und die Integration der Arbeiterschaft in die wilhelminische Gesellschaft zur Debatte stehen [vgl. S. 87]. Für die einen ergab sich die „Burgfriedenspolitik" als logische Konsequenz einer langen Entwicklung. Andere betonen dagegen den Bruch mit der sozialdemokratischen Tradition. D. GROH erklärt diesen mit der überlegenen Politik der Reichsleitung unter Bethmann Hollweg [230: Integration, 577 ff.]; für S. MILLER gab dagegen die Situation im August 1914 den Ausschlag: Die Fraktion habe den Kriegskrediten aus Gründen der Landesverteidigung gegen Rußland zugestimmt, auch in der Hoffnung auf Integration und Reformen, weniger aus Angst vor Repression und sich dabei „im Einklang nicht nur mit der überwältigenden Mehrheit des deutschen Volkes, sondern auch mit der ihrer übrigen Parteimitglieder" befunden [415: Burgfrieden, 68]. Diese Interpretation hat breite Zustimmung gefunden. Nur die Deutung des Verhältnisses von Führung und Basis, gerichtet gegen die „Verrats-These" der DDR-Forschung, stieß bei F. BOLL [381: Frieden] und in mancher Regionalstudie auf Skepsis. Zuletzt hat W. KRUSE den „Burgfriedensschluß" der Sozialdemokratie nicht dem Drängen der „mehr verunsicherten als begeisterten Anhängerschaft", sondern dem „Augusterlebnis" der Politiker und Funktionäre zugeschrieben. Obwohl diese von einer deutschen Schuld am Krieg ausgegangen seien, hätten sie sich in die Kriegsnation eingereiht, um eine „positive, auf gesellschaftlicher Gleichberechtigung basierende nationale Integration" der Arbeiterschaft zu erreichen [409: Krieg, 223 f.]. Die Folgen der August-Entscheidung, deren vielschichtige Motive Kruse zu monokausal deutet, reichten weit. Denn mit ihr gab die Mehrheit der Sozialdemokratie die grundsätzliche Opposition gegen Staat, Regierung und bürgerliche Gesellschaft auf. Politische Frontlinien wurden dadurch neu gezogen, die innere Machtverteilung änderte sich.

NIPPERDEY: „Stunde der Militärs"

Im Krieg schlug zweifellos die „Stunde der Militärs" (Th. NIPPERDEY). Strittig ist, wie weitgehend die Innenpolitik militarisiert wurde. Das gilt zuerst für die Beziehung von Militärführung und Reichsleitung. Sie zu koordinieren, oblag dem Kaiser. Obwohl Wilhelm II. diese Aufgabe nicht erfüllte und an Einfluß verlor, blieb er als „Oberster Kriegsherr" wichtig [W. DEIST, Kaiser Wilhelm II. als Oberster Kriegsherr, in: 178: 1–18]. So arbeiteten Reichs- und Oberste Heeresleitung bis 1916 weniger mit- als neben- und gegeneinander [376: H. AFFLERBACH, Falkenhayn]. In der zweiten Kriegshälfte gewann das Militär die Oberhand. Die dritte Oberste Heeresleitung, durch den Hindenburg-

Mythos sowie die Sieges- und Friedenshoffnung der Bevölkerung plebiszitär legitimiert, schob Wilhelm II. beiseite und höhlte den Symbolwert des Kaisertums aus [B. SÖSEMANN, Der Verfall des Kaisergedankens im Ersten Weltkrieg, in: 164: 145–170], drängte konkurrierende militärische Stellen zur Seite und überspielte die Reichsleitung in der Außen- wie Innenpolitik. Gab es, von Überlegungen der nationalen Rechten abgesehen [434: B. THOSS, Rechte], eine Diktatur der dritten OHL? A. ROSENBERG [84: Entstehung, 101 ff.] sprach verkürzt von einer „Diktatur des Generals Ludendorff", und viele Historiker sind seiner Analyse gefolgt: nicht in der Begrifflichkeit, da im staatsrechtlichen Sinn keine Militärdiktatur herrschte, wohl aber der Sache nach. Das gilt etwa für G. RITTER [201: Staatskunst, Bd. 3 und 4] oder M. KITCHEN, der von einer „silent dictatorship" [405] spricht. Andere wie W. DEIST haben dagegen argumentiert, die OHL, genauer: eine Gruppe von Offizieren um Ludendorff, sei zwar zur „allein entscheidenden militärischen und maßgeblichen politischen Institution" [5: (Bearb.), Militär, LIII] aufgestiegen; von einer Diktatur könne aber nicht gesprochen werden, da sie keine konsistente Politik im Inneren betrieben, den Reichstag nicht zu beherrschen vermocht und der Mitarbeit ziviler Institutionen bedurft habe. Ähnliches gilt für die mittlere und untere Ebene, die im Unterschied zum Konflikt an der Staatsspitze kaum untersucht ist. Das Ausnahmerecht [432: C. SCHUDNAGIES, Kriegs- oder Belagerungszustand] räumte den Militärbefehlshabern in ihrem Kommandobereich zwar weite Befugnisse ein, steckte jedoch nur den Rahmen für das Verhältnis zwischen zivilen und militärischen Instanzen ab. In der täglichen Verwaltungspraxis mußten sich die Militärs gegenüber Zivilbehörden durchsetzen, die ihnen jeden Sachverstand in administrativen Dingen absprachen und nur widerstrebend militärischen Befehlen folgten [431: W.-R. SCHRUMPF, Kommandogewalt].

Diktatur der Obersten Heeresleitung?

Während die Reichsleitung gegenüber dem Militär, zumal der Obersten Heeresleitung seit 1916 und vollends mit Bethmann Hollwegs Sturz 1917 [150: K. JARAUSCH, Chancellor] an Gewicht verlor, gewann der Reichstag, vor allem durch den „Hauptausschuß" [429: R. SCHIFFERS] als parlamentarische Kontrollinstitution, an Macht wie an Kompetenz und beanspruchte, nicht zuletzt in Angelegenheiten des Kriegs und der Außenpolitik mitzureden [420: T. OPPELLAND, Reichstag]. Seit dem Winter 1916/17 arbeiteten auch die Reformparteien (Sozialdemokratie und Linksliberale, Zentrum und teilweise die Nationalliberalen) enger zusammen, richteten dazu den „Interfraktionellen Ausschuß" [379: U. BERMBACH, Vorformen] ein, wirkten in der Julikrise 1917 am Sturz des Kanzlers entscheidend mit und bauten ihren Einfluß

Parlamentarisierung?

danach noch aus. Wie weit kam die Parlamentarisierung in den letzten beiden Kriegsjahren voran, und welches Gewicht erlangte der Reichstag? Jene, die das Kaiserreich schon vor 1914 auf dem Weg zu einem parlamentarischen System sehen [vgl. S. 89f., vor allem: 305: M. RAUH, Parlamentarisierung], deuten die Entwicklung gradliniger, betonen mehr die Fort- als die Rückschritte und schätzten die Gegensätze zwischen den Mehrheitsparteien geringer, das Gewicht des Parlaments höher ein als die Kritiker der Parlamentarisierungsthese. In ihren Augen standen einem parlamentarischen System nicht nur die fortdauernde Uneinigkeit der Mehrheitsparteien und ihr fehlender Wille zur Übernahme der Regierungsgewalt entgegen, sondern auch die Macht der Obersten Heeresleitung, die seit 1917 wuchs, zumal sie Teile von Heer und Bevölkerung hinter sich wußte [246: W. LOTH, Katholiken, 325ff.]. Selbst wenn die Reformparteien das Gewicht des Reichstags zu stärken vermochten, geschah das nur einer Reichsleitung gegenüber, die an Einfluß verlor, keine Macht mehr über die Kriegsführung besaß und selbst die Kriegswirtschaft [Überblick: 394: G. HARDACH, Weltkrieg] immer weniger zu steuern vermochte.

Primat des Staates oder der Wirtschaft?

Der Krieg brachte Wirtschaft und Staat in ein Nahverhältnis, wie es vor 1914 [vgl. S. 79f.] undenkbar gewesen wäre [Kriegsvorbereitung: 383: L. BURCHARDT, Friedenswirtschaft] und das deshalb heftigen Streit über die Wirtschaftsordnung der Nachkriegszeit auslöste [443: F. ZUNKEL, Industrie]. Wie verteilten sich im Krieg die Gewichte zwischen Ökonomie und Politik [321: G. AMBROSIUS, Staat]? Die Wirtschaft habe sich im nationalen Interesse dem Staat und seiner Kriegführung unterordnen müssen, meinte E. R. HUBER [147: Verfassungsgeschichte, Bd. 5, 73ff.]. Umgekehrt behauptete die DDR-Historiographie, dem Konzept des „staatsmonopolistischen Kapitalismus" folgend, die Politik sei von der Monopolwirtschaft in Dienst genommen worden. Dagegen hob J. KOCKA hervor, der Staat habe über eine relative Autonomie verfügt und diese, obwohl im Krieg enger mit der Wirtschaft verflochten, noch erweitern können [407: Klassengesellschaft, 96ff.]. G. D. FELDMAN [388: Armee], der rüstungs- und sozialpolitische Entscheidungen analysierte, kam zu einem ähnlichen Ergebnis, unterschied aber zwei Phasen: Bis 1916 handelten die staatlichen Stellen weitgehend unabhängig von wirtschaftlichen Interessen; dann büßten sie ihre relative Autonomie gegenüber der Industrie wie der Arbeiterschaft ein und vermochten konkurrierende gesellschaftliche Interessen immer weniger auszugleichen.

Neuere Forschungen zur Kriegswirtschaft

FELDMANS Studie regte dazu an, das Mit- und Gegeneinander institutionalisierter wie informeller Gruppen in Wirtschaft, Politik und

Militär jenseits rechtlicher Regelungen, ideologischer Vorgaben und abstrakter Modelle zu untersuchen [389: Weltkrieg; zuletzt: The Great Disorder. Oxford 1993]. Das geschah vorzüglich auf drei Gebieten: Da war erstens der Arbeitsmarkt. Die Oberste Heeresleitung wollte dem Mangel an Arbeitern durch eine „Militarisierung der Arbeitsverhältnisse" (G. MAI) steuern. Dagegen setzten Reichsleitung und Reichstagsmehrheit ein Hilfsdienstgesetz durch, das die Freizügigkeit in ziviler Form beschränkte und den Gewerkschaften entgegenkam [380: H.-J. BIEBER, Gewerkschaften, 296 ff.], der Industrie dagegen als gefährliches Präjudiz für die Nachkriegszeit galt. Es verringerte die Fluktuation der Arbeiter und konzentrierte sie in Rüstungsbetrieben, mobilisierte aber kaum neue, vor allem keine Facharbeiter, erwies sich daher aus Sicht der Militärs als Mißerfolg [413: G. MAI, Kriegswirtschaft, 165 ff.]. Dafür war die sozialpolitische Wirkung groß, das Gesetz insofern ein „Triumph" bürgerlicher Sozialreform [423: U. RATZ, Arbeitsgemeinschaft, 292], als es Teile des Weimarer Sozialstaats vorwegnahm. Zweitens interessierte die Praxis der Bewirtschaftung, sei es für Branchen [439: K. WIEGMANN, Textilindustrie, 29 ff.], Regionen [427: H. P. SCHÄFER, Wirtschaftspolitik] oder rüstungswichtige Rohstoffe. Sie stellte ein „Konglomerat aus wirtschaftlicher Selbstverwaltung, traditioneller Einflußnahme und staatlicher Lenkung" dar, immer stärker von den Militärbehörden bestimmt, funktionsfähig aber nur dank Verhandlung und Kompromiß, die den Einfluß ziviler Stellen und großer Industrie wahrten [425: R. ROTH, Staat, 413]. Drittens wurde, vornehmlich auf regionaler und kommunaler Ebene [426: J. RUND, Ernährungswirtschaft] sowie zunehmend mit alltagsgeschichtlichem Ansatz, die Kriegsernährungswirtschaft untersucht [424: A. ROERKOHL, Hungerblockade]. Hier wucherte eine staatliche, meist zivile, aber auch militärische Regulierungsbürokratie, die bestehende, durch die alliierte Blokkade [419: A. OFFER, War] wie die kriegsbedingten Probleme der Landwirtschaft hervorgerufene Engpässe verschärfte und zu großen Ungerechtigkeiten bei der Verteilung fuhrte. Diese, weniger dic Knappheit an sich, ließ das Vertrauen in den Staat schwinden.

Sozialpolitik im Krieg

Nicht allein Marktmechanismus und staatliche Regulierung mischten sich im Krieg; die überkommene Grenzlinie zwischen Staat und Gesellschaft verschwamm ebenfalls [Y.-S. HONG, World War I and the German Welfare State, in: 43: 345–369]. Da die soziale Not wuchs, etwa bei Kriegsversehrten, Frauen und Kindern eingezogener oder getöteter Soldaten, aber auch in anderen Bevölkerungsgruppen [407: J. KOCKA, Klassengesellschaft], fielen viele, die früher nicht zu den Armen gezählt hatten, der öffentlichen Fürsorge anheim. Doch weitete der

Staat seine sozialpolitische Aktivität nicht nur aus; diese veränderte sich auch: indem das Verhältnis von staatlicher und privater Wohltätigkeit neu bestimmt wurde, die öffentliche Fürsorge mit der „Kriegswohlfahrtspflege" weit über die traditionelle Armenhilfe hinaus expandierte und moderneren Prinzipien folgte [Überblick: 344: C. SACHSSE, Mütterlichkeit] oder die Gesellschaftspolitik in vordem private Bereiche wie die soziale Reproduktion hineindrängte. Das wurde zuletzt besonders unter geschlechtergeschichtlicher Perspektive untersucht [396: M. R. HIGONNET/J. JENSON/S. MICHEL/M. C. WEITZ (Hrsg.), Lines; 386: U. DANIEL, Arbeiterfrauen; 410: B. KUNDRUS, Kriegerfrauen]. Erwies sich der Krieg als „Vater des Sozialstaats" (C. SACHSSE), verstärkte er auch die Ambivalenz von wohlfahrtsstaatlicher Intervention und sozialer Disziplinierung, von öffentlicher Leistungsfähigkeit und privatem Unterstützungsanspruch.

Komparatistische Perspektive

Vergleicht man das Verhältnis von Staat, Wirtschaft und Gesellschaft in verschiedenen europäischen Ländern [437: R. WALL/J. WINTER (Hrsg.), Upheaval; 440: J. WINTER/J.-L. ROBERT (Hrsg.), Capital cities; 400: J. HORNE (Hrsg.), State] treten nicht nur die gravierenderen wirtschaftlichen und sozialen Probleme des Kaiserreichs im Krieg hervor; deutlich wird auch, daß sich zivile wie militärische Stellen tatsächlich und – nicht minder wichtig – in den Augen der Betroffenen als unfähig erwiesen, den Wirkungen des Kriegs zu steuern und dessen Lasten einigermaßen gerecht zu verteilen. Das untergrub die Autorität des Obrigkeitsstaats. Ebenso ließen die riesige Zahl an Toten und Verwundeten [438: R. W. WHALEN, Wounds] oder der Argwohn, ob das Reich wirklich einen „Verteidigungskrieg" führe, am Sinn des Kriegs zweifeln. Dieser „alltäglichen ‚Delegitimierung'" (G. KRUMEICH) lief auf politischer Ebene die Auflösung des „Burgfriedens" in der Diskussion über Kriegsziele und innere Reformen parallel [Regionalstudie: 418: K.-P. MÜLLER, Politik].

Debatte um die Ziele des Kriegs

Die Frage der Kriegsziele [391: F. FISCHER, Griff; 433: G.-H. SOUTOU, L'or] läßt sich von der Debatte um die Kriegsschuld nicht trennen [vgl. S. 96ff.]. So wird gerade Bethmann Hollwegs „Septemberprogramm", vor der Marne-Schlacht formuliert, nach wie vor unterschiedlich beurteilt. Für F. Fischer enthielt es die deutschen Kriegsziele und enthüllte zugleich den Grund für den Krieg: den Hegemonialanspruch des Reichs in Europa. Seine Kritiker betonten dagegen, die Denkschrift sei ebenso zeitgebunden wie vorläufig gewesen, und insistierten auf dem Unterschied von Kriegsgrund und Kriegsziel. Trotzdem spiegelt das Programm eine Art mittlerer Linie wider „zwischen den extremen Zielen der Militärs, der rechtsgerichteten Kreise der Öffentlichkeit einschließlich der Schwerindustrie und den vergleichsweise zurückhaltenden Einstellungen im Lager der politischen Linken" [70: W. J. MOMMSEN, Bürgerstolz, 622]. Da die Reichsleitung in den folgenden Monaten weder die wahre Lage des Reichs zugab noch sich öffentlich in der Kriegszielfrage festlegte, aber die Kriegszieldiskussion auch nicht unterbinden konnte und wollte [417: DERS., Regierung; 385: M. CREUTZ, Pressepolitik], entwickelte sich diese zu einem innenpolitischen Sprengsatz. Für das Problem der inneren „Neuorientierung", zumal der preußischen Wahlrechtsfrage [421: R. PATEMANN, Kampf], galt das ebenfalls.

Innere Polarisierung: Spaltung der Sozialdemokratie

So verlor nicht nur die Reichsleitung an Autorität; auch die innere Polarisierung nahm schon in der ersten, vor allem aber in der zweiten Kriegshälfte zu. Ein deutliches Zeichen setzte die Spaltung der Sozialdemokratie: für die einen schon in den Richtungskämpfen der Vorkriegszeit angelegt, für die anderen eine Folge des Kriegs. So führt S. MILLER den Bruch auf den Dissens über den „Burgfriedensschluß", aber auch auf eine überzogene, weil die nationale Frage einbeziehende Parteidisziplin zurück. Diese ließ der Opposition zu wenig Raum, so daß sich, für Miller inhaltlich nicht zwingend, mehr als nur der linksradikale Flügel abtrennte [415: Burgfrieden, 75 ff.]. Zuletzt hat W. KRUSE die „grundlegende Bedeutung des Krieges für die Spaltung der Sozialdemokratie" noch einmal betont, die These von der überspannten Parteidisziplin und des Bruchs an falscher Stelle aber zurückgewiesen. Dieser sei vielmehr die „logische Konsequenz auseinandertreibender politischer Strategien" gewesen [409: Krieg, 225], habe doch die Mehrheit ihre Politik der Integration um jeden Preis fortsetzen und die Minderheit bzw. die USPD [250: D. W. MORGAN, Socialist Left] einen entschiedenen Kurs gegen Krieg und Staat steuern wollen.

Gründung der Deutschen Vaterlandspartei

Ein weiteres Zeichen der Polarisierung war die Gründung der Deutschen Vaterlandspartei. Diese stand für D. STEGMANN noch in der Tradition der Sammlungspolitik [278: Erben, 497 ff.], wies aber schon „proto-faschistische" Züge auf [Vom Neokonservatismus zum Proto-Faschismus, in: 279: 199–230], war insofern eine ambivalente, darum einflußreiche und wirkungsvolle „Massenbewegung von rechts". Auch G. ELEY [220: Reshaping, 335 ff.] galt die Vaterlandspartei als Brücke zur Weimarer Republik, habe sie doch erfolgreich die nationale Rechte geeint, Massen mobilisiert und gegen die Regierung geführt. Dagegen betont H. HAGENLÜCKE [232: Vaterlandspartei] nicht nur den geringen Einfluß, zumal gegenüber der Reichsleitung, eher schon bei der Obersten Heeresleitung, sondern auch die rückwärtsgewandten Züge der Vaterlandspartei. Sie habe zwar den Weg der nationalen Verbände auf einen Höhepunkt geführt: in der Opposition gegen die Regierung; in einer Rekrutierung, die das rechte Spektrum voll ausschöpfte, aber eben nur dieses, und einer sozialen Zusammensetzung, die gebildete und besitzende Bürger prägten; aber auch in der Diskrepanz zwischen dem kleinen Kreis aktiver und der großen Zahl weitgehend passiver Mitglieder. Eine „proto-faschistische" Organisation sei die Vaterlandspartei aber nicht gewesen, meint Hagenlücke und unterschätzt damit ihre in die Zukunft weisende Ambivalenz.

Kriegsverdrossenheit: Proteste und Desertionen

Die Polarisierung in Gegner und Befürworter des Kriegs spiegelte die zunehmende Kriegsverdrossenheit in breiten Bevölkerungskreisen wider [377: K.-L. AY, Entstehung], die sich außerhalb des politischen Systems und bestehender Organisationen in überkommenen Protestformen wie Hungerkrawallen oder spontanen Streiks artikulierte. Diese Proteste ganz verschiedenen Typs sind in zahlreichen Lokalstudien [etwa: 382: F. BOLL, Massenbewegungen], wenn auch noch nicht, besonders die Januarstreiks von 1918, in einer übergreifenden Darstellung untersucht worden [knapper Überblick: V. ULLRICH, Kriegsalltag, in: 414: 603–621]. Dagegen kommt die Analyse von Verweigerungen, Desertionen und Meutereien in Heer und Marine erst langsam in Gang [W. KRUSE, Krieg und Klassenheer, in: GG 22 (1996) 530–561; 402: C. JAHR, Soldaten]. Diese eskalierten im letzten Kriegsjahr zu einem „verdeckten Militärstreik" [W. DEIST, Der militärische Zusammenbruch des Kaiserreichs, in: 178: 211–233], der die Armee als Kampfinstrument nach außen wie innen erodieren ließ.

Oktoberreformen und Novemberrevolution

Weil der monarchische Obrigkeitsstaat in der „Heimat" wie an der Front immer mehr an Autorität einbüßte und Legitimität verlor, war die Revolution kein Mißverständnis [408: E. KOLB (Hrsg.), Kaiserreich; 406: U. KLUGE, Revolution]. Gewiß hatten die Oktoberreformen eine parlamentarische Monarchie geschaffen. Doch war schon strittig, wie diese entstand. Für die einen, etwa TH. ESCHENBURG [Die improvisierte Demokratie. München 1963, 11–60], geschah das durch eine „Revolution von oben", ausgelöst durch die Oberste Heeresleitung und mit dem Ziel, die Folgen des verlorenen Kriegs abzuwälzen. Andere führten die Parlamentarisierung des Reichs vor allem auf die Mehrheitsparteien des Reichstags zurück, die in der Verfassungsfrage initiativ wurden [305: M. RAUH, Parlamentarisierung, 422 ff.]. Für die neuere Forschung wirkten beide, wenn auch unterschiedlich gewichtet, zusammen, ja, G. MAI meint sogar, die Parlamentarisierung habe „drei politische Väter" gehabt, mißt also dem Druck des amerikanischen Präsidenten erhebliche Bedeutung bei [412: Ende, 158]. Unterschiedlich werden auch die Erfolgschancen der Oktoberreform beurteilt. A. ROSENBERG [84: Entstehung, 224] meinte noch, diese sei bereits der „vollständige Sieg der bürgerlichen Demokratie“, die Novemberrevolution, „die wunderlichste aller Revolutionen“, daher überflüssig gewesen. Die neuere Forschung widerspricht dieser Deutung. Für sie stand nicht nur das parlamentarische System auf schwachen Füßen; auch hatte es bislang keinen wirklichen Bruch mit dem autoritären, durch den Krieg delegitimierten System des Kaiserreichs gegeben; und schließlich war der Krieg noch nicht zu Ende. So hatte die Novemberrevolution „ihre eigene Notwendigkeit“ (TH. NIPPERDEY).

III. Quellen und Literatur

Die Abkürzungen von Zeitschriften entsprechen denen in der „Historischen Zeitschrift".

A. Quellen

1. V. Berghahn/W. Deist (Hrsg.), Rüstung im Zeichen der wilhelminischen Weltpolitik. Grundlegende Dokumente 1890–1914. Düsseldorf 1988.
2. O. von Bismarck, Die gesammelten Werke. Hrsg. v. H. v. Petersdorff u.a. 15 Bde. Berlin 1924–1935, ND Nendeln 1972.
3. O. von Bismarck, Die politischen Reden des Fürsten Bismarck. Historisch-kritische Gesamtausgabe. Hrsg. v. H. Kohl. 14 Bde. Stuttgart 1892–1905, ND Aalen 1969/1970.
4. K. E. Born/H. Henning/F. Tennstedt (Hrsg.), Quellensammlung zur Geschichte der deutschen Sozialpolitik 1867 bis 1914. bisher: I. Abtlg. (1867–1881), Bd. 1–4; II. Abtlg. (1881–1890), Bd. 2/I; IV. Abtlg. (1905–1914), Bd. 1 u. 2, 3/I-III, 4/I–II; Beihefte. Wiesbaden/Stuttgart 1978–1998.
5. W. Deist (Bearb.), Militär und Innenpolitik im Weltkrieg 1914–1918. 2 Tle. Düsseldorf 1970.
6. E. Deuerlein (Hrsg.), Briefwechsel Hertling-Lerchenfeld 1912–1917. Dienstliche Privatkorrespondenz zwischen dem bayerischen Ministerpräsidenten Georg Graf von Hertling und dem bayerischen Gesandten in Berlin Hugo Graf von und zu Lerchenfeld. 2 Tle. Boppard 1973.
7. K. D. Erdmann (Hrsg.), Kurt Riezler. Tagebücher, Aufsätze, Dokumente. Göttingen 1972.
8. H. Fenske (Hrsg.), Im Bismarckschen Reich 1871–1890. Darmstadt 1978.
9. H. Fenske (Hrsg.), Unter Wilhelm II. 1890–1918. Darmstadt 1982.

10. H. FENSKE (Hrsg.), Quellen zur deutschen Innenpolitik 1890–1914. Darmstadt 1991.
11. W. P. FUCHS (Hrsg.), Großherzog Friedrich I. von Baden und die Reichspolitik 1871–1907. 4 Bde. Stuttgart 1968–1980.
12. E. HEINEN (Hrsg.), Staatliche Macht und Katholizismus in Deutschland. Bd. 2: Dokumente des politischen Katholizismus von 1867 bis 1914. Paderborn 1979.
13. J. HEYDERHOFF/P. WENTZCKE (Hrsg.), Deutscher Liberalismus im Zeitalter Bismarcks. Eine politische Briefsammlung. Bd. 2: Im Neuen Reich 1871–1891. Politische Briefe aus dem Nachlaß liberaler Parteiführer. Bonn 1926, ND Osnabrück 1967.
14. E. R. HUBER (Hrsg.), Dokumente zur deutschen Verfassungsgeschichte. Bd. 2: Deutsche Verfassungsdokumente 1851–1900; Bd. 3: Deutsche Verfassungsdokumente 1900–1918. Stuttgart 3. Aufl. 1986/3. Aufl. 1990.
15. TH. KÜHNE, Handbuch der Wahlen zum Preußischen Abgeordnetenhaus 1867–1918. Wahlergebnisse, Wahlbündnisse und Wahlkandidaten. Düsseldorf 1994.
16. E. MATTHIAS unter Mitw. v. R. MORSEY (Bearb.), Der Interfraktionelle Ausschuß 1917/18. 2 Tle. Düsseldorf 1959.
17. E. MATTHIAS/R. MORSEY (Bearb.), Die Regierung des Prinzen Max von Baden. Düsseldorf 1962.
18. E. MATTHIAS/E. PIKART (Bearb.), Die Reichstagsfraktion der deutschen Sozialdemokratie 1898–1918. 2 Bde. Düsseldorf 1966.
19. S. MILLER (Bearb.), Das Kriegstagebuch des Reichstagsabgeordneten Eduard David 1914 bis 1918. Düsseldorf 1966.
20. J. PENZLER (Hrsg.), Die Reden Kaiser Wilhelms II. 4 Bde. Leipzig 1897–1913.
21. P. RASSOW/K. E. BORN (Hrsg.), Akten zur staatlichen Sozialpolitik in Deutschland 1890–1914. Wiesbaden 1959.
22. K.-P. REISS (Bearb.), Von Bassermann zu Stresemann. Die Sitzungen des nationalliberalen Zentralvorstandes 1912–1917. Düsseldorf 1967.
23. G. A. RITTER (Hrsg.), Das Deutsche Kaiserreich 1871–1914. Ein historisches Lesebuch. Göttingen (1975) 5. Aufl. 1992.
24. G. A. RITTER unter Mitarb. v. E. NIEHUSS, Wahlgeschichtliches Arbeitsbuch. Materialien zur Statistik des Kaiserreichs 1871–1918. München 1980.
25. J. C. G. RÖHL (Hrsg.), Philipp Eulenburgs Politische Korrespondenz. Bd. 1: Von der Reichsgründung bis zum Neuen Kurs 1866–1891; Bd. 2: Im Brennpunkt der Regierungskrise 1892–1895;

Bd. 3: Krisen, Krieg und Katastrophen 1895–1921. Boppard 1976/1979/1983.
26. Reichs-Gesetzblatt. Jg. 1871–1918. 49 Bde. Berlin 1871–1918.
27. R. SCHIFFERS/M. KOCH in Verb. m. H. BOLDT (Bearb.), Der Hauptausschuß des Deutschen Reichstags 1915–1918. 4 Bde. Düsseldorf 1981.
28. K. SCHÖNHOVEN (Bearb.), Die Gewerkschaften in Weltkrieg und Revolution 1914–1919. Köln 1985.
29. B. SÖSEMANN (Hrsg.), Theodor Wolff, Tagebücher 1914–1919. Der Erste Weltkrieg und die Entstehung der Weimarer Republik in Tagebüchern, Leitartikeln und Briefen des Chefredakteurs am „Berliner Tageblatt" und Mitbegründers der „Deutschen Demokratischen Partei". 2 Tle. Boppard 1984.
30. M. STÜRMER (Hrsg.), Bismarck und die preußisch-deutsche Politik 1871 bis 1890. München (1970) 3. Aufl. 1978.
31. Verhandlungen des Reichstages. I.-XIII. Legislaturperiode. Stenographische Berichte. 325 Bde. Dazu: Anlagen zu den Stenographischen Berichten. Berlin 1871–1918.
32. R. VIERHAUS (Hrsg.), Das Tagebuch der Baronin Spitzemberg geb. Freiin von Varnbüler. Aufzeichnungen aus der Hofgesellschaft des Hohenzollernreiches. Göttingen (1960) 4. Aufl. 1976, TB 2. Aufl. München 1979.

B. Literatur

1. Allgemeine Darstellungen, Aufsatzsammlungen, Kaiserreich-Deutungen

33. V. BERGHAHN, Imperial Germany, 1871–1914. Economy, Society, Culture, and Politics. Providence 1994.
34. D. BLACKBOURN, Populists and Patricians. Essays in Modern German History. London 1987.
35. D. BLACKBOURN, The Fontana History of Germany, 1780–1918: the Long Nineteenth Century. London 1997.
36. D. BLACKBOURN/G. ELEY, The Peculiarities of German History. Bourgeois Society and Politics in Nineteenth-Century Germany, Oxford 1984 (dt. Frankfurt 1980).
37. H. BÖHME (Hrsg.), Probleme der Reichsgründungszeit 1848–1879. Köln 1968.

38. K. E. BORN, Von der Reichsgründung bis zum Ersten Weltkrieg, in: Gebhardt. Handbuch der deutschen Geschichte. Hrsg. H. Grundmann. Bd. 3. ND 9. Aufl. Stuttgart 1993, 221–375, TB 15. Aufl. München 1994.
39. W. BUSSMANN, Das Zeitalter Bismarcks, in: Handbuch der deutschen Geschichte. Hrsg. L. Just. Bd. 3/2. (Konstanz 1956) 4. Aufl. Frankfurt 1968.
40. R. CHICKERING (Hrsg.), Imperial Germany. A Historiographical Companion. Westport 1996.
41. Deutscher Sonderweg. Mythos oder Realität? Hrsg. v. Institut für Zeitgeschichte. München 1982.
42. A. DORPALEN, German History in Marxist Perspective. The East German Approach. London 1985.
43. G. ELEY (Hrsg.), Society, Culture, and the State in Germany, 1870–1930. Ann Arbor 1996.
44. G. ELEY, From Unification to Nazism. Reinterpreting the German Past. Boston 1986, ND London 1992.
45. R. J. EVANS, Rethinking German History. Nineteenth Century Germany and the Origins of the Third Reich. London 1987.
46. R. J. EVANS (Hrsg.), Society and Politics in Wilhelmine Germany. London 1978.
47. B. FAULENBACH, Ideologie des deutschen Weges. Die deutsche Geschichte in der Historiographie zwischen Kaiserreich und Nationalsozialismus. München 1980.
48. E. FEHRENBACH, Die Reichsgründung in der deutschen Geschichtsschreibung, in: [85: 259–290].
49. E. FEHRENBACH, Verfassungsstaat und Nationsbildung 1815–1871. München 1992.
50. A. FISCHER/G. HEYDEMANN (Hrsg.), Geschichtswissenschaft in der DDR. 2 Bde. Berlin 1988.
51. L. GALL, Europa auf dem Weg in die Moderne 1850–1890. München (1989) 3. Aufl. 1997.
52. H. GREBING, Der „deutsche Sonderweg“ in Europa 1806–1945. Eine Kritik. Stuttgart 1986.
53. N. HAMMERSTEIN (Hrsg.), Deutsche Geschichtswissenschaft um 1900. Stuttgart 1988.
54. D. HERTZ-EICHENRODE, Deutsche Geschichte 1871–1890. Das Kaiserreich in der Ära Bismarck. Stuttgart 1992.
55. D. HERTZ-EICHENRODE, Deutsche Geschichte 1890–1918. Das Kaiserreich in der Wilhelminischen Zeit. Stuttgart 1996.
56. K. HILDEBRAND, Der deutsche Eigenweg. Über das Problem der

Normalität in der modernen Geschichte Deutschlands und Europas, in: M. Funke/H.-A. Jacobsen/H.-H. Knütter/ H.-P. Schwarz (Hrsg.), Demokratie und Diktatur. Geist und Gestalt politischer Herrschaft in Deutschland und Europa. Düsseldorf 1987, 15–34.

57. K. Hildebrand, Das vergangene Reich. Deutsche Außenpolitik von Bismarck bis Hitler 1871–1945. Stuttgart 1995.

58. G. G. Iggers, Geschichtswissenschaft im 20. Jahrhundert. Ein kritischer Überblick im internationalen Zusammenhang. Göttingen 1993.

59. G. G. Iggers, Neue Geschichtswissenschaft. Vom Historismus zur historischen Sozialwissenschaft. München 1978.

60. E. Kehr, Der Primat der Innenpolitik. Gesammelte Aufsätze zur preußisch-deutschen Sozialgeschichte im 19. und 20. Jahrhundert. Hg. H.-U. Wehler. (Berlin 1965) 3. Aufl. Frankfurt 1976.

61. J. Kocka, Geschichte und Aufklärung. Aufsätze. Göttingen 1989.

62. D. Langewiesche (Hrsg.), Ploetz. Das deutsche Kaiserreich. 1867/71 bis 1918. Bilanz einer Epoche. Freiburg 1984.

63. H. Lehmann/J. van Horn Melton (Hrsg.), Paths of Continuity. Central European Historiography from the 1930s to the 1950s. Cambridge 1994.

64. C. Lorenz, Beyond Good and Evil? The German Empire of 1871 and Modern German Historiography, in: JContH 30 (1995) 729–765.

65. W. Loth, Das Kaiserreich. Obrigkeitsstaat und politische Mobilisierung. München 1996.

66. E. Marcks, Der Aufstieg des Reiches. Deutsche Geschichte von 1807–1871/78. 2 Bde. Stuttgart 1936/1943.

67. G. Martel (Hrsg.), Modern Germany Reconsidered, 1870–1945. London 1992.

68. W. Mock, „Manipulation von oben“ oder Selbstorganisation der Basis? Einige neuere Ansätze in der englischen Historiographie zur Geschichte des deutschen Kaiserreichs, in: HZ 232 (1981) 358–375.

69. R. Moeller, The Kaiserreich Recast? in: JSH 17 (1984) 655–683.

70. W. J. Mommsen, Bürgerstolz und Weltmachtstreben. Deutschland unter Wilhelm II. 1890 bis 1918. Berlin 1995.

71. W. J. Mommsen, Die latente Krise des Deutschen Reiches 1909–1914, in: Handbuch der deutschen Geschichte. Hrsg. L. Just. Bd. 4/1a. Frankfurt 1973, 1–120.

72. W. J. MOMMSEN, Der autoritäre Nationalstaat. Verfassung, Gesellschaft und Kultur des deutschen Kaiserreiches. 2. Aufl. Frankfurt 1992.
73. W. J. MOMMSEN, Das Ringen um den nationalen Staat. Die Gründung und der innere Ausbau des Deutschen Reiches unter Otto von Bismarck 1850 bis 1890. Berlin 1993.
74. TH. NIPPERDEY, Deutsche Geschichte 1866–1918. Bd. 1: Arbeitswelt und Bürgergeist; Bd. 2: Machtstaat vor der Demokratie. München 1990/1992.
75. TH. NIPPERDEY, Gesellschaft, Kultur, Theorie. Gesammelte Aufsätze zur neueren Geschichte. Göttingen 1976.
76. TH. NIPPERDEY, Nachdenken über deutsche Geschichte. Essays. München 1986.
77. W. OBERKROME, Volksgeschichte. Methodische Innovation und völkische Ideologisierung in der deutschen Geschichtswissenschaft 1918–1945. Göttingen 1993.
78. O. PFLANZE (Hrsg.), Innenpolitische Probleme des Bismarck-Reiches. München 1983.
79. P. PULZER, Germany, 1870–1945. Politics, State Formation, and War. Oxford 1997.
80. J. REMARK/J. DUKES (Hrsg.), Another Germany. A Reconsideration of the Imperial Era. Boulder 1988.
81. J. RETALLACK, Germany in the Age of Kaiser Wilhelm II. Houndsmill 1996.
82. J. RETALLACK, Social History with a Vengeance? in: GerStRev 7 (1984) 423–450.
83. G. A. RITTER, Arbeiterbewegung, Parteien und Parlamentarismus. Aufsätze zur deutschen Sozial- und Verfassungsgeschichte des 19. Jahrhunderts. Göttingen 1976.
84. A. ROSENBERG, Die Entstehung der Weimarer Republik. (Berlin 1928 u. d. T.: Die Entstehung der Deutschen Republik 1871–1918) (Frankfurt 1961) Hamburg 1991.
85. TH. SCHIEDER/E. DEUERLEIN (Hrsg.), Reichsgründung 1870/71. Tatsachen, Kontroversen, Interpretationen. Stuttgart 1970.
86. E. SCHULIN (Hrsg.), Deutsche Geschichtswissenschaft nach dem Zweiten Weltkrieg (1945–1965). München 1989.
87. W. SCHULZE, Deutsche Geschichtswissenschaft nach 1945. München 1989, TB 1993.
88. J. J. SHEEHAN, What is German History? Reflections on the Role of the Nation in German History and Historiography, in: JMH 53 (1981) 1–23.

89. M. Stürmer (Hrsg.), Das kaiserliche Deutschland. Politik und Gesellschaft 1870–1918. Düsseldorf (1970) 3. Aufl. 1977.
90. M. Stürmer, Das ruhelose Reich. Deutschland 1866–1918. Berlin 1983.
91. H. von Sybel, Die Begründung des Deutschen Reiches durch Wilhelm I. 7 Bde. München 1889–1894.
92. H.-P. Ullmann, Das Deutsche Kaiserreich 1871–1918. Frankfurt (1995) 4. Aufl. 1997.
93. A. Wahl, Deutsche Geschichte von der Reichsgründung bis zum Ausbruch des 1. Weltkrieges (1871 bis 1914). 4 Bde. Stuttgart 1926–1936.
94. H.-U. Wehler, Deutsche Gesellschaftsgeschichte. Bd. 3: Von der „Deutschen Doppelrevolution" bis zum Beginn des Ersten Weltkrieges 1849–1914. 2. Aufl. München 1996.
95. H.-U. Wehler, Das Deutsche Kaiserreich 1871–1918. Göttingen (1973) 7. Aufl. 1994.
96. H.-U. Wehler, Krisenherde des Kaiserreichs 1871–1918. Studien zur deutschen Sozial- und Verfassungsgeschichte. 2. Aufl. Göttingen 1979.
97. H.-U. Wehler, Modernisierungstheorie und Geschichte. Göttingen 1975.
98. J. Ziekursch, Politische Geschichte des neuen deutschen Kaiserreichs. 3 Bde. Frankfurt 1925–1930.

2. *Nationalismus und „innere" Nationsbildung, Nationalstaat, Bundesstaaten und Regionen*

99. R. Alings, Monument und Nation. Das Bild vom Nationalstaat im Medium Denkmal. Zum Verhältnis von Nation und Staat im deutschen Kaiserreich 1871–1918. Berlin 1996.
100. P. Alter, Nationalismus. Frankfurt 1985.
101. C. Applegate, A Nation of Provincials. The German Idea of Heimat. Berkeley 1990.
102. D. Blasius (Hrsg.), Preußen in der deutschen Geschichte. Königstein 1980.
103. K. E. Born, Preußen und Deutschland im Kaiserreich. Tübingen 1967.
104. O. Büsch (Hrsg.), Handbuch der Preußischen Geschichte. Bd. 2: Das 19. Jahrhundert und Große Themen der Geschichte Preußens. Berlin 1992.

105. O. BÜSCH (Hrsg.), Das Preußenbild in der Geschichte. Protokoll eines Symposions. Berlin 1981.
106. A. CONFINO, The Nation as Local Methaphor. Württemberg, Imperial Germany, and National Memory, 1871–1918. Chapel Hill 1997.
107. E. FRANÇOIS/H. SIEGRIST/J. VOGEL (Hrsg.), Nation und Emotion. Deutschland und Frankreich im Vergleich. 19. und 20. Jahrhundert. Göttingen 1995.
108. W. HARDTWIG, Geschichtskultur und Wissenschaft. München 1990.
109. O. HAUSER (Hrsg.), Preußen, Europa und das Reich. Köln 1987.
110. O. HAUSER (Hrsg.), Zur Problematik „Preußen und das Reich". Köln 1984.
111. H. HATTENHAUER, Deutsche Nationalsymbole. Zeichen und Bedeutung. 2. Aufl. München 1990.
112. J. LINK/W. WÜLFING (Hrsg.), Nationale Mythen und Symbole in der zweiten Hälfte des 19. Jahrhunderts. Strukturen und Funktionen von Konzepten nationaler Identität. Stuttgart 1991.
113. M. HETTLING/P. NOLTE (Hrsg.), Bürgerliche Feste. Symbolische Formen politischen Handelns im 19. Jahrhundert. Göttingen 1993.
114. D. LANGEWIESCHE, Nation, Nationalismus, Nationalstaat: Forschungsstand und Forschungsperspektiven, in: NPL 40 (1995) 190–236.
115. G. L. MOSSE, Die Nationalisierung der Massen. Politische Symbolik und Massenbewegungen von den Befreiungskriegen bis zum Dritten Reich. Frankfurt ND 1993 (engl. New York 1975).
116. H.-J. PUHLE/H.-U. WEHLER (Hrsg.), Preußen im Rückblick. Göttingen 1980.
117. F. SCHELLACK, Nationalfeiertage in Deutschland von 1871 bis 1945. Frankfurt 1990.
118. TH. SCHIEDER, Das deutsche Kaiserreich von 1871 als Nationalstaat. 2. Aufl. Göttingen 1992.
119. H. SCHWARZMAIER (Hrsg.), Handbuch der baden-württembergischen Geschichte. Bd. 3: Vom Ende des Alten Reiches bis zum Ende der Monarchien. Stuttgart 1992.
120. H. W. SMITH, German Nationalism and Religious Conflict. Culture, Ideology, Politics, 1870–1914. Princeton 1995.
121. M. SPINDLER (Hrsg.), Handbuch der bayerischen Geschichte. Bd. 4: Das neue Bayern 1800–1970. 2. Aufl. München 1979.
122. C. TACKE, Denkmal im sozialen Raum. Nationale Symbole in Deutschland und Frankreich im 19. Jahrhundert. Göttingen 1995.

123. H. A. Winkler (Hrsg.), Nationalismus. 2. Aufl. Königstein 1985.
124. W. Wülfing/R. Parr/K. Bruns, Historische Mythologie der Deutschen 1789–1918. München 1991.

3. Verfassung, Kaiser und „Reichsleitung", Regierungspraxis

125. E.-W. Böckenförde, Der Verfassungstyp der deutschen konstitutionellen Monarchie im 19. Jahrhundert, in: ders. (Hrsg.), Moderne deutsche Verfassungsgeschichte (1815–1918). 2. Aufl. Königstein 1981, 146–179.
126. K. H. Börner, Wilhelm I., 1797 bis 1888. Deutscher Kaiser und König von Preußen. Eine Biographie. Berlin 1984.
127. H. Boldt, Deutsche Verfassungsgeschichte. Politische Strukturen und ihr Wandel. Bd. 2: Von 1806 bis zur Gegenwart. München 1990.
128. H. Boldt, Deutscher Konstitutionalismus und Bismarckreich, in: [89: 119–142].
129. L. Cecil, Wilhelm II. Bd. 1: Prince and Emperor, 1859–1900; Bd. 2: Emperor and Exile, 1900–1941. Chapel Hill 1989/1996.
130. E. Engelberg, Bismarck. Das Reich in der Mitte Europas. Berlin 1990.
131. E. Engelberg, Bismarck. Urpreuße und Reichsgründer. Berlin (1985) 6. Aufl. 1986.
132. E. Eyck, Bismarck. Leben und Werk. 3 Bde. Erlenbach-Zürich 1941–1944.
133. E. Eyck, Das Persönliche Regiment Wilhelms II. Politische Geschichte des Deutschen Kaiserreichs von 1890 bis 1914. Erlenbach-Zürich 1948.
134. E. Fehrenbach, Bonapartismus und Konservatismus in Bismarcks Politik, in: K. Hammer/P. C. Hartmann (Hrsg.), Der Bonapartismus. Historisches Phänomen und politischer Mythos. München 1977, 39–55.
135. E. Fehrenbach, Wandlungen des deutschen Kaisergedankens 1871–1918. München 1969.
136. G. Fesser, Reichskanzler Bernhard von Bülow. Eine Biographie. Berlin 1991.
137. D. Fraley, Government by Procrastination. Chancellor Hohenlohe and Kaiser Wilhelm II 1894–1900, in: CEH 7 (1974) 159–183.
138. L. Gall, Bismarck. Der weiße Revolutionär. Frankfurt (1980) 8. Aufl. 1990, TB 1993.

139. L. GALL, Bismarck in der Geschichtsschreibung nach 1945, in: K.O. Frhr. von Aretin (Hrsg.), Bismarcks Außenpolitik und der Berliner Kongreß. Wiesbaden 1978, 131–158.
140. L. GALL (Hrsg.), Das Bismarck-Problem in der Geschichtsschreibung nach 1945. Köln 1971.
141. L. GALL, Bismarck und der Bonapartismus, in: HZ 223 (1976) 618–637.
142. W. GUTSCHE, Wilhelm II. Der letzte Kaiser des Deutschen Reiches. Eine Biographie. Berlin 1991.
143. H. HALLMANN (Hrsg.), Revision des Bismarckbildes. Die Diskussion der deutschen Fachhistoriker 1945–1955. Darmstadt 1972.
144. M. HANK, Kanzler ohne Amt. Fürst Bismarck nach seiner Entlassung 1890–1898. München 1977.
145. H.-W. HEDINGER, Bismarck-Denkmäler und Bismarck-Verehrung, in: E. Mai/S. Waetzold (Hrsg.), Kunstverwaltung, Bau- und Denkmal-Politik im Kaiserreich. Berlin 1981, 277–314.
146. F. HERRE, Kaiser Wilhelm I. Der letzte Preuße. Köln 1980.
147. E. R. HUBER, Deutsche Verfassungsgeschichte seit 1789. Bd. 3: Bismarck und das Reich; Bd. 4: Struktur und Krisen des Kaiserreichs; Bd. 5: Weltkrieg, Revolution und Reichserneuerung 1914–1919. Stuttgart (1963) 3. Aufl. 1988/(1969) ND 2. Aufl. 1982/(1978) 2. Aufl. 1992.
148. E. R. HUBER, Die Bismarcksche Reichsverfassung im Zusammenhang der deutschen Verfassungsgeschichte, in: [85: 164–196].
149. I. V. HULL, The Entourage of Kaiser Wilhelm II, 1888–1918. Cambridge 1982.
150. K. JARAUSCH, The Enigmatic Chancellor. Bethmann Hollweg and the Hubris of Imperial Germany. New Haven 1973.
151. TH. A. KOHUT, Wilhelm II and the Germans. A Study in Leadership. Oxford 1991.
152. J. KUNISCH (Hrsg.), Bismarck und seine Zeit. Berlin 1992.
153. M. LENZ, Geschichte Bismarcks. Leipzig (1902) 4. Aufl. 1913.
154. K. A. LERMAN, The Chancellor as Courtier. Bernhard von Bülow and the Governance of Germany, 1900–1909. Cambridge 1990.
155. L. MACHTAN (Hrsg.), Bismarck und der deutsche National-Mythos. Bremen o. J. (1994).
156. E. MARCKS, Kaiser Wilhelm I. Berlin (1897) 9. Aufl. 1943.
157. E. MARCKS, Otto von Bismarck. Ein Lebensbild. Stuttgart 1915.
158. A. O. MEYER, Bismarck. Der Mensch und der Staatsmann. (Leipzig 1944) 2. Aufl. Stuttgart 1949.

159. W. Mommsen, Bismarck. Ein politisches Lebensbild. München 1959.

160. W. J. Mommsen, Kaiser Wilhelm II and German Politics, in: JContH 25 (1990) 289–316.

161. R. Parr, „Zwei Seelen wohnen, ach! in meiner Brust“. Strukturen und Funktionen der Mythisierung Bismarcks (1860–1918). München 1992.

162. O. Pflanze, Bismarck and the Development of Germany. Bd. 1: The Period of Unification, 1815–1871; Bd. 2: The Period of Consolidation, 1871–1880; Bd. 3: The Period of Fortification, 1880–1898. Princeton 2. Aufl. 1990/1990/1990 (dt.: Bismarck. Bd. 1: Der Reichsgründer; Bd. 2: Der Reichskanzler, München 1997/1998).

163. O. Pflanze, Bismarcks Herrschaftstechnik als Problem der gegenwärtigen Historiographie, in: HZ 234 (1982) 561–599.

164. J. C. G. Röhl (Hrsg.), Der Ort Kaiser Wilhelms II. in der deutschen Geschichte. München 1991.

165. J. C. G. Röhl, Kaiser, Hof und Staat. Wilhelm II. und die deutsche Politik. München (1987) 4. Aufl. 1995.

166. J. C. G. Röhl, Wilhelm II. Bd. 1: Die Jugend des Kaisers 1859–1888. München 1993.

167. M. Stürmer, Bismarck-Mythos und Historie, in: Aus Politik und Zeitgeschichte B 3/1971, 3–30.

168. H.-U. Wehler, Bismarck und der Imperialismus. (Köln 1969) TB 5. Aufl. Frankfurt 1984.

169. G. Wollstein, Theobald von Bethmann Hollweg. Letzter Erbe Bismarcks, erstes Opfer der Dolchstoßlegende. Göttingen 1995.

170. H.-G. Zmarzlik, Das Bismarckbild der Deutschen – gestern und heute. Freiburg o. J. (1967).

4. Verwaltung, Justiz, Militär

171. K. Adamy/K. Hübener (Hrsg.), Adel und Staatsverwaltung in Brandenburg im 19. und 20. Jahrhundert. Ein historischer Vergleich. Berlin 1996.

172. V. R. Berghahn, Militarism. The History of an International Debate 1861–1979. Leamington Spa 1981.

173. V. R. Berghahn (Hrsg.), Militarismus. Köln 1975.

174. G. Bonham, Ideology and Interests in the German State. New York 1991.

175. A. Bucholz, Moltke, Schlieffen, and Prussian War Planing. Providence 1991.

176. K. CANIS, Bismarck und Waldersee. Die außenpolitischen Krisenerscheinungen und das Verhalten des Generalstabes 1882 bis 1890. Berlin 1980.
177. G. A. CRAIG, Die preußisch-deutsche Armee 1640–1945. Staat im Staate. (Düsseldorf 1960) ND Königstein 1980.
178. W. DEIST, Militär, Staat und Gesellschaft. Studien zur preußisch-deutschen Militärgeschichte. München 1991.
179. K. DEMETER, Das Deutsche Offizierskorps in Gesellschaft und Staat 1650–1945. (Berlin 1930) 4. Aufl. Frankfurt 1965.
180. TH. ELLWEIN, Der Staat als Zufall und Notwendigkeit. Die jüngere Verwaltungsentwicklung in Deutschland am Beispiel Ostwestfalen-Lippe. Bd. 1: Die öffentliche Verwaltung in der Monarchie 1815–1918. Opladen 1993.
181. U. FREVERT (Hrsg.), Militär und Gesellschaft im 19. und 20. Jahrhundert. Stuttgart 1997.
182. M. GEYER, The Past as Future. The German Officer Corps as Profession, in: G. Cocks/H. Jarausch (Hrsg.), German Professions 1800–1950. Oxford 1990, 183–212.
183. J. R. GILLIS, Aristocracy and Bureaucracy in Nineteenth Century Prussia, in: PP 41 (1968) 105–129.
184. H. HATTENHAUER, Geschichte des Beamtentums. 2. Aufl. Köln 1993.
185. H. HEFFTER, Die deutsche Selbstverwaltung im 19. Jahrhundert. Geschichte der Ideen und Institutionen. 2. Aufl. Stuttgart 1969.
186. H. HENNING, Die deutsche Beamtenschaft im 19. Jahrhundert. Zwischen Stand und Beruf. Stuttgart 1984.
187. H. H. HERWIG, Das Elitekorps des Kaisers. Die Marineoffiziere im Wilhelminischen Deutschland. Hamburg 1977.
188. O. HINTZE, Der Beamtenstand (1911), in: ders., Soziologie und Geschichte. Gesammelte Abhandlungen zur Soziologie, Politik und Theorie der Geschichte. Hrsg. G. Oestreich. Göttingen (1964) 3. Aufl. 1982, 66–125.
189. H. H. HOFMANN (Hrsg.), Das deutsche Offizierskorps 1860–1960. Boppard 1980.
190. D. J. HUGHES, The King's Finest. A Social and Bureaucratic Profile of Prussia's General Officers, 1871–1914. New York 1987.
191. K. G. A. JESERICH/H. POHL/G.-C. v. UNRUH (Hrsg.), Deutsche Verwaltungsgeschichte. Bd. 3: Das Deutsche Reich bis zum Ende der Monarchie. Stuttgart 1984.
192. R. JESSEN, Polizei im Industrierevier. Modernisierung und Herrschaftspraxis im westfälischen Ruhrgebiet 1849–1914. Göttingen 1991.

193. H. JOHN, Das Reserveoffizierskorps im Deutschen Kaiserreich 1890–1914. Ein sozialgeschichtlicher Beitrag zur Untersuchung des gesellschaftlichen Militarismus im wilhelminischen Deutschland. Frankfurt 1981.
194. W. R. KRABBE, Die deutsche Stadt im 19. und 20. Jahrhundert. Eine Einführung. Göttingen 1989.
195. M. MESSERSCHMIDT, Die politische Geschichte der preußisch-deutschen Armee, in: Handbuch zur deutschen Militärgeschichte 1648–1939. Hrsg. Militärgeschichtliches Forschungsamt. Bd. 4: Militärgeschichte im 19. Jahrhundert, 1814–1890. Frankfurt 1979, 9–380.
196. M. MESSERSCHMIDT, Militär und Politik in der Bismarckzeit und im wilhelminischen Deutschland. Darmstadt 1975.
197. R. MORSEY, Die oberste Reichsverwaltung unter Bismarck, 1867–1890. Münster 1957.
198. L. W. MUNCY, The Junker in the Prussian Administration under William II, 1888–1914. 2. Aufl. New York 1970.
199. TH. ORMOND, Richterwürde und Regierungstreue. Dienstrecht, politische Betätigung und Disziplinierung der Richter in Preußen, Baden und Hessen 1866–1918. Frankfurt 1994.
200. H. OSTERTAG, Bildung, Ausbildung und Erziehung des Offizierskorps im deutschen Kaiserreich 1871 bis 1918. Frankfurt 1990.
201. G. RITTER, Staatskunst und Kriegshandwerk. Das Problem des „Militarismus" in Deutschland. Bd. 1: Die altpreußische Tradition (1740–1890); Bd. 2: Die Hauptmächte Europas und das wilhelminische Reich (1890–1914); Bd. 3: Die Tragödie der Staatskunst. Bethmann Hollweg als Kriegskanzler; Bd. 4: Die Herrschaft des Militarismus und die Katastrophe von 1918. München (1954) 3. Aufl. 1965/1960/1964/1968.
202. B. F. SCHULTE, Die deutsche Armee, 1900–1914. Zwischen Beharren und Verändern. Düsseldorf 1977.
203. D. E. SHOWALTER, Army and Society in Imperial Germany, in: JContH 18 (1983) 583–618.
204. D. E. SHOWALTER, The Political Soldiers of Bismarck's Germany: Myths and Realities, in: GermStRev 17 (1994) 65–102.
205. T. SÜLE, Preußische Bürokratietradition. Zur Entwicklung von Verwaltung und Beamtenschaft in Deutschland 1871–1918. Göttingen 1988.
206. U. TRUMPENER, Junkers and others: The Rise of Commoners in the Prussian Army, 1871–1914, in: Canadian Journal of History 14 (1979) 29–47.

207. J. VOGEL, Nationen im Gleichschritt. Der Kult der ‚Nation in Waffen' in Deutschland und Frankreich, 1871–1914. Göttingen 1997.

208. B. WUNDER, Geschichte der Bürokratie in Deutschland. Frankfurt 1986.

5. Parteien, Verbände, soziale Milieus

209. W. ALBRECHT, Fachverein – Berufsgewerkschaft – Zentralverband. Organisationsprobleme der deutschen Gewerkschaften 1870–1890. Bonn 1982.

210. M. L. ANDERSON, Windthorst. Zentrumspolitiker und Gegenspieler Bismarcks. Düsseldorf 1988 (engl. Oxford 1981).

211. K. BACHEM, Vorgeschichte, Geschichte und Politik der deutschen Zentrumspartei. Zugleich ein Beitrag zur Geschichte der katholischen Bewegung sowie zur allgemeinen Geschichte des neueren und neuesten Deutschland 1815–1914. 9 Bde. Köln 1927–32, ND 1967.

212. W. BECKER (Hrsg.), Die Minderheit als Mitte. Die deutsche Zentrumspartei in der Innenpolitik des Reiches 1871–1933. Paderborn 1986.

213. S. BERGER, Ungleiche Schwestern? Die britische Labour Party und die deutsche Sozialdemokratie im Vergleich, 1900–1931. Bonn 1997 (engl. Oxford 1994).

214. S. BERGER (Hrsg.), Organizing Interests in Western Europe. Pluralism, Corporatism, and the Transformation of Politics. Cambridge 1981.

215. D. BLACKBOURN, Class, Religion, and Local Politics in Wilhelmine Germany. The Center Party in Württemberg before 1914. Wiesbaden 1980.

216. F. BOLL, Arbeitskämpfe und Gewerkschaften in Deutschland, England und Frankreich. Ihre Entwicklung im 19. und 20. Jahrhundert. Bonn 1992.

217. K. BUCHHEIM, Geschichte der christlichen Parteien in Deutschland. München 1953.

218. R. CHICKERING, We Men Who Feel Most German. A Cultural Study of the Pan-German League, 1886–1914. Boston 1984.

219. M. S. COETZEE, The German Army League. Popular Nationalism in Wilhelmine Germany. New York 1990.

220. G. ELEY, Reshaping the German Right. Radical Nationalism and Political Change after Bismarck. 2. Aufl. Ann Arbor 1991.

221. L. ELM, Zwischen Fortschritt und Reaktion. Geschichte der Parteien der liberalen Bourgeoisie in Deutschland 1893–1918. Berlin 1968.
222. H.-G. FLECK, Sozialliberalismus und Gewerkschaftsbewegung. Die Hirsch-Dunckerschen Gewerkvereine 1868–1914. Köln 1994.
223. D. FRICKE (Hrsg.), Die bürgerlichen Parteien in Deutschland. Handbuch der Geschichte der bürgerlichen Parteien und anderer bürgerlicher Interessenorganisationen vom Vormärz bis zum Jahre 1945. 2 Bde. Leipzig 1968/1970.
224. D. FRICKE (Hrsg.), Lexikon zur Parteiengeschichte. Die bürgerlichen und kleinbürgerlichen Parteien und Verbände in Deutschland (1789–1945). 4 Bde. Leipzig 1983/1984.
225. L. GALL (Hrsg.), Bürgertum und bürgerlich-liberale Bewegung in Mitteleuropa seit dem 18. Jahrhundert. München 1997.
226. L. GALL/D. LANGEWIESCHE (Hrsg.), Liberalismus und Region. Zur Geschichte des deutschen Liberalismus im 19. Jahrhundert. München 1995.
227. R. GELLATELY, The Politics of Economic Despair. Shopkeepers and German Politics 1890–1914. London 1974.
228. H. GREBING, Arbeiterbewegung. Sozialer Protest und kollektive Interessenvertretung bis 1914. München (1985) 3. Aufl. 1992.
229. H. GREBING/H. MOMMSEN/K. RUDOLPH (Hrsg.), Demokratie und Emanzipation zwischen Saale und Elbe. Beiträge zur Geschichte der sozialdemokratischen Arbeiterbewegung bis 1933. Essen 1993.
230. D. GROH, Negative Integration und revolutionärer Attentismus. Die deutsche Sozialdemokratie am Vorabend des Ersten Weltkrieges. Frankfurt 1973.
231. D. GROH/P. BRANDT, „Vaterlandslose Gesellen“. Sozialdemokratie und Nation 1860–1990. München 1992.
232. H. HAGENLÜCKE, Deutsche Vaterlandspartei. Die nationale Rechte am Ende des Kaiserreiches. Düsseldorf 1997.
233. K. HOLL/G. LIST (Hrsg.), Liberalismus und imperialistischer Staat. Der Imperialismus als Problem liberaler Parteien in Deutschland 1890–1914. Göttingen 1975.
234. K. HOLL/G. TRAUTMANN/H. VORLÄNDER (Hrsg.), Sozialer Liberalismus. Göttingen 1986.
235. K. H. JARAUSCH/L. E. JONES (Hrsg.), In Search of a Liberal Germany. Studies in the History of German Liberalism from 1789 to the Present. New York 1990.

236. L. E. Jones/J. N. Retallack (Hrsg.), Between Reform, Reaction, and Resistance. Studies in the History of German Conservatism 1789–1945. Providence 1993.

237. H. Kaelble, Industrielle Interessenpolitik in der wilhelminischen Gesellschaft. Centralverband Deutscher Industrieller 1895–1914. Berlin 1967.

238. G. Klein, Der Volksverein für das Katholische Deutschland 1890–1933. Geschichte, Bedeutung, Untergang. Paderborn 1996.

239. J. Kocka, Lohnarbeit und Klassenbildung. Arbeiter und Arbeiterbewegung in Deutschland 1800–1875. Berlin 1983.

240. D. Langewiesche, Liberalismus in Deutschland. Frankfurt 1988.

241. D. Lehnert, Sozialdemokratie zwischen Protestbewegung und Regierungspartei 1848 bis 1983. Frankfurt 1983.

242. M. R. Lepsius, Parteiensystem und Sozialstruktur. Zum Problem der Demokratisierung der deutschen Gesellschaft, in: [262: 56–80].

243 Th. Lindenberger, Straßenpolitik. Zur Sozialgeschichte der öffentlichen Ordnung in Berlin 1900 bis 1914. Bonn 1995.

244. E. Lönne, Politischer Katholizismus im 19. und 20. Jahrhundert. Frankfurt 1986.

245. I. S. Lorenz, Eugen Richter. Der entschiedene Liberalismus in Wilhelminischer Zeit 1871–1906. Husum 1981.

246. W. Loth, Katholiken im Kaiserreich. Der politische Katholizismus in der Krise des wilhelminischen Deutschlands. Düsseldorf 1984.

247. S. Mielke, Der Hansa-Bund für Gewerbe, Handel und Industrie 1909–1914. Der gescheiterte Versuch einer antifeudalen Sammlungspolitik. Göttingen 1976.

248. W. J. Mommsen, Max Weber und die deutsche Politik 1890–1920. 2. Aufl. Tübingen 1974.

249. W. J. Mommsen/H.-G. Husung (Hrsg.), Auf dem Wege zur Massengewerkschaft. Die Entwicklung der Gewerkschaften in Deutschland und Großbritannien 1880–1914. Stuttgart 1984.

250. D. W. Morgan, The Socialist Left and the German Revolution. A History of the German Independent Social Democratic Party 1917–1922. Ithaca 1975.

251. Th. Nipperdey, Grundprobleme der deutschen Parteigeschichte, in: [262: 32–55].

252. Th. Nipperdey, Die Organisation der deutschen Parteien vor 1918. Düsseldorf 1961.

253. C. Nonn, Verbraucherprotest und Parteiensystem im wilhelminischen Deutschland. Düsseldorf 1996.

254. K. H. POHL, Die Münchener Arbeiterbewegung. Sozialdemokratische Partei, Freie Gewerkschaften, Staat und Gesellschaft in München 1890–1914. München 1992.

255. K. H. POHL, Die Nationalliberalen – eine unbekannte Partei? in: Jahrbuch für Liberalismus-Forschung 3 (1991) 82–112.

256. H.-J. PUHLE, Agrarische Interessenpolitik und preußischer Konservatismus im wilhelminischen Reich (1893–1914). Ein Beitrag zur Analyse des Nationalismus in Deutschland am Beispiel des Bundes der Landwirte und der Deutsch-Konservativen Partei. 2. Aufl. Bonn 1975.

257. U. PUSCHNER/W. SCHMITZ/J. H. ULBRICHT (Hrsg.), Handbuch zur „Völkischen Bewegung“ 1871–1918. München 1996.

258. U. RATZ, Sozialreform und Arbeiterschaft. Die „Gesellschaft für Soziale Reform“ und die sozialdemokratische Arbeiterschaft von der Jahrhundertwende bis zum Ausbruch des Ersten Weltkriegs. Berlin 1980.

259. J. N. RETALLECK, Notables of the Right. The Conservative Party and Political Mobilization in Germany, 1876–1918. Boston 1988.

260. G. A. RITTER, Die Arbeiterbewegung im Wilhelminischen Reich. Die Sozialdemokratische Partei Deutschlands und die Freien Gewerkschaften 1890–1900. 2. Aufl. Berlin 1963.

261. G. A. RITTER (Hrsg.), Der Aufstieg der deutschen Arbeiterbewegung. Sozialdemokratie und Freie Gewerkschaften im Parteiensystem und Sozialmilieu des Kaiserreichs. München 1990.

262. G. A. RITTER (Hrsg.), Deutsche Parteien vor 1918. Köln 1973.

263. G. A. RITTER, Die deutschen Parteien 1830–1914. Parteien und Gesellschaft im konstitutionellen Regierungssystem. Göttingen 1985.

264. G. A. RITTER, Die Sozialdemokratie im Deutschen Kaiserreich in sozialgeschichtlicher Perspektive, in: HZ 249 (1989) 295–362.

265. G. A. RITTER/K. TENFELDE, Arbeiter im Deutschen Kaiserreich 1871 bis 1914. Bonn 1992.

266. TH. ROHKRÄMER, Der Militarismus der „kleinen Leute“. Die Kriegervereine im Deutschen Kaiserreich 1871–1914. München 1990.

267. R. ROTH, Stadt und Bürgertum in Frankfurt am Main. Ein besonderer Weg von der ständischen zur modernen Bürgergesellschaft 1760–1914. München 1996.

268. A. SCHILDT, Konservatismus in Deutschland. Von den Anfängen im 18. Jahrhundert bis zur Gegenwart. München 1998.

269. G. SCHMIDT, Die Nationalliberalen – eine regierungsfähige Partei? Zur Problematik der inneren Reichsgründung 1870–1878, in: [262: 208–223].

270. M. SCHNEIDER, Die Christlichen Gewerkschaften 1894–1933. Bonn 1982.
271. K. SCHÖNHOVEN, Die deutschen Gewerkschaften. Frankfurt 1987.
272. K. SCHÖNHOVEN, Expansion und Konzentration. Studien zur Entwicklung der Freien Gewerkschaften im Wilhelminischen Deutschland 1890–1914. Stuttgart 1980.
273. C. E. SCHORSKE, Die große Spaltung. Die deutsche Sozialdemokratie 1905–1917. Berlin 1981 (engl. Cambridge/Mass. 1955).
274. G. SEEBER, Zwischen Bebel und Bismarck. Zur Geschichte des Linksliberalismus in Deutschland 1871–1893. Berlin 1965.
275. H. SEIER, Liberalismus und Bürgertum in Mitteleuropa 1850–1880, in: [225: 131–229].
276. F. C. SELL, Die Tragödie des Deutschen Liberalismus. 2. Aufl. Baden-Baden 1982.
277. J. J. SHEEHAN, Der deutsche Liberalismus. Von den Anfängen im 18. Jahrhundert bis zum Ersten Weltkrieg 1770–1914. München 1983 (engl. Chicago 1978).
278. D. STEGMANN, Die Erben Bismarcks. Parteien und Verbände in der Spätphase des Wilhelminischen Deutschlands. Sammlungspolitik 1897–1918. Köln 1970.
279. D. STEGMANN/B.-J. WENDT/P.-C. WITT (Hrsg.), Deutscher Konservatismus im 19. und 20. Jahrhundert. Bonn 1983.
280. K. TENFELDE (Hrsg.), Arbeiter und Arbeiterbewegung im Vergleich. Berichte zur internationalen historischen Forschung. München 1986.
281. K. TENFELDE/K. SCHÖNHOVEN/M. SCHNEIDER/D. J. K. PEUKERT, Geschichte der deutschen Gewerkschaften von den Anfängen bis 1945. Köln 1987.
282. K. TENFELDE/H. VOLKMANN (Hrsg.), Streik. Zur Geschichte des Arbeitskampfes in Deutschland während der Industrialisierung. München 1981.
283. P. THEINER, Sozialer Liberalismus und deutsche Weltpolitik. Friedrich Naumann im Wilhelminischen Deutschland. Baden-Baden 1983.
284. H.-P. ULLMANN, Bibliographie zur Geschichte der deutschen Parteien und Interessenverbände. Göttingen 1978.
285. H.-P. ULLMANN, Der Bund der Industriellen. Organisation, Einfluß und Politik klein- und mittelbetrieblicher Industrieller im Deutschen Kaiserreich 1895–1914. Göttingen 1976.
286. H.-P. ULLMANN, Organisierte Interessen im Deutschen Kaiserreich, in: H. Rumpler (Hrsg.), Innere Staatsbildung und gesell-

schaftliche Modernisierung in Österreich und Deutschland 1867/71 bis 1914. Wien 1991, 91–106.

287. H.-P. ULLMANN, Interessenverbände in Deutschland. Frankfurt 1988.
288. S. VOLKOV, The Rise of Popular Antimodernism in Germany. The Urban Master Artisans, 1873–1896. Princeton 1978.
289. K. WEGNER, Theodor Barth und die Freisinnige Vereinigung. Studien zur Geschichte des Linksliberalismus im wilhelminischen Deutschland (1893–1910). Tübingen 1968.
290. D. S. WHITE, The Splintered Party. National Liberalism in Hessen and the Reich 1867–1918. Cambridge 1976.

6. Wahlen und Parlamente

291. S. BENDIKAT, Wahlkämpfe in Europa 1884 bis 1889. Parteiensysteme und Politikstile in Deutschland, Frankreich und Großbritannien. Wiesbaden 1988.
292. H. BEST, Mandat ohne Macht. Strukturprobleme des deutschen Parlamentarismus 1867–1933, in: ders. (Hrsg.), Politik und Milieu. Wahl- und Elitenforschung im historischen und interkulturellen Vergleich. St. Katharinen 1989, 175–222.
293. B. FAIRBAIRN, Democracy in the Undemocratic State. The German Reichstag Elections of 1898 and 1903. Toronto 1997.
294. D. GROSSER, Vom monarchischen Konstitutionalismus zur parlamentarischen Demokratie. Die Verfassungspolitik der deutschen Parteien im letzten Jahrzehnt des Kaiserreiches. Den Haag 1970.
295. L. E. JONES/J. RETALLACK (Hrsg.), Elections, Mass Politics, and Social Change in Modern Germany. New Perspectives. Cambridge 1992.
296. TH. KÜHNE, Dreiklassenwahlrecht und Wahlkultur in Preußen 1867–1914. Landtagswahlen zwischen korporativer Tradition und politischem Massenmarkt. Düsseldorf 1994.
297. TH. KÜHNE, Wahlrecht – Wahlverhalten – Wahlkultur. Tradition und Innovation in der historischen Wahlforschung, in: AfS 33 (1993) 481–547.
298. D. LANGEWIESCHE, Das Deutsche Kaiserreich – Bemerkungen zur Diskussion über Parlamentarisierung und Demokratisierung Deutschlands, in: AfS 19 (1979) 628–642.
299. S. LÄSSIG, Wahlrechtskampf und Wahlreform in Sachsen (1895–1909). Weimar 1996.

300. S. LÄSSIG/K. H. POHL/J. RETALLACK (Hrsg.), Modernisierung und Region im wilhelminischen Deutschland. Wahlen, Wahlrecht und Politische Kultur. Bielefeld 1995.
301. K. E. POLLMANN, Parlamentarismus im Norddeutschen Bund 1867–1870. Düsseldorf 1985.
302. E. PRACHT, Parlamentarismus und deutsche Sozialdemokratie 1867–1914. Pfaffenweiler 1990.
303. H.-J. PUHLE, Parlament, Parteien und Interessenverbände 1890–1914, in: [89: 340–377].
304. M. RAUH, Föderalismus und Parlamentarismus im Wilhelminischen Reich. Düsseldorf 1973.
305. M. RAUH, Die Parlamentarisierung des Deutschen Reiches. Düsseldorf 1977.
306. G. A. RITTER (Hrsg.), Gesellschaft, Parlament und Regierung. Zur Geschichte des Parlamentarismus in Deutschland. Düsseldorf 1974.
307. G. A. RITTER (Hrsg.), Regierung, Bürokratie und Parlament in Preußen und Deutschland von 1848 bis zur Gegenwart. Düsseldorf 1983.
308. G. A. RITTER (Hrsg.), Wahlen und Wahlkämpfe in Deutschland von den Anfängen im 19. Jahrhundert bis zur Bundesrepublik. Düsseldorf 1997.
309. K. ROHE, Wahlen und Wählertraditionen in Deutschland. Kulturelle Grundlagen deutscher Parteien und Parteiensysteme im 19. und 20. Jahrhundert. Frankfurt 1992.
310. J. SCHMÄDEKE, Wählerbewegung im Wilhelminischen Deutschland. 2 Bde. Berlin 1995.
311. H. SPENKUCH, Das Preußische Herrenhaus. Adel und Bürgertum in der Ersten Kammer des Landtages 1854–1918. Düsseldorf 1998.
312. J. SPERBER, The Kaiser's Voters. Electors and Elections in Imperial Germany. Cambridge 1997.
313. P. STEINBACH, Die Politisierung der Region. Reichs- und Landtagswahlen im Fürstentum Lippe 1866–1881. 2 Bde. Passau 1989.
314. P. STEINBACH, Die Zähmung des politischen Massenmarktes. Wahlen und Wahlkämpfe im Bismarckreich im Spiegel der Hauptstadt- und Gesinnungspresse. 3 Bde. Passau 1990.
315. M. STÜRMER, Regierung und Reichstag im Bismarckstaat 1871–1880. Cäsarismus oder Parlamentarismus. Düsseldorf 1974.
316. S. SUVAL, Electoral Politics in Wilhelmine Germany. Chapel Hill 1985.

317. C. WEBER, „Eine starke, enggeschlossene Phalanx“. Der politische Katholizismus und die erste deutsche Reichstagswahl 1871. Essen 1992.
318. M. WEBER, Parlament und Regierung im neugeordneten Deutschland, in: W. J. Mommsen/G. Hübinger (Hrsg.), Max Weber. Zur Politik im Weltkrieg. Schriften und Reden 1914–1918. Tübingen 1988, 202–302.
319. J. R. WINKLER, Sozialstruktur, politische Traditionen und Liberalismus. Eine empirische Längsschnittstudie zur Wahlentwicklung in Deutschland 1871–1933. Opladen 1995.
320. K. v. ZWEHL, Zum Verhältnis von Regierung und Reichstag im Kaiserreich (1871–1918), in: [307: 90–116].

7. Interventions- und Sozialstaat

321. G. AMBROSIUS, Staat und Wirtschaft im 20. Jahrhundert. München 1990.
322. P. BALDWIN, The Politics of Social Solidarity. Class Bases of the European Welfare State 1875–1975. Cambridge 1990.
323. D. BAUDIS/H. NUSSBAUM, Wirtschaft und Staat in Deutschland vom Ende des 19. Jahrhunderts bis 1918/19. Berlin 1978.
324. H. BECK, The Origins of the Authoritarian Welfare State in Prussia. Conservatives, Bureaucracy, and the Social Question, 1815–70. Ann Arbor 1995.
325. H.-J. VON BERLEPSCH, „Neuer Kurs“ im Kaiserreich? Die Arbeiterpolitik des Freiherrn von Berlepsch 1890 bis 1896. Bonn 1987.
326. B. BICHLER, Die Formierung der Angestelltenbewegung im Kaiserreich und die Entstehung des Angestelltenversicherungsgesetzes von 1911. Frankfurt 1997.
327. G. BOCK/P. THANE (Hrsg.), Maternity and Gender Policies. Women and the Rise of the European Welfare States, 1880s-1950s. London 1991.
328. A. FAUST, Arbeitsmarktpolitik im deutschen Kaiserreich. Arbeitsvermittlung, Arbeitsbeschaffung und Arbeitslosenunterstützung 1890–1918. Berlin 1986.
329. E. FRIE, Wohlfahrtsstaat und Provinz. Fürsorgepolitik des Provinzialverbandes Westfalen und des Landes Sachsen 1880–1930. Paderborn 1993.
330. K. C. FÜHRER, Arbeitslosigkeit und die Entstehung der Arbeitslosenversicherung in Deutschland 1902–1927. Berlin 1990.

331. L. GALL, Zu Ausbildung und Charakter des Interventionsstaats, in: HZ 227 (1978) 552–570.
332. W. GERLOFF, Die Finanz- und Zollpolitik des Deutschen Reiches nebst ihren Beziehungen zu Landes- und Gemeindefinanzen von der Gründung des Norddeutschen Bundes bis zur Gegenwart. Jena 1913.
333. V. HENTSCHEL, Geschichte der deutschen Sozialpolitik (1880–1980). Soziale Sicherung und kollektives Arbeitsrecht. Frankfurt 1983.
334. V. HENTSCHEL, Wirtschaft und Wirtschaftspolitik im wilhelminischen Deutschland. Organisierter Kapitalismus und Interventionsstaat. Stuttgart 1978.
335. H. JÄGER, Geschichte der Wirtschaftsordnung in Deutschland. Frankfurt 1988.
336. S. KOVEN/S. MICHEL (Hrsg.), Mothers of a New World. Maternalist Politics and the Origins of Welfare States. New York 1993.
337. R. KROBOTH, Die Finanzpolitik des Deutschen Reiches während der Reichskanzlerschaft Bethmann Hollwegs und die Geld- und Kapitalmarktverhältnisse (1909–1913/14). Frankfurt 1986.
338. D. LANGEWIESCHE, „Staat" und „Kommune". Zum Wandel der Staatsaufgaben in Deutschland im 19. Jahrhundert, in: HZ 248 (1989) 621–635.
339. M. MANN, The Sources of Social Power. Bd. 3: The Rise of Classes and Nation-States, 1760–1914. Cambridge 1993.
340. J. REULECKE, Geschichte der Urbanisierung in Deutschland. Frankfurt 1985.
341. G. A. RITTER, Der Sozialstaat. Entstehung und Entwicklung im internationalen Vergleich. München (1989) 3. Aufl. 1998.
342. G. A. RITTER, Sozialversicherung in Deutschland und England. Entstehung und Grundzüge im Vergleich. München 1983.
343. K. ROTHER, Die Reichsversicherungsordnung 1911. Aachen 1994.
344. C. SACHSSE, Mütterlichkeit als Beruf. Sozialarbeit, Sozialreform und Frauenbewegung 1871–1929. 2. Aufl. Opladen 1994.
345. C. SACHSSE/F. TENNSTEDT, Geschichte der Armenfürsorge in Deutschland. Bd. 1: Vom Spätmittelalter bis zum Ersten Weltkrieg; Bd. 2: Fürsorge und Wohlfahrtspflege 1871–1929. Stuttgart 1980/1988.
346. G. STEINMETZ, Regulating the Social. The Welfare State and Local Politics in Imperial Germany. Princeton 1993.
347. F. TENNSTEDT, Sozialgeschichte der Sozialpolitik in Deutschland. Vom 18. Jahrhundert bis zum Ersten Weltkrieg. Göttingen 1981.

348. H.-P. ULLMANN, Die Bürger als Steuerzahler im Deutschen Kaiserreich, in: M. Hettling/P. Nolte (Hrsg.), Nation und Gesellschaft in Deutschland. Historische Essays. München 1996, 231–246.
349. P. ULLMANN, Tarifverträge und Tarifpolitik in Deutschland bis 1914. Frankfurt 1977.
350. H. A. WINKLER (Hrsg.), Organisierter Kapitalismus. Voraussetzungen und Anfänge. Göttingen 1974.
351. P.-C. WITT, Die Finanzpolitik des Deutschen Reiches von 1903 bis 1913. Eine Studie zur Innenpolitik des Wilhelminischen Deutschland. Lübeck 1970.

8. Innenpolitische Probleme und Entscheidungen

352. M. L. ANDERSON/K. BARKIN, The Myth of the Puttkamer Purge and the Reality of the Kulturkampf, in: JMH 54 (1982) 647–686.
353. O. BECKER, Bismarcks Ringen um Deutschlands Gestaltung. Hrsg. u. erg. v. A. Scharff. Heidelberg 1958.
354. V. R. BERGHAHN, Der Tirpitz-Plan. Genesis und Verfall einer innenpolitischen Krisenstrategie unter Wilhelm II. Düsseldorf 1971.
355. D. M. BLEYBERG, Government and Legislative Process in Wilhelmine Germany. The Reorganization of the Tariff Laws under Reich Chancellor von Bülow 1897 to 1902. Diss. University of East Anglia 1979.
356. H. BÖHME, Deutschlands Weg zur Großmacht. Studien zum Verhältnis von Wirtschaft und Staat während der Reichsgründungszeit 1848–1881. Köln (1966) 3. Aufl. 1974.
357. M. EPKENHANS, Die wilhelminische Flottenrüstung 1908–1914. Weltmachtstreben, industrieller Fortschritt, soziale Integration. München 1991.
358. TH. ESCHENBURG, Das Kaiserreich am Scheideweg. Bassermann, Bülow und der Block. Berlin 1929.
359. S. FÖRSTER, Der doppelte Militarismus. Die deutsche Heeresrüstungspolitik zwischen Status-quo-Sicherung und Aggression 1890–1913. Stuttgart 1985.
360. M. GEYER, Deutsche Rüstungspolitik 1860–1980. Frankfurt 1984.
361. B. HECKART, From Bassermann to Bebel. The Grand Bloc's Quest for Reform in the Kaiserreich, 1900–1914. New Haven 1974.

362. M. F. JOHN, Politics and the Law in Late Nineteenth Century Germany. The Origins of the Civil Code. Oxford 1989.

363. E. KEHR, Schlachtflottenbau und Parteipolitik 1894–1901. Versuch eines Querschnitts durch die innenpolitischen, sozialen und ideologischen Voraussetzungen des deutschen Imperialismus. Berlin 1930.

364. E. KOLB, Der Weg aus dem Krieg. Bismarcks Politik im Krieg und die Friedensanbahnung 1870/71. München 1989.

365. P. LEIBENGUTH, Modernisierungskrisis des Kaiserreichs an der Schwelle zum wilhelminischen Imperialismus. Politische Probleme der Ära Caprivi (1890–1894). Diss. Köln 1975.

366. J. A. NICHOLS, Germany after Bismarck. The Caprivi Era 1890–1894. Harvard 1958.

367. J. C. G. RÖHL, Germany without Bismarck. The Crisis of Government in the Second Reich, 1890–1900. London 1967 (dt. Tübingen 1969).

368. H. ROSENBERG, Große Depression und Bismarckzeit. Wirtschaftsablauf, Gesellschaft und Politik in Mitteleuropa. Berlin 1967.

369. K. SAUL, Staat, Industrie, Arbeiterbewegung im Kaiserreich. Zur Innen- und Außenpolitik des Wilhelminischen Deutschland 1903–1914. Düsseldorf 1974.

370. G. SCHMIDT, Innenpolitische Blockbildungen am Vorabend des Ersten Weltkrieges, in: Aus Politik und Zeitgeschichte B 20 (1972) 3–32.

371. G. SCHMIDT, Parlamentarisierung oder „Präventive Konterrevolution"? Die deutsche Innenpolitik im Spannungsfeld konservativer Sammlungsbewegungen und latenter Reformbestrebungen (1907–1914), in: [306: 249–278].

372. D. SCHOENBAUM, Zabern 1913. Consensus Politics in Imperial Germany. London 1982.

373. J. THIEL, Die Großblockpolitik der Nationalliberalen Partei Badens 1905 bis 1914. Ein Beitrag zur Zusammenarbeit von Liberalismus und Sozialdemokratie in der Spätphase des Wilhelminischen Deutschlands. Stuttgart 1976.

374. R. WEITOWITZ, Deutsche Politik und Handelspolitik unter Reichskanzler Leo von Caprivi 1890–1894. Düsseldorf 1978.

375. E.-T. P. W. WILKE, Political Decadence in Imperial Germany. Personal-Political Aspects of the German Government Crisis, 1894–1897. Urbana 1976.

9. Der Erste Weltkrieg

376. H. AFFLERBACH, Falkenhayn. Politisches Denken und Handeln im Kaiserreich. München 1994.
377. K.-L. AY, Entstehung einer Revolution. Die Volksstimmung in Bayern während des Ersten Weltkriegs. Berlin 1968.
378. V. BERGHAHN, Germany and the Approach of War in 1914. 2. Aufl. London 1993.
379. U. BERMBACH, Vorformen parlamentarischer Kabinettsbildung in Deutschland. Der Interfraktionelle Ausschuß 1917/18 und die Parlamentarisierung der Reichsregierung. Köln 1967.
380. H.-J. BIEBER, Gewerkschaften in Krieg und Revolution. Arbeiterbewegung, Industrie, Staat und Militär in Deutschland 1914–1920. 2 Tle. Hamburg 1981.
381. F. BOLL, Frieden ohne Revolution? Friedensstrategien der deutschen Sozialdemokratie vom Erfurter Programm 1891 bis zur Revolution 1918. Bonn 1980.
382. F. BOLL, Massenbewegungen in Niedersachsen 1906–1920. Eine sozialgeschichtliche Untersuchung zu den unterschiedlichen Entwicklungstypen Braunschweig und Hannover. Bonn 1981.
383. L. BURCHARDT, Friedenswirtschaft und Kriegsvorsorge. Deutschlands wirtschaftliche Rüstungsbestrebungen vor 1914. Boppard 1968.
384. R. CHICKERING, Imperial Germany and the Great War, 1914–1919. Cambridge 1998.
385. M. CREUTZ, Die Pressepolitik der kaiserlichen Regierung während des Ersten Weltkriegs. Die Exekutive, die Journalisten und der Teufelskreis der Berichterstattung. Frankfurt 1996.
386. U. DANIEL, Arbeiterfrauen in der Kriegsgesellschaft. Beruf, Familie und Politik im Ersten Weltkrieg. Göttingen 1989.
387. J. DÜLFFER/K. HOLL (Hrsg.), Bereit zum Krieg. Kriegsmentalität im wilhelminischen Deutschland 1890–1914. Göttingen 1986.
388. G. D. FELDMAN, Armee, Industrie und Arbeiterschaft in Deutschland 1914 bis 1918. Berlin 1985 (engl. Princeton 1966, ND Providence 1992).
389. G. D. FELDMAN, Vom Weltkrieg zur Weltwirtschaftskrise. Studien zur deutschen Wirtschafts- und Sozialgeschichte 1914–1932. Göttingen 1984.
390. N. FERGUSON, Public Finance and National Security: The Domestic Origins of the First World War Revisited, in: PP 142 (1994) 141–168.

391. F. FISCHER, Griff nach der Weltmacht. Die Kriegszielpolitik des kaiserlichen Deutschland 1914/18. Düsseldorf (1961) 4. Aufl. 1971, TB 1984.
392. F. FISCHER, Krieg der Illusionen. Die deutsche Politik von 1911 bis 1914. 2. Aufl. Düsseldorf 1969, TB 1987.
393. C. GEINITZ, Kriegsfurcht und Kampfbereitschaft: das Augusterlebnis in Freiburg. Eine Studie zum Kriegsbeginn 1914. Essen 1998.
394. G. HARDACH, Der Erste Weltkrieg 1914–1918. München 1973.
395. H. HERZFELD, Der Erste Weltkrieg. München (1968) 7. Aufl. 1985.
396. M. R. HIGONNET/J. JENSON/S. MICHEL/M. C. WEITZ (Hrsg.), Behind the Lines. Gender and the Two World Wars. New Haven 1987.
397. A. HILLGRUBER, Riezlers Theorie des kalkulierten Risikos und Bethmann Hollwegs politische Konzeption in der Julikrise 1914, in: HZ 202 (1966) 333–351.
398. G. HIRSCHFELD/G. KRUMEICH (Hrsg.), Keiner fühlt sich hier mehr als Mensch ... Erlebnis und Wirkung des Ersten Weltkriegs. Essen 1993, TB Frankfurt 1996.
399. G. HIRSCHFELD/G. KRUMEICH/D. LANGEWIESCHE/H.-P. ULLMANN (Hrsg.), Kriegserfahrungen. Studien zur Sozial- und Mentalitätsgeschichte des Ersten Weltkriegs. Essen 1997.
400. J. HORNE (Hrsg.), State, Society, and Mobilization in Europe during the First World War. Cambridge 1997.
401. W. JÄGER, Historische Forschung und politische Kultur in Deutschland. Die Debatte 1914–1980 über den Ausbruch des Ersten Weltkrieges. Göttingen 1984.
402. C. JAHR, Gewöhnliche Soldaten. Desertion und Deserteure im deutschen und britischen Heer 1914–1918. Göttingen 1998.
403. J. JOLL, Die Ursprünge des Ersten Weltkrieges. München 1988 (engl. 2. Aufl. London 1992).
404. P. GRAF KIELMANSEGG, Deutschland und der Erste Weltkrieg. 2. Aufl. Stuttgart 1980.
405. M. KITCHEN, The Silent Dictatorship. The Politics of the German High Command under Hindenburg and Ludendorff, 1916–1918. London 1976.
406. U. KLUGE, Die deutsche Revolution 1918/19. Staat, Politik und Gesellschaft zwischen Weltkrieg und Kapp-Putsch. Frankfurt (1985) 8. Aufl. 1996.
407. J. KOCKA, Klassengesellschaft im Krieg. Deutsche Sozialgeschichte 1914–1918. 2. Aufl. Göttingen 1974, TB Frankfurt 1988.

408. E. Kolb (Hrsg.), Vom Kaiserreich zur Weimarer Republik. Köln 1972.

409. W. Kruse, Krieg und nationale Integration. Eine Neuinterpretation des sozialdemokratischen Burgfriedensschlusses 1914/15. Essen 1993.

410. B. Kundrus, Kriegerfrauen. Familienpolitik und Geschlechterverhältnisse im Ersten und Zweiten Weltkrieg. Hamburg 1995.

411. J. W. Langdon, July 1914. The Long Debate, 1918–1990. New York 1991.

412. E. Mai, Das Ende des Kaiserreichs. Politik und Kriegführung im Ersten Weltkrieg. 2. Aufl. München 1993.

413. G. Mai, Kriegswirtschaft und Arbeiterbewegung in Württemberg 1914–1918. Stuttgart 1983.

414. W. Michalka (Hrsg.), Der Erste Weltkrieg. Wirkung, Wahrnehmung, Analyse. München 1994.

415. S. Miller, Burgfrieden und Klassenkampf. Die deutsche Sozialdemokratie im Ersten Weltkrieg. Düsseldorf 1974.

416. W. J. Mommsen (Hrsg.), Kultur und Krieg. Die Rolle der Intellektuellen, Künstler und Schriftsteller im Ersten Weltkrieg. München 1996.

417. W. J. Mommsen, Die Regierung Bethmann Hollweg und die öffentliche Meinung, in: VfZg 17 (1969) 117–159.

418. K.-P. Müller, Politik und Gesellschaft im Krieg. Der Legitimitätsverlust des badischen Staates 1914–1918. Stuttgart 1988.

419. A. Offer, The First World War. An Agrarian Interpretation. Oxford 1989.

420. T. Oppelland, Reichstag und Außenpolitik im Ersten Weltkrieg. Die deutschen Parteien und die Politik der USA 1914–1918. Düsseldorf 1995.

421. R. Patemann, Der Kampf um die preußische Wahlrechtsreform im Ersten Weltkrieg. Düsseldorf 1964.

422. Th. Raithel, Das „Wunder“ der inneren Einheit. Studien zur deutschen und französischen Öffentlichkeit bei Beginn des Ersten Weltkrieges. Bonn 1996.

423. U. Ratz, Zwischen Arbeitsgemeinschaft und Koalition. Bürgerliche Sozialreformer und Gewerkschaften im Ersten Weltkrieg. München 1994.

424. A. Roerkohl, Hungerblockade und Heimatfront. Die kommunale Lebensmittelversorgung in Westfalen während des Ersten Weltkrieges. Stuttgart 1991.

425. R. ROTH, Staat und Wirtschaft im Ersten Weltkrieg. Kriegsgesellschaften als kriegswirtschaftliche Steuerungsinstrumente. Berlin 1997.

426. J. RUND, Ernährungswirtschaft und Zwangsarbeit im Raum Hannover 1914 bis 1923. Hannover 1992.

427. H. P. SCHÄFER, Regionale Wirtschaftspolitik in der Kriegswirtschaft. Staat, Industrie und Verbände während des Ersten Weltkrieges in Baden. Stuttgart 1983.

428. W. SCHIEDER (Hrsg.), Erster Weltkrieg. Ursachen, Entstehung und Kriegsziele. Köln 1969.

429. R. SCHIFFERS, Der Hauptausschuß des Deutschen Reichstags 1915–1918. Formen und Bereiche der Kooperation zwischen Parlament und Regierung. Düsseldorf 1979.

430. G. SCHÖLLGEN (Hrsg.), Flucht in den Krieg? Die Außenpolitik des kaiserlichen Deutschland. Darmstadt 1991.

431. W.-R. SCHRUMPF, Territoriale Kommandogewalt und zivile Verwaltungskompetenz im 1. Weltkrieg. Konsens, Kooperation, Konflikt. Diss. Münster 1995.

432. C. SCHUDNAGIES, Der Kriegs- oder Belagerungszustand im Deutschen Reich während des Ersten Weltkrieges. Eine Studie zur Entwicklung und Handhabung des deutschen Ausnahmezustandsrechts bis 1918. Frankfurt 1994.

433. G.-H. SOUTOU, L'or et le sang. Les buts de guerre économiques de la Première Guerre mondiale. Paris 1989.

434. B. THOSS, Nationale Rechte, militärische Führung und Diktaturfrage in Deutschland 1913–1923, in: MGM 42 (1987) 27–76.

435. V. ULLRICH, Kriegsalltag. Hamburg im Ersten Weltkrieg. Köln 1982.

436. J. T. VERHEY, The „Spirit of 1914“. The Myth of Enthusiasm and the Rhetoric of Unity in World War I Germany. Diss. Berkeley 1991.

437. R. WALL/J. WINTER (Hrsg.), The Upheaval of War. Family, Work, and Welfare in Europe, 1914–1918. Cambridge 1988.

438. R. W. WHALEN, Bitter Wounds. German Victims of the Great War, 1914–1939. Ithaca 1984.

439. K. WIEGMANN, Textilindustrie und Staat in Westfalen 1914–1933. Stuttgart 1993.

440. J. WINTER/J.-L. ROBERT (Hrsg.), Capital Cities at War. Paris, London, Berlin 1914–1919. Cambridge 1997.

441. E. ZECHLIN, Krieg und Kriegsrisiko. Zur deutschen Politik im Ersten Weltkrieg. Aufsätze. Düsseldorf 1979.

442. B. Ziemann, Front und Heimat. Ländliche Kriegserfahrungen im südlichen Bayern 1914–1923. Essen 1997.
443. F. Zunkel, Industrie und Staatssozialismus. Der Kampf um die Wirtschaftsordnung in Deutschland 1914–1918. Düsseldorf 1974.

Register

1. Personenregister

Adamy, K. 68
Afflerbach, H. 100
Albrecht, W. 85
Alings, R. 77
Alter, P. 77
Ambrosius, G. 102
Anderson, M. L. 74f., 79, 85
Applegate, C. 77
Ay, K.-L. 106

Bachem, K. 74
Baldwin, P. 91
Barkin, K. 65, 79
Baudis, D. 79
Bebel, A. 8, 39, 74, 96
Beck, H. 91
Becker, J. 75
Becker, O. 65
Bendikat, S. 84
Bennigsen, R. von 14
Berger, S. 86f.
Berghahn, V. R. 61, 69, 93–95, 97
Berlepsch, H.-J. von 91
Bermbach, U. 101
Best, H. 90
Bethmann Hollweg, Th. von 39, 41, 43, 46–48, 94f., 98, 100f., 104
Bichler, B. 91
Bieber, H.-J. 103
Bismarck, O. Fürst von 10–18, 22–24, 33f., 57, 62–71, 75, 77f., 80, 91, 93, 96
Blackbourn, D. 58, 61, 83f., 88, 90
Blasius, D. 76
Bleyberg, D. M. 91
Bock, G. 91
Böckenförde, E.-W. 65f.
Böhme, H. 63, 77
Börner, K. H. 68
Boldt, H. 66
Boll, F. 85, 100, 106

Bonham, G. 69
Born, K. E. 57, 76
Brandt, P. 75
Bruns, K. 64
Buchheim, K. 74
Bucholz, A. 70
Bülow, B. Fürst von 35–39, 92–94
Büsch, O. 76
Burchardt, L. 102
Bussmann, W. 57

Canis, K. 70
Caprivi, L. Graf von 33f., 91
Cecil, L. 82
Chickering, R. 61, 86, 89, 99
Coetzee, M. S. 86, 89
Confino, A. 77
Conrad, C. 91
Craig, G. 70
Creutz, M. 105

Daniel, U. 99, 104
Dehio, L. 70
Deist, W. 70, 94, 100f., 106
Delbrück, R. von 14
Demeter, K. 70
Dorpalen, A. 55
Dülffer, J. 98
Dukes, J. 59

Eley, G. 58, 61, 71, 78, 82, 84, 86, 93, 105
Ellwein, Th. 68
Elm, L. 88
Engelberg, E. 63f.
Epkenhans, M. 94
Erdmann, K. D. 97
Eschenburg, Th. 94, 106
Esping-Andersen, G. 91
Eulenburg, Ph. Graf zu 81
Evans, P. B. 79

EVANS, R. J. 57 f., 82, 93
EVANS, R. J. W. 98
EYCK, E. 62, 81

FAIRBAIRN, B. 83–85, 93
FAULENBACH, B. 53 f.
FAUST, A. 91
FEHRENBACH, E. 53, 59, 67, 82
FELDMAN, G. D. 44, 99, 102
FENSKE, H. 76
FERGUSON, N. 98
FESSER, G. 93
FISCHER, A. 55
FISCHER, F. 56, 96 f., 99, 104
FLECK, H.-G. 85
FÖRSTER, S. 70
FORSTHOFF, H. 22
FRALEY, J. D. 93
FRANÇOIS, E. 77
Franz Ferdinand, Erzherzog von Österreich 43
FRAUENDIENST, W. 89
FREVERT, U. 71
FRICKE, D. 72
FRIE, E. 91
Friedrich III., Deutscher Kaiser und König von Preußen 14, 17
FÜHRER, K. C. 91

GALL, L. 11, 62–67, 74, 78 f.
GEINITZ, C. 99
GELLATELY, R. 86
GERLOFF, W. 79
GEYER, M. 61, 71
GILLIS, J. R. 69
GRABAS, M. 92
GREBING, H. 59, 75 f., 87
GRIMM, D. 69
GROH, D. 75, 87, 100
GROSSER, D. 94
GUTSCHE, W. 82

HAGENLÜCKE, H. 105 f.
HALLMANN, H. 62
HAMMERSTEIN, N. 54
HANK, M. 64
HARDACH, G. 102
HARDTWIG, W. 53, 62, 64
HARTUNG, F. 76, 81
HATTENHAUER, H. 68, 77
HAUPT, H.-G. 91
HAUSER, O. 76
HECKART, B. 96
HEDINGER, H.-W. 64
HEFFTER, H. 68
HENNING, H. 68
HENTSCHEL, V. 78 f., 91 f.
Hertling, G. Graf von 48, 50
HERRE, F. 68
HERTZ-EICHENRODE, D. 60
HERWIG, H. H. 70
HERZFELD, H. 97, 99
HETTLING, M. 77
HEYDEMANN, G. 55
HIGONNET, M. R. 104
HILDEBRAND, K. 58, 98
HILLGRUBER, A. 97
Hindenburg, P. von 44, 46, 100
HINTZE, O. 69
HIRSCHFELD, G. 99
HOFMANN, H. H. 70
Hohenlohe-Schillingsfürst, Ch. Fürst von 35
HOLL, K. 88, 98
HONG, Y.-S. 103
HORNE, J. 104
HORN MELTON, J. van 56
HUBER, E. R. 57, 65, 72, 81, 86, 89, 102
HÜBENER, K. 68
HUGHES, D. J. 71
HULL, I. V. 81
HUSUNG, H.-G. 85

IGGERS, G. G. 56

JÄGER, H. 79
JÄGER, W. 97
JAHR, C. 106
JARAUSCH, K. 61, 74, 95, 101
JENSON, J. 104
JESERICH, K. G. A. 68
JESSEN, R. 68
JOHN, H. 70
JOHN, M. F. 91
JOLL, J. 98
JONES, L. E. 74 f., 83, 89

KAELBLE, H. 86
Kautsky, K. 39
KEHR, E. 54, 67, 69 f., 93
KIELMANSEGG, P. Graf 99
KITCHEN, M. 101
KLEIN, G. 88
KLUGE, U. 106
KOCH, W. 97

KOCKA, J. 59f., 76f., 85, 91, 99, 102f.
KOHUT, TH. A. 82
KOLB, E. 69, 106
KOVEN, S. 91
KRABBE, R. 68
KROBOTH, R. 92
KRUMEICH, G. 99, 104
KRUSE, W. 100, 105f.
KÜHNE, TH. 83f.
KUNDRUS, B. 104

LABISCH, A. 91
LÄSSIG, S. 84
LANGDON, J. W. 97
LANGEWIESCHE, D. 32, 59, 73f., 77, 88, 90f., 99
Lassalle, F. 8
LEHMANN, H. 56
LEHNERT, D. 87
LEIBENGUTH, P. 92
LENZ, M. 62
LEPSIUS, M. R. 7, 72, 84
LERMAN, K. A. 93
Liebknecht, W. 8
LINDENBERGER, Th. 83
LIST, G. 88
LÖNNE, E. 74
LORENZ, C. 57
LORENZ, I. S. 88
LOTH, W. 60, 65, 88, 94, 96, 102
Ludendorff, E. 46, 101
Luxemburg, R. 39, 49

MACHTAN, L. 64
MAI, G. 99, 103, 106
MAIER, C. S. 79
Marx, K. 66
MANN, M. 66, 69
MARCKS, E. 54, 62, 68
MARTEL, G. 61
Max, Prinz von Baden 50
MEINECKE, F. 54f.
MERGEL, Th. 62
MESSERSCHMIDT, M. 70
MEYER, A. O. 62
MICHALKA, W. 99
Michaelis, G. 48
MICHEL, S. 91, 104
MIELKE, S. 86, 96
MILLER, S. 100, 105
Miquel, J. von 34–36, 93
MOCK, W. 82
MOELLER, R. 57

MOMMSEN, H. 76
MOMMSEN, W. 63
MOMMSEN, W. J. 1, 41, 54, 60f., 65f., 71, 76, 82, 85, 88, 92, 94f., 98f., 105, 107
MORGAN, D. W. 105
MORSEY, R. 68
MOSSE, G. L. 77
MÜLLER, K.-P. 104
MUNCY, L.W. 69

Naumann, F. 88
NICHOLS, J. A. 92
NIEHUSS, M. 83
NIPPERDEY, TH. 57–62, 67, 72, 76–79, 86, 92, 96, 100, 107
NOLTE, P. 77
NONN, C. 87, 92
NUSSBAUM, H. 79

OBERKROME, W. 55
OFFER, A. 103
ONCKEN, H. 54
OPPELLAND, T. 101
ORMOND, TH. 68
OSTERTAG, H. 70

PARR, R. 64
PATEMANN, R. 105
PEUKERT, D. J. K. 59, 85
PFLANZE, O. 63f., 67f., 78f.
POGGE VON STRANDMANN, H. 98
POHL, K. H. 74, 84, 87
POHL, H. 68
POLLMANN, K. E. 65
Posadowsky-Wehner, A. Graf von 35, 37
PRACHT, E. 90
PUHLE, H.-J. 71, 76, 86, 88, 95
PULZER, P. 61
PUSCHNER, U. 89
Puttkamer, R. von 69, 77, 79

RAITHEL, TH. 99
RATZ, U. 88, 103
RAUH, M. 89, 90, 94, 102, 106
REMAK, J. 59
RETALLACK, J. N. 57, 61, 75, 83f., 89
REULECKE, J. 68
Riezler, K. 97
RITTER, G. 69, 97, 101
RITTER, G. A. 71f., 75f., 83–85, 87, 90f.

Robert, J.-L. 104
Rohe, K. 72 f., 84
Röhl, J. C. G. 81, 93
Roerkohl, A. 103
Rohkrämer, Th. 70
Rosenberg, A. 54, 101
Rosenberg, H. 25, 63, 78, 83
Roth, R. 74, 103
Rother, K. 91
Rudolph, K. 76
Rueschemeyer, D. 79
Rund, J. 103

Sachsse, C. 91, 104
Sauer, W. 66
Saul, K. 95
Schäfer, H. P. 103
Schellack, F. 77
Schieder, Th. 44, 55, 77
Schieder, W. 97
Schiffers, R. 101
Schildt, A. 75
Schmädeke, J. 84
Schmidt, G. 78, 92, 95 f.
Schmitz, W. 89
Schneider, M. 85
Schöllgen, G. 98
Schönhoven, K. 85
Schorske, C. E. 87
Schrumpf, W.-R. 101
Schudnagies, C. 101
Schulin, E. 55
Schulte, B. F. 70
Schulze, W. 55
Schwarzmaier, H. 76
Seeber, G. 74
Seier, H. 63, 73
Sell, F. C. 73
Sheehan, J. J. 57, 73 f.
Showalter, D. E. 71
Siemann, W. 59
Siegrist, H. 77
Skocpol, Th. 79
Smith, H. W. 77
Sösemann, B. 97, 101
Soutou, G.-H. 104
Sperber, J. 84, 87
Spindler, M. 76
Stegmann, D. 67, 75, 86, 93, 95, 105
Steinbach, P. 84
Steinmetz, G. 69, 91
Stoecker, A. 31
Stürmer, M. 58, 63, 65 f., 71
Süle, T. 68
Suval, S. 85
Sybel, H. von 54

Tacke, C. 77
Tenfelde, K. 75, 85, 91
Tennstedt, F. 91
Thane, P. 91
Theiner, P. 88
Thiel, J. 96
Thoss, B. 99, 101
Tirpitz, A. von 35 f., 93 f.
Trautmann, G. 88
Trumpener, U. 71

Ulbricht, J. H. 89
Ullmann, H.-P. 60, 72, 86, 92, 99
Ullmann, P. 85
Ullrich, V. 99, 106
Unruh, G.-C. von 68

Verhey, J. T. 99
Virchow, R. 10
Vogel, J. 71, 77
Volkmann, H. 85
Volkov, S. 86
Vorländer, H. 88

Wahl, A. 54
Wall, R. 104
Weber, C. 75
Weber, M. 66 f., 69, 88
Wegner, K. 88
Wehler, H.-U. 56 f., 59–63, 66–68, 70–72, 76 f., 79–81, 87, 91–94, 97 f.
Weitowitz, R. 91
Weitz, M. C. 104
Welskopp, Th. 62, 85
Wendt, B.-J. 75
Whalen, R. W. 104
White, D. S. 74
Wiegmann, K. 103
Wilhelm I., Deutscher Kaiser und König von Preußen 14, 17, 68
Wilhelm II., Deutscher Kaiser und König von Preußen 17 f., 34 f., 37 f., 51, 71, 81 f., 89, 100 f.
Wilke, E.-T. P. W. 93
Wilson, W. 49 f.
Windthorst, L. 75, 79
Winkler, H. A. 77, 79

WINKLER, J. 84
WINTER, J. 104
WITT, P.-C. 75, 92
WOLLSTEIN, G. 95
WÜLFING, W. 64
WUNDER, B. 68
ZECHLIN, E. 97
ZIEKURSCH, J. 54, 56
ZIEMANN, B. 99
ZMARZLIK, G. 62
ZUNKEL, F. 102
ZWEHL, K. von 71, 90

2. Sachregister

Adel, Adelige 8f., 68, 70f., 88
Agitationsverbände, nationale Verbände 31, 43, 70, 83, 86f., 89, 105
Agrarverbände 26, 31, 40, 69, 86, 88
Alldeutscher Verband 33, 40, 47
Allgemeiner Deutscher Arbeiterverein 8
Angestellte 23, 26, 45, 87
Antisemitenparteien 27, 31
Antisemitismus 30, 31f., 33
Arbeiter, Arbeiterschaft 2, 7f., 22–24, 26–29, 45, 49, 72, 75f., 82, 85, 87f., 99f., 102f.

Baden 39, 96
Bildung, Wissenschaft 3, 6, 11, 19–21, 25, 31f., 34, 45, 72, 77
Bismarck-Mythos 64f.
Block, Blockade, Immobilismus 16, 33f., 39, 41f., 50, 65, 74, 77, 92, 95f.
Bonapartismus 66f.
Bülow-Block 37–39, 92, 94
Bund der Industriellen 27, 29
Bund der Landwirte 27, 29, 30, 34, 88
Bundesrat 3–5, 11, 46, 71, 76, 89
Bundesstaaten 2f., 5f., 11–13, 15, 20f., 66, 68, 74, 76, 83f., 87, 89
Bürger, Bürgertum, Bürgerlichkeit 7–9, 13–15, 28, 30, 36–38, 45, 47, 49, 57–60, 64f., 67, 69f., 74, 76, 78, 82, 88, 96, 99f., 106
Burgfrieden 45f., 48, 99f., 104f.
Bürokratie, Verwaltung, Beamte 3, 5f., 9f., 13, 19f., 22, 30f., 33, 41, 57, 63, 66, 68f., 71, 76–80, 82, 103

Centralverband Deutscher Industrieller 12, 29
Charismatische Herrschaft 67
Christlichsoziale Partei 31

Daily-Telegraph-Affäre 37, 94
Demokratisierung 41, 46, 56, 58, 69f., 73, 83f., 86f., 89f., 96f.
Deutsche Fortschrittspartei 7, 11f., 17
Deutsche Vaterlandspartei 49, 105f.
Deutsche Volkspartei 7
Deutscher Flottenverein 33
Deutscher Wehrverein 33, 40
Deutsch-Freisinnige Partei 17
Deutschkonservative, Deutschkonservative Partei 7–9, 13, 17, 27, 34, 36, 40, 47, 75, 88, 89
Drittes Reich, Nationalsozialismus 54–58, 60

Eliten 57f., 65, 67, 69f., 75, 80, 82f., 85f., 96–98
Elsaß-Lothringen 2, 40, 42

Finanzen, Finanzpolitik, Budget, Budgetrecht 3–6, 11–15, 20, 22f., 34–39, 41, 46, 78f., 89, 92, 96, 100
Fischer-Kontroverse 56, 96f., 99
Flotte, Flottenpolitik, Marine 4, 6, 27, 35f., 38, 41f., 51, 77, 82, 93f., 106
Föderalismus 3, 5, 9, 15, 76, 90
Fortschrittliche Volkspartei 39
Freikonservative, Deutsche Reichspartei 1, 7, 9, 13, 17, 36, 47
Freisinnige, Linksliberale 1, 7f., 11f., 27, 31, 34, 36–41, 47–49, 101

Frieden, Friedensschluß 48–51
Fundamentalpolitisierung, politische Mobilisierung, Massenmobilisierung 12f., 19, 25–31, 34, 74, 80, 82f., 85, 87, 90, 95, 105

Gewerkschaften 24, 26, 28f., 45, 47, 49, 83, 85, 88, 96, 103

Handel, Handelspolitik, Zölle, Protektionismus 3, 12, 14f., 20f., 34–36, 67, 78f., 91–94, 96
Handwerker 8, 26, 45
Hauptstelle Deutscher Arbeitgeberverbände 29
Herrschaftspraxis, politischer Prozeß 68, 80–84, 87, 92, 95
Herrschaftssystem, politisches System 2, 6, 15, 26, 33f., 39, 42, 50, 56f., 65f., 68, 73, 75, 77, 80–83, 86, 92, 95f., 98
Herrschaftstechnik 57f., 63, 66–68, 71, 93
Hilfsdienstgesetz 44, 103
Hindenburg-Mythos 100f.
Hindenburg-Programm 44
Honoratioren, Honoratiorenpolitik 7, 9, 11, 26, 28, 75, 82

Imperialismus, Weltpolitik 27, 32, 36, 38, 42f., 47f., 56, 67, 88, 93f., 96f.
Industrie, Industrialisierung, Industrielle 9, 12, 15, 21–24, 28f., 31, 34, 36, 38, 44f., 47, 49, 54, 56, 58, 63, 67, 72, 77, 82, 93, 102f., 105
Industrieverbände 29, 40, 86
Interessenverbände 22, 25, 27, 30f., 40f., 45, 71, 80, 82f., 86f., 90, 92, 95
Interfraktioneller Ausschuß 50, 101
Interventions- und Sozialstaat 6, 18–25, 33, 44, 79f., 91f., 95, 102–104

Juden 31f.

Kaiser 3–6, 17f., 34–38, 41, 46, 48, 50f., 66, 68, 76, 80f., 93f., 100f.
Kaiserliche Kabinette 4, 35, 37
Kaiserliche Kommandogewalt 4, 6, 42, 50
Kaiserlicher Hof 37, 41, 80
Kartell 17f.
Kartell der Schaffenden Stände 40
Katholiken, Katholizismus, katholische Kirche 1, 7f., 10f., 17, 26–28, 37, 45, 53, 72–75, 79, 87f.
Kleinhändler, Einzelhändler 8, 45, 82
Konjunktur, Krise, Depression 12f., 19f., 28f., 31, 67, 77f., 92
Konservative Wende 14, 16, 65, 77–79
Konservative, Konservativismus 1f., 13, 17, 27, 30f., 34, 36–42, 47f., 72f., 75, 88, 94
Konstitutionelle Monarchie, konstitutionelles System 1, 3f., 12–15, 38, 50, 65f., 72, 81f., 86, 89f.
Konsumenten 21, 34, 36, 45, 87, 92
Krieg 5, 7, 20, 24, 26, 30, 42–51, 54f., 63, 69, 89, 96–107
Kriegserwartung, Kriegsbegeisterung, Augusterlebnis, Ideen von 1914 45f., 54, 98f.
Kriegsschuld-Frage 56, 96–98, 104
Kriegswirtschaft 44, 102f.
Kriegsziele 47–49, 96, 101, 104f.
Krise des Kaiserreichs 80, 92, 94–98
Kulturkampf 7, 10–13, 17, 26, 37, 79

Landwirtschaft, Landwirte, ländliche Gesellschaft 8f., 12f., 15, 21, 26f., 29f., 34, 36, 38, 45, 57, 67, 69, 72, 77, 82, 88f., 93, 99, 103
Legitimierung, Delegitimierung 22, 49, 51, 67, 90, 99, 101, 104, 107
Liberale, Liberalismus 1, 8, 10–16, 22, 27, 38f., 56, 72f., 77–79, 88
Liberale Ära 9–14, 16, 19
Liberale Vereinigung 16

Milieu 7f., 25f., 28, 72–74, 83–85, 90
Militär, Heer (s. Flotte), Rüstung 3f., 6f., 11f., 17, 20, 31f., 34, 41–44, 46, 49–51, 57, 66, 68–72, 77, 80, 82, 97f., 100–104, 106
Militarisierung, Militarismus 6f., 41, 46, 57, 69–71, 100, 103
Mittelstand 7, 26f., 31, 45, 49, 82
Mittelstandsverbände 86
Moderne, Modernisierung, Modernisierungstheorie 12, 19, 30–32, 53f., 56, 58–61, 63, 76f., 79f., 84, 86, 88f., 91f.

Nation, Nationalismus, Nationsbildung, nationale Integration, Nationalstaat 1, 2, 8f., 10, 12f., 19, 23, 25, 32f., 36, 41, 45–47, 53f., 56f., 59, 62f., 66f., 74, 76f., 80, 82, 84, 93, 99f., 105
Nationale Minderheiten, Nationalitätenprobleme 1, 2, 17, 32
Nationalliberale, Nationalliberale Partei 1, 7f., 10–17, 30f., 36f., 39–41, 48, 65, 70, 77–79, 96, 101
Negative Integration 66f., 87
Neue Rechte 33, 38, 40, 43, 49, 64, 89, 105
Neuer Kurs 17, 33f., 35, 37
Norddeutscher Bund 5, 11, 65

Oberste Heeresleitung 46, 48–50, 100–103, 105f.
Öffentlichkeit, öffentliche Meinung 4, 15, 30, 32, 37, 41, 43, 46, 82, 84, 98, 104

Parlament, Parlamentarisierung, parlamentarisches System 7, 11, 16, 27, 30, 33, 41f., 46–48, 50f., 56, 58, 65f., 71, 73f., 76f., 80, 83, 89f., 92, 94, 96, 102, 106f.
Parteien 7, 9, 13, 17f., 22, 25f., 30f., 33f., 38–42, 45, 48, 50, 66, 71–76, 79, 82–84, 86f., 89f., 92, 94f., 101f., 106
Persönliches Regiment 34, 38, 81, 93
Politik der Diagonale 41, 43
Politik der Neuorientierung 47, 105
Polizei 15, 19, 20, 68
Presse, Zeitungen 7, 26, 28, 34f., 37, 47, 49, 92
Preußen 1–5, 8–11, 17, 34f., 39, 47, 50, 53, 58, 63, 68–70, 75f., 89f.
Preußische Regierung/Ministerien/Behörden 3, 10, 34f., 44, 46, 48
Preußischer Verfassungskonflikt 56, 57
Preußisches Abgeordnetenhaus 9, 14, 35, 39, 41, 48, 75
Preußisches Dreiklassenwahlrecht 4, 37, 39, 47f., 50, 76, 84, 90, 105
Preußisches Herrenhaus 48
Protest, Protestbewegung 13, 27, 29, 38, 49, 106
Protestanten, Protestantismus, protestantische Kirche 1, 8f., 11, 26, 28f., 31, 37f., 45, 72

Recht, Rechtsstaat 3, 6, 10, 15, 90f.
Reform, Reformkräfte 10, 12–14, 16, 29–31, 33, 38–42, 46–51, 57, 74, 78f., 84, 87–89, 92, 94, 96, 100–102, 104, 106
Region, Regionalismus 2, 7–9, 20, 25–28, 68, 70, 72–77, 84–87, 91, 100, 103f.
Reichsämter, Reichsbehörden 5, 10f., 14, 20, 23, 35, 50, 68, 69
Reichsgründung (s. Nation)
Reichskanzler, Reichsleitung, Regierung 3f., 10–18, 22, 30, 33–35, 37–43, 46–51, 66f., 79f., 87–89, 92–94, 96f., 100–103, 105f.
Reichstag 3–6, 9–12, 14–18, 24f., 34–42, 46, 48, 50, 66, 71, 75, 77–79, 83, 85, 89f., 92–94, 98, 101–103, 106
Reichsverfassung, Verfassungsfrage 2, 4, 6, 9, 13f., 38, 50, 65, 92, 94, 96, 98, 106
Revolution 1, 15, 39, 49–52, 56–59, 63–65, 67, 87, 106f.

Sachsen 9, 31
Sammlungspolitik 12, 36, 67, 77f., 93f., 105
Schwarz-blauer Block 38, 40
Sonderweg 53–64, 70, 73, 75, 78
Sozialdemokratische Arbeiterpartei 8
Sozialdemokratische Arbeitsgemeinschaft 49
Soziale Frage, Sozialreform 18, 14, 21–23, 27, 35, 37, 88, 103
Sozialistengesetz 8, 15, 18, 22, 28, 33, 45, 79
Sozialistische Arbeiterpartei (Sozialdemokratische Partei) Deutschlands, Sozialdemokratie 7–9, 14f., 17, 23, 25–28, 31, 34–41, 45, 47–49, 72, 75f., 87, 93, 96, 99, 100f., 105
Sozialpolitik, Fürsorge 3, 11, 13, 15f., 18–24, 34–37, 40, 45, 78f., 91, 103f.
Spartakus-Gruppe 49
Staatsstreichpläne 16, 34–36, 93
Städte, Kommunen, Urbanisierung 5, 8, 19–22, 26–28, 31, 38, 45, 49, 68, 72, 74, 83f., 88, 91, 99, 103

Streik 24, 28f., 35, 39, 49, 85, 106

Tarifverträge 24, 85

Umsturzvorlage 34
Unabhängige Sozialdemokratische Partei Deutschlands 49, 105

Verein 7, 11, 22, 30, 31, 33, 37, 49, 70, 88
Verein Deutscher Arbeitgeberverbände 29
Verein für Socialpolitik 22
Vereinigung Deutscher Arbeitgeberverbände 29
Verkehr, Kommunikation 3, 19–21, 25
Völkische Ideen/Bewegung 31, 33, 40, 89
Volksbund für Freiheit und Vaterland 49
Volksverein für das katholische Deutschland 27, 88

Wahlen, Wahlrecht, Wähler (s. Preußisches Dreiklassenwahlrecht) 1, 3f., 7–9, 12f., 15–18, 25–27, 37, 39–42, 72–74, 76, 83f., 87, 90, 94
Weimarer Republik 54, 57–60, 103, 105
Wirtschaftsordnung, Marktwirtschaft (s. Kriegswirtschaft), Wirtschaftspolitik 10, 11, 13, 18–20, 24, 102

Zabern-Affäre 42
Zentrum 7, 10–13, 15–17, 26–28, 31, 35–41, 47–49, 72, 74f., 79, 88, 90, 94, 96, 101
Zuchthausvorlage 35

Enzyklopädie deutscher Geschichte

Themen und Autoren

Mittelalter

Agrarwirtschaft, Agrarverfassung und ländliche Gesellschaft im Mittelalter (Werner Rösener) 1992. EdG 13 **Adel, Rittertum und Ministerialität im Mittelalter (Werner Hechberger) 2004. EdG 72** Die Stadt im Mittelalter (Frank Hirschmann) Die Armen im Mittelalter (Otto Gerhard Oexle) Geschlechtergeschichte des Mittelalters (Hedwig Röckelein) **Die Juden im mittelalterlichen Reich (Michael Toch) 2. Aufl. 2003. EdG 44**	Gesellschaft
Wirtschaftlicher Wandel und Wirtschaftspolitik im Mittelalter (Michael Rothmann)	Wirtschaft
Wissen als soziales System im Frühen und Hochmittelalter (Johannes Fried) Die geistige Kultur im späteren Mittelalter (Johannes Helmrath) **Die ritterlich-höfische Kultur des Mittelalters (Werner Paravicini) 2. Aufl. 1999. EdG 32**	Kultur, Alltag, Mentalitäten
Die mittelalterliche Kirche (Michael Borgolte) 2. Aufl. 2004. EdG 17 Mönchtum und religiöse Bewegungen im Mittelalter (Gert Melville) **Grundformen der Frömmigkeit im Mittelalter (Arnold Angenendt) 2. Aufl. 2004. EdG 68**	Religion und Kirche
Die Germanen (Walter Pohl) 2. Aufl. 2004. EDG 57 Die Slawen in der deutschen Geschichte des Mittelalters (Thomas Wünsch) **Das römische Erbe und das Merowingerreich (Reinhold Kaiser) 3., überarb. u. erw. Aufl. 2004. EdG 26** Das Karolingerreich (Klaus Zechiel-Eckes) **Die Entstehung des Deutschen Reiches (Joachim Ehlers) 2. Aufl. 1998. EdG 31** **Königtum und Königsherrschaft im 10. und 11. Jahrhundert (Egon Boshof) 2. Aufl. 1997. EdG 27** **Der Investiturstreit (Wilfried Hartmann) 2. Aufl. 1996. EdG 21** **König und Fürsten, Kaiser und Papst nach dem Wormser Konkordat (Bernhard Schimmelpfennig) 1996. EdG 37** **Deutschland und seine Nachbarn 1200–1500 (Dieter Berg) 1996. EdG 40** Die kirchliche Krise des Spätmittelalters (Heribert Müller) **König, Reich und Reichsreform im Spätmittelalter (Karl-Friedrich Krieger) 1992. EdG 14** **Fürstliche Herrschaft und Territorien im späten Mittelalter (Ernst Schubert) 1996. EdG 35**	Politik, Staat, Verfassung

Frühe Neuzeit

Bevölkerungsgeschichte und historische Demographie 1500–1800 (Christian Pfister) 1994. EdG 28 Umweltgeschichte der Frühen Neuzeit (Reinhold Reith)	Gesellschaft

Bauern zwischen Bauernkrieg und Dreißigjährigem Krieg (André Holenstein) 1996. EdG 38
Bauern 1648–1806 (Werner Troßbach) 1992. EdG 19
Adel in der Frühen Neuzeit (Rudolf Endres) 1993. EdG 18
Der Fürstenhof in der Frühen Neuzeit (Rainer A. Müller) 2. Aufl. 2004. EdG 33
Die Stadt in der Frühen Neuzeit (Heinz Schilling) 2. Aufl. 2004. EdG 24
Armut, Unterschichten, Randgruppen in der Frühen Neuzeit (Wolfgang von Hippel) 1995. EdG 34
Unruhen in der ständischen Gesellschaft 1300–1800 (Peter Blickle) 1988. EdG 1
Frauen- und Geschlechtergeschichte 1500–1800 (Heide Wunder)
Die Juden in Deutschland vom 16. bis zum Ende des 18. Jahrhunderts (J. Friedrich Battenberg) 2001. EdG 60

Wirtschaft

Die deutsche Wirtschaft im 16. Jahrhundert (Franz Mathis) 1992. EdG 11
Die Entwicklung der Wirtschaft im Zeitalter des Merkantilismus 1620–1800 (Rainer Gömmel) 1998. EdG 46
Landwirtschaft in der Frühen Neuzeit (Walter Achilles) 1991. EdG 10
Gewerbe in der Frühen Neuzeit (Wilfried Reininghaus) 1990. EdG 3
Kommunikation, Handel, Geld und Banken in der Frühen Neuzeit (Michael North) 2000. EdG 59

Kultur, Alltag, Mentalitäten

Medien in der Frühen Neuzeit (Stephan Füssel)
Bildung und Wissenschaft vom 15. bis zum 17. Jahrhundert (Notker Hammerstein) 2003. EdG 64
Bildung und Wissenschaft in der Frühen Neuzeit 1650–1800 (Anton Schindling) 2. Aufl. 1999. EdG 30
Die Aufklärung (Winfried Müller) 2002. EdG 61
Lebenswelt und Kultur des Bürgertums in der Frühen Neuzeit (Bernd Roeck) 1991. EdG 9
Lebenswelt und Kultur der unterständischen Schichten in der Frühen Neuzeit (Robert von Friedeburg) 2002. EdG 62

Religion und Kirche

Die Reformation. Voraussetzungen und Durchsetzung (Olaf Mörke) 2005. EdG 74
Konfessionalisierung im 16. Jahrhundert (Heinrich Richard Schmidt) 1992. EdG 12
Kirche, Staat und Gesellschaft im 17. und 18. Jahrhundert (Michael Maurer) 1999. EdG 51
Religiöse Bewegungen in der Frühen Neuzeit (Hans-Jürgen Goertz) 1993. EdG 20

Politik, Staat und Verfassung

Das Reich in der Frühen Neuzeit (Helmut Neuhaus) 2. Aufl. 2003. EdG 42
Landesherrschaft, Territorien und Staat in der Frühen Neuzeit (Joachim Bahlcke)
Die Landständische Verfassung (Kersten Krüger) 2003. EdG 67
Vom aufgeklärten Reformstaat zum bürokratischen Staatsabsolutismus (Walter Demel) 1993. EdG 23
Militärgeschichte des späten Mittelalters und der Frühen Neuzeit (Bernhard Kroener)

Staatensystem, internationale Beziehungen

Das Reich im Kampf um die Hegemonie in Europa 1521–1648 (Alfred Kohler) 1990. EdG 6
Altes Reich und europäische Staatenwelt 1648–1806 (Heinz Duchhardt) 1990. EdG 4

19. und 20. Jahrhundert

Gesellschaft

Bevölkerungsgeschichte und Historische Demographie 1800–2000 (Josef Ehmer) 2004. EdG 71
Migrationen im 19. und 20. Jahrhundert (Jochen Oltmer)
Umweltgeschichte des 19. und 20. Jahrhunderts (Frank Uekötter)
Adel im 19. und 20. Jahrhundert (Heinz Reif) 1999. EdG 55
Geschichte der Familie im 19. und 20. Jahrhundert (Andreas Gestrich) 1998. EdG 50
Urbanisierung im 19. und 20. Jahrhundert (Klaus Tenfelde)
Von der ständischen zur bürgerlichen Gesellschaft (Lothar Gall) 1993. EdG 25
Die Angestellten seit dem 19. Jahrhundert (Günter Schulz) 2000. EdG 54
Die Arbeiterschaft im 19. und 20. Jahrhundert (Gerhard Schildt) 1996. EdG 36
Frauen- und Geschlechtergeschichte im 19. und 20. Jahrhundert (Karen Hagemann)
Die Juden in Deutschland 1780–1918 (Shulamit Volkov) 2. Aufl. 2000. EdG 16
Die Juden in Deutschland 1914–1945 (Moshe Zimmermann) 1997. EdG 43

Wirtschaft

Die Industrielle Revolution in Deutschland (Hans-Werner Hahn) 1998. EdG 49

Die deutsche Wirtschaft im 20. Jahrhundert (Wilfried Feldenkirchen) 1998. EdG 47
Agrarwirtschaft und ländliche Gesellschaft im 19. Jahrhundert (Stefan Brakensiek)
Agrarwirtschaft und ländliche Gesellschaft im 20. Jahrhundert (Ulrich Kluge) 2005. EdG 73
Gewerbe und Industrie im 19. und 20. Jahrhundert (Toni Pierenkemper) 1994. EdG 29
Handel und Verkehr im 19. Jahrhundert (Karl Heinrich Kaufhold)
Handel und Verkehr im 20. Jahrhundert (Christopher Kopper) 2002. EdG 63
Banken und Versicherungen im 19. und 20. Jahrhundert (Eckhard Wandel) 1998. EdG 45
Unternehmensgeschichte im 19. und 20. Jahrhundert (Werner Plumpe)
Staat und Wirtschaft im 19. Jahrhundert (Rudolf Boch) 2004. EdG 70
Staat und Wirtschaft im 20. Jahrhundert (Gerold Ambrosius) 1990. EdG 7

Kultur, Alltag und Mentalitäten

Kultur, Bildung und Wissenschaft im 19. Jahrhundert (Hans-Christof Kraus)
Kultur, Bildung und Wissenschaft im 20. Jahrhundert (Frank-Lothar Kroll) 2003. EdG 65
Lebenswelt und Kultur des Bürgertums im 19. und 20. Jahrhundert (Andreas Schulz)
Lebenswelt und Kultur der unterbürgerlichen Schichten im 19. und 20. Jahrhundert (Wolfgang Kaschuba) 1990. EdG 5

Religion und Kirche

Formen der Frömmigkeit in einer sich säkularisierenden Gesellschaft (Karl Egon Lönne)
Kirche, Politik und Gesellschaft im 19. Jahrhundert (Gerhard Besier) 1998. EdG 48

Kirche, Politik und Gesellschaft im 20. Jahrhundert (Gerhard Besier) 2000. EdG 56

Politik, Staat, Verfassung

Der Deutsche Bund und das politische System der Restauration 1815–1866 (Jürgen Müller)

Verfassungsstaat und Nationsbildung 1815–1871 (Elisabeth Fehrenbach) 1992. EdG 22

Politik im deutschen Kaiserreich (Hans-Peter Ullmann) 2. Aufl. 2005. EdG 52

Die Weimarer Republik. Politik und Gesellschaft (Andreas Wirsching) 2000. EdG 58

Nationalsozialistische Herrschaft (Ulrich von Hehl) 2. Auflage 2001. EdG 39

Die Bundesrepublik Deutschland. Verfassung, Parlament und Parteien (Adolf M. Birke) 1996. EdG 41

Militärgeschichte des 19. Jahrhunderts (Ralf Pröve)

Militärgeschichte des 20. Jahrhunderts (Bernhard R. Kroener)

Die Sozialgeschichte der Bundesrepublik Deutschland (Axel Schildt)

Die Sozialgeschichte der DDR (Arnd Bauerkämper)

Die Innenpolitik der DDR (Günther Heydemann) 2003. EdG 66

Staatensystem, internationale Beziehungen

Die deutsche Frage und das europäische Staatensystem 1815–1871 (Anselm Doering-Manteuffel) 2. Aufl. 2001. EdG 15

Deutsche Außenpolitik 1871–1918 (Klaus Hildebrand) 2. Aufl. 1994. EdG 2

Die Außenpolitik der Weimarer Republik (Gottfried Niedhart) 1999. EdG 53

Die Außenpolitik des Dritten Reiches (Marie-Luise Recker) 1990. EdG 8

Die Außenpolitik der BRD (Ulrich Lappenküper)

Die Außenpolitik der DDR (Joachim Scholtyseck) 2003. EDG 69

Hervorgehobene Titel sind bereits erschienen.

Stand: (November 2004)